광고인이 말하는
광고인

기획 & 진행 임진숙 프리랜서 라이터

지은이들 국정애 그레이프 커뮤니케이션즈 기획1본부 | 노의선 휘닉스 커뮤니케이션즈 CR6팀 | 홍승표 대홍기획 광고3본부 부장 | 허웅 오리콤 브랜드마케팅본부 AP2팀 차장 | 안상헌 제일기획 제작본부 차장 | 김영진 HS애드 제작팀 | 이경동 배가 프로듀싱 실장 | 윤성아 TBWA Korea 제작10팀 국장 | 수요일 '사랑합니다' 프로덕션 대표 | 이봉근 이노션월드와이드 글로벌1팀 국장 | 전삼 엠포스 마케팅1사업부 팀장 | 류주형 웰콤 미디어부문 국장 | 김건표 HS애드 글로벌 프로모션팀 부장 | 김영숙 웰콤 PR팀 | 이지영 프리랜서 오디오 프로듀서 | 박성환 프리랜서 콘티라이터 | 민수라 제일기획 제작본부 차장 | 김영인 TBWA KOREA 광고2팀 차장 | 정태성 엔써애드 대표 | 홍우아 프리랜서 CM 플래너 (이상 원고 게재 순)

광고인이 말하는 광고인

2012년 12월 20일 초판 1쇄 발행
2020년 1월 20일 초판 8쇄 발행

지은이 국정애 외 19인 | 펴낸곳 부키(주) | 펴낸이 박윤우
등록일 2012년 9월 27일 | 등록번호 제312-2012-000045호
주소 03785 서울 서대문구 신촌로3길 15 산성빌딩 6층
전화 02) 325-0846 | 팩스 02) 3141-4066
홈페이지 www.bookie.co.kr | 이메일 webmaster@bookie.co.kr
제작대행 올인피앤비 bobys1@nate.com
ISBN 978-89-6051-038-8 14300
ISBN 978-89-85989-61-9(세트)

부키 전문직 리포트 **12**

광고인이 말하는
광고인

20인의 광고인들이
솔직하게 털어놓은
광고인의 세계

부·키

새내기 광고인의 착홈율을 읽기

1장

"저거 우리 딸이 만든 광고야"

| 국정애 |

1981년생. 2006년 홍익대학교 광고홍보학과를 졸업했다. 2005년 '247 리얼미디어'라는 온라인 광고회사에 입사해 1년 남짓 미디어렙 관련 업무를 익혔다. 2007년 2월 그레이프 커뮤니케이션즈 인턴 사원으로 뽑혀 일하다가 8월에 정식 직원으로 채용되어 AE 생활을 시작했다. 현재 시행착오를 겪으며 어깨너머로 고참 선배들의 업무 노하우와 프로 정신을 배우고 있다.

"광고대행사 AE로 가겠다고? 내가 AE 생활을 해 봐서 아는데, 거기 가면 옆에서 남자들 담배 피우지, 만날 야근하지, 너 죽어. 너 절대 못 견뎌."

'247 리얼미디어'라는 온라인 광고회사에서 일하다가 오프라인 광고대행사인 '그레이프 커뮤니케이션즈'로 옮기겠다고 하자, 나를 예뻐하던 부사장님이 이렇게 충고하면서 내 퇴사를 적극 말리셨다. 대학을 졸업하기도 전에 들어갔던 첫 직장. 요즘 사람들은 TV보다 컴퓨터 앞에 앉아 있는 시간이 더 많고 TV 광고 시장보다 온라인 광고 시장이 급속히 커 가고 있기에 난 온라인 쪽 공부도 하고 경력도 쌓을 겸해서 온라인 광고회사에 입사했다. 하지만 온라인 광고회사 AE(Account Executive)로 광고 기획 업무를 배울 수 있을 거라는 애초의 생각과는 달리, 내가 들어간 직장은 온라인 매체들을 관리하고 조율하는 미디어렙 사여서 할 수 있는 일이 다소 제한되어 있었다.

회사는 가족적인 분위기에 무척이나 화기애애했다. 하지만 대학에서 4대 매체(신문, TV, 잡지, 라디오) 위주로 공부한 나로서는 업무가 생소한 데다가 지금껏 내가 배워 온 것들과 괴리감이 생기는 건 어쩔 수가 없었다. 고되더라도 일이 재미있는 게 낫지, 그저 사람들이 좋다고 회사를 계속 다닐 수는 없는 노릇이었다. 오프라인 대행사에서 TV 광고를 만들어 보고픈 꿈은 변함없이 내 안에서 꿈틀대고 있었다. 난 후회하지 않을 선택을 하고 싶었다. 잘 되든 안 되든 꿈꿔 왔던 일에 한 번은 도전해 봐야 하지 않겠는가? 결국 나를 걱정하는 상사의 충고를 뒤로 한 채 그레이프 커뮤니케이션즈 인턴 사원으로 새 출발을 했다. 다행히 인턴 생활을 마치고 곧바로 정사원으로 채용되었다. 온라인의 바다를 디딤돌 삼아 오프라인 세상으로 도약하는 데 성공한 것이다. 그런데 얼마 전 옛 직장의 부사장님이 그레이프 커뮤니케이션즈에 들르셨다가 나를 보고는 안쓰러운 눈빛으로 한마디 하셨다.

"왜 그렇게 삭았냐? 일 년 만에 아줌마 다 되었네. 쯧쯧쯧."

프로젝터 하나도 설치 못 해!

그레이프 커뮤니케이션즈에 인턴 사원으로 들어간 첫날, 나는 엉뚱한 곳에서 광고인들의 독특함을 보고 놀랐다. 새로 오신 경력직 부장님들을 포함해 20명 남짓한 사람들이 다 같이 점심을 먹으러 나갔다. 부침개, 삶은 문어, 칼국수 등을 파는 선술집 같은 분위기의 식당이었다.

:: 입사하고 나서 처음 가 본 촬영장. 남양주에서 피자 광고를 찍을 때. 실제로 촬영장에 가 보니 제작팀과 감독이 주축이 되어 움직이고, AE는 콘셉트와 전략 방향에 맞게 촬영이 이루어지는지 모니터링을 하거나, 광고주를 안내하는 역할을 했다.

모두들 자리에 빙 둘러 앉았는데 갑자기 테이블마다 소주가 2~3병씩 놓이는 게 아닌가.

'어, 점심땐데?' 낯선 풍경에 나는 그만 눈이 휘둥그레졌다. 대학 시절 공모전에 참가했다가 금강기획 건물 안에 수면실이 있는 걸 보았을 때도 참 낯설었다. 윗분들은 내게도 술을 권하셨다. 신입인데 마셔야지 별 수 있나. 그날 난 난생처음 회사 직원들과 '낮술'을 마셨다. 정신적 스트레스가 많은 광고대행사인들은 일이 술술 잘 풀릴 때나, 혹은 일이 꼬일 때면 점심시간에도 전골을 시켜 놓고 반주를 곁들이면서 서로 다독이고 격려하며 스트레스를 풀기도 한다.

인턴 사원 시절에 난 정말 초긴장 상태로 지냈다. 회사에 늦게까지 남아 굳이 하지 않아도 될 일도 열심히 했다. 누가 "자료 좀 뽑아 줘요."라고 부탁하면, 난 프린트한 자료 하나라도 그대로 건네는 법 없이 스테이플러로 찍고, 중요한 부분에는 밑줄을 그어 간단하게나마 요약을 해서 건넸다.

그러던 중 마침 모 피자 업체의 경쟁 프레젠테이션(흔히 PT라 부른다)이 있었다. 회의 자리에서 AP(Account Planner) 팀의 부장님은 내게도 전략 방향을 정리해서 보여 달라고 하셨다. 부장님은 단순히 아이데이션(아이디어 회의) 자료로 참고할 요량이셨겠지만, 내겐 무척 중요하고 의미 있는 과제였기에 새벽까지 잠도 안 자고 아이디어 정리를 했다. 그리고 기획서를 25페이지쯤 작성해 보여 드렸더니 부장님은 흐뭇한 얼굴로 칭찬을 해 주셨다.

"참 AE스럽게 정리를 잘했구나."

어깨가 절로 으쓱해지고, 혹시 잘 키워 볼 만한 인턴 사원으로 여기시지 않았을까 하는 설렘에 내 기분은 날아갈 것만 같았다. 인턴 사원으로서 할 수 있는 업무가 많지는 않았지만 난 눈에 보이는 대로 청소도 하고, 서류 정리도 하면서 살아남으려 안간힘을 썼다.

물론 경험이 많지 않은 새내기가 항상 칭찬만 받은 것은 아니다. 경쟁 PT의 기획 방향을 정한 뒤 제작팀원들과 한자리에 모여 킥오프 미팅(kick off meeting, 기획팀에서 잡은 전략 방향을 제작팀에게 설명하고 그에 대해서 토론하는 회의)을 하는 날이었다. 기획팀의 상무님과 제작팀의 간부들까지 모두 참석하는 제법 큰 회의였다.

사람들이 회의 준비하느라 정신없이 바쁘게 움직이는 동안 나도 이 사람 저 사람이 시키는 일들을 처리하고 있었다. 그중 하나가 회의실에 프로젝터 설치하기였다. 아마 그 정도는 어련히 알아서 할 줄 아셨나 보다. 그러나 내가 어리바리하게 혼자서 낑낑대는 모습을 보고는 상사 한 분이 "그거 하나도 제대로 설치 못 해!"라며 혼을 내셨다. 여러 사람들이 있는 자리에서 욕을 실컷 먹고 나니 나도 모르게 울컥 화가 치밀었다.

'4년 동안 광고 공부했지, 프로젝터 설치하는 법 공부했나? 가르쳐 주지도 않았으면서.'

회의가 시작된 뒤 난 몰래 화장실로 들어갔다. 큰 광고대행사에 들어갔다고 좋아하셨던 부모님 얼굴이 떠올랐다. '내가 이걸 하려고 여기 들어온 것도 아닌데, 프로젝터 하나 설치하지 못했다고 이렇게까지 창피를 당해야 하나…' 눈물이 핑 돌았다. 큰일로 야단맞았으면 다음부터 잘해야지 하며 의연하게 넘겼을 텐데 별 대단치 않은 일로 꾸지람을 듣고 나니 속이 상해 눈물이 났다.

사실 난 기계치다. 고장 날까 무서워 컴퓨터도 함부로 못 만지는데 프로젝터 설치가 웬 말인가? 광고대행사에 들어와서 기계와 친해진 것도 내겐 큰 소득이다. 지금은 뭐든 겁내지 않고 일단 도전해 본다. 기계 설비나 노트북 수리 등 웬만한 건 이제 내 손으로 다한다. 물론 프로젝터 설치하는 것쯤이야 식은 죽 먹기다. 바로 햇병아리 시절 눈물을 삼키며 '내가 다시는 욕먹나 봐라.' 하며 이를 악물고 배운 덕분이다.

철이 내 가슴에 들어오다

고등학교 때 잡지나 TV 광고를 보면서 어떻게 하면 저런 재미난 이야기를 핵심만 짚어 다 표현해 내는지 신기하기만 했다. 당시 나는 막연히 광고는 아트 디렉터들이 하는 일인 줄 알았다. 그래서 디자인을 전공하려고 미술을 배워 봤는데 그쪽에 영 소질이 없어 미대 진학은 실패하고 말았다. 재수를 하고 있을 때 광고홍보학과란 데가 있으니 한번

지원해 보는 게 어떠냐고 내게 권유한 사람은 엄마였다.

대학에서 본격적으로 광고 관련 공부를 하다 보니 아트 디렉터보다 AE이란 직종이 더 흥미롭게 다가왔다. 선풍기에 비유하자면 AE는 쉼 없이 돌아가는 프로펠러이고, 아트 디렉터는 사람들에게 시원함을 느끼게 하는 바람 같은 존재라고나 할까. 나는 프로펠러 같은 AE가 되고 싶었다.

내가 생각하는 좋은 광고, 내가 꼭 만들어 보고 싶은 광고는 사람들의 인식을 바꿔 놓는 광고다. 지금도 난 '소리 없이 세상을 움직입니다.'라는 포스코 캠페인을 가장 좋아한다. 전에는 철이 그저 건축 구조물에나 쓰이는 것인 줄 알았는데, 봉사 활동을 하는 의사의 청진기에도 철이 들어 있고 아름다운 선율을 자아내는 바이올린이나 첼로의 현도 다름 아닌 철이 소재였다. 그 광고를 보고 나서 차갑고 멀게만 느껴졌던 철이 생각보다 많은 곳에 쓰이며 나하고도 밀접하다는 걸 새삼 깨닫게 되었다. 심지어 포스코에서 일해 보고 싶다는 생각마저 들 정도로 난 그 광고가 마음에 들었다.

같은 맥락에서 '바나나는 원래 하얗다.'도 정말 잘 만든 광고라고 생각한다. 제품명도 획기적이었지만 바나나 우유는 노란색이라는 이제까지의 인식을 깨뜨렸다는 점에서 높이 평가하고 싶다. 그 광고를 보면서 '아, 맞아. 바나나는 원래 하얗지.'라며 무릎을 탁 친 사람은 나뿐만이 아니었으리라. 사람의 상식을 바꾸는 건 굉장히 어려운 일이다. 아니, 통념의 틈새와 허점을 찾아내는 건 결코 쉽지 않은 일이라고 표현하는 게 더 정확할 것이다. 색다른 각도에서 사물을 보고, 그걸 광고로 담아내어 사람들에게 재미를 주며, 그 광고를 본 사람들이 그 기업에 한 발자국 다가서게 만드는 것, 거기서 더 나아가 그 제품을 구매하게

끔 하는 광고야말로 진짜배기 광고이리라.

　여기에다 더 욕심을 부리자면 경쟁사에서 "야, 진짜 잘 만들었네. 우리도 분발해야겠어."라며 부러워하고 반성할 만한 광고를 만들고 싶다. 난 자유롭게 토론하면서 자기 생각을 기탄없이 말할 수 있는 광고 회사에서 일하는 게 정말 좋다. 어쩌다 내가 힘들어하는 모습을 보이면 엄마는 그만두라고 하시면서도, 친지들에게 "저거 우리 딸이 만든 광고야."라며 자랑스러워하신다. 요즘 들어 나는 내 삶의 길잡이가 되어 준 엄마께 무한한 고마움을 느끼곤 한다.

"정말 죄송합니다. 일을 어떻게 수습해야 할까요?"

　예전에는 광고 콘셉트를 뽑아내는 작업까지만 AE가 하는 일인 줄 알았다. 그런데 현장에서 부딪혀 보니 월말 정산을 포함해 AE가 할 일이 생각보다 훨씬 많았다. 매달 매체비는 얼마를 썼는지 정산하고, 제작비 청구서를 확인하며, 세금 계산서 끊는 것까지도 AE가 처리할 몫이다. AE는 또 광고주와 광고대행사 사이에서 광고 예산도 조율해야 한다. 제작비가 너무 높게 책정된 경우 광고주에게 넘기기 전에 제작 부서에 가서 "이거 금액이 너무 높은 거 아냐? 조금만 더 깎아. 이 금액이면 분명 광고주가 못 하겠다고 할걸?" 하는 식으로 협의하고 조율해야 한다.

　광고를 수주하는 데 실패하면 AE는 회사에 손해를 끼치고, 수익을 낼 기회를 놓쳤다는 사실에 패잔병 같은 기분에 젖는다. 실제로 AE는 회사 매출이나 영업 이익을 생각해야 하는 직종이므로 숫자에 밝아야 한다. 금액 하나 잘못 적는다거나 잘못 전달하는 일이 생기면 이는 대형 사고로 이어질 수 있기 때문이다. 예를 들어 신문 전단지에 프로모션 공고를 냈는데 날짜가 잘못 나가거나 제품이 아예 바뀌어 나가면 그 피해와 손실은 어마어마하다. 상황에 따라서는 광고를 만든 대행사에서 1억이든 2억이든 물어내야 하는 일도 생긴다. 그러므로 AE는 철두철미하게 일 처리를 해야 한다.

나도 그사이 사고를 한 번 쳤다. 신문에 내보낼 광고였는데 비주얼 작업을 하면서 광고주 회사의 로고가 줄어든 것이다. 지면 크기에 상관없이 그 로고는 규정대로 일정 크기로 나가야 했건만 마지막 확인 과정에서 잘못된 걸 못 보고 그냥 출고하고 말았다.

광고가 나간 뒤 비로소 실수한 사실을 깨닫고 광고주에게 연락을 했다. "정말 죄송합니다. 일을 어떻게 수습해야 할까요?" 자칫하면 신입 사원이 2~3천만 원을 말아먹을 수도 있는 상황이었다. 난 손이 발이 되도록 빌면서 광고주에게 거듭 죄송하다는 말씀을 드렸다. 광고주 쪽에서도 최종 점검을 제대로 하지 못한 탓도 있다고 생각했는지 문제가 불거지면 일단 알아서 처리하겠다며 일을 마무리 지어 주셨다. 광고주와 상사에게 사고 경위를 보고하면서 내 등줄기에선 식은땀이 흘러내렸다.

다시 전화가 오면 어쩌나 싶어 난 근 한 달 동안을 노심초사하며 보냈고 불면증에 시달렸지만, 운 좋게도 광고 사고는 그런대로 무마되었다. 그 뒤로 난 신문에 광고를 내보낼 때 자로 사이즈를 재 보며 꼼꼼히 체크 하는 버릇이 생겼다.

춤이면 춤, 노래면 노래, 뭐든 한다

"카피료가 모델료보다 비싸게 되는 날까지 일하고 싶습니다." BC 카드 캠페인 광고로 'TV CF Award'에서 카피라이터 상을 수상한 우리 회사 부장님이 시상식장에서 이렇게 소감을 밝히는 모습을 보고 내 머릿속에는 이런저런 상념이 떠올랐다. 설령 광고가 히트를 쳐 기업의 매출이 증가해도, 커뮤니케이션 전략을 짜고 허를 찌르는 아이디어를 내기 위해 밤샘 작업을 밥 먹듯이 하는 광고인들에게 그 수익이나 영광이 고스란히 돌아가는 것은 아니기 때문이다. 솔직히 돈 벌려고 광고회사에 들어오는 사람들은 많지 않을 것이다. 내가 보기엔 광고에 대한 열정과 호기심을 안고 업무가 고되다는 사실을 뻔히 알면서도 광고회사에 지원하는 사람들이 대부분이다.

지금 이 순간에도 광고인을 꿈꾸며 공부하는 사람들이 많이 있을 줄 안다. 조금 일찍 광고계에 발을 들여놓은 사람으로서, 광고에 대한 꿈은 잃지 말되 현실에 부닥쳤을 때 좌절하지 말라는 말을 제일 먼저 하고 싶다. 자기가 생각해 왔던 모습과 다르다고 해서 쉽사리 포기해 버리는 사람은 광고에 애정이 없는 사람이다. 현실과 이상은 다른 법, 첫 단추를 꿰자마자 몸에 안 맞다고 옷을 벗어던지는 우를 범하지 않았으면 한다.

내가 현실과 이상의 간극을 받아들이지 못하고 좌절했다면 진작에 광고회사를 그만두고 나갔을 거다. 사실 신입 사원이 회사에 들어오면 그 사람에 대해서 궁금해하고 살갑게 대해 주는 게 보통인데, 광고대행사에 입사하고 보니 현실은 너무나 달랐다. 내게 말을 거는 사람도 없었고, 조심스럽게 다가가서 묻기 전에는 먼저 가르쳐 주는 이도 없었다.

'군기 잡으시는 건가?'

예전에 경험했던 직장 분위기, 내가 기대했던 광고대행사의 모습과 너무 달라서 나도 모르게 그런 생각마저 들었던 것이다. 내 경험에 비춰 보자면, 광고대행사의 신입 사원은 눈치껏 뒤에서 보고 배우며 스스로 판단하고 스스로 깨치는 일이 70퍼센트 이상인 듯싶다. 준비 안 된 새내기에게, 게다가 힘들다며 언제 그만둘지도 모르는 사람에게 시간을 투자하면서 교육할 만큼 광고회사는 한가하지 않다. 바쁜 고참들이 신입 사원 한 사람을 붙잡고 일일이 친절하게 가르쳐 줄 거라는 기대는 애초에 버리자. 그런 걸 바란다면 차라리 학원에 다니는 편이 낫다.

어느 회사든 모름지기 신입 사원은 기회가 오기만을 기다릴 게 아니라 스스로 기회를 만들어 가는 적극적인 자세가 필요하다. 광고회사에서 막내 AE가 광고주에게 프레젠테이션 하는 일은 극히 드물다. 하지만 새내기도 자신의 가능성을 보여 줄 기회는 얼마든지 있다. 사내 워크숍이나 개별 모임에서 춤이면 춤, 노래면 노래, 뭐든 열심히 하고, 설사 윗사람들이 보기에 말도 안 되는 전략일지라도 부끄러워하지 않고 적극적으로 의견을 발표하면서 자신을 시험대에 올려놓는 자세가 중요하다.

광고가 좋으니까

회식 자리에서 난 종종 윗사람들에게 묻는다.

"얼마든지 다른 길을 찾아 나갈 수도 있는데 왜 외길을 가세요? 왜 지금까지 힘든 광고 일을 하셨어요?"

그들이 내게 들려 주는 답변은 오로지 하나다.

"광고가 좋으니까."

지난 1월 유명한 메이저 광고대행사에 계시다가 그레이프 커뮤니케이션즈로 오신 이사님도 비슷한 말씀을 하셨다. 광고주 회사로 옮길 수도 있고, 더 편한 자리로 가도 될 분이 굳이 광고회사로 다시 오신 이유가 궁금했는데, "성공하는 경영인보다 존경받는 광고인이 되고 싶었다."라는 말씀이 마음에 와 닿았다.

난 현장에서 열심히 일하는 고참 선배들을 보면서 '내가 광고 일을 참 잘 선택했구나.'라는 생각을 자주 한다. 모 건설회사 광고주에게 광고 시안을 프레젠테이션할 때였다. 발표 내용을 듣고 나서 광고주가 이의를 제기했다. "다른 아파트 광고와 비교해 별 차별점이 없는 것 같은데…." 6개월 동안 수백 개의 시안을 마련해서 보고하고 퇴짜 맞기를 몇 차례, 최종적으로 올라간 안이 다시 엎어질 뻔한 순간이었다. 그때 상무님이 순발력 있게 한마디하셨다. "아파트 지은 지 얼마 되지도 않는 A사, 껌이나 파는 B사와 '우리'를 어떻게 비교하겠습니까. 투자 이익만 보고 아파트를 구매하라며 광고하는 이들과 '우리'는 엄연히 다릅니다. 우리의 광고 목적은 기업 철학을 소비자에게 알려 주는 것입니다." 그 반론을 듣고 광고주가 "음, 그렇지." 하며 고개를 끄덕이는 모습을 보면서 난 속으로 '상무님, 짱! 최고예요.'를 외쳤다.

메시지를 전하고 공감을 이끌어 내는 것이 광고 커뮤니케이션에서는 가장 중요하다. 광고주가 동의해 주고, 소비자가 호응해 주고, 더 나아가 시장에서 반응이 올 때 광고인은 희열을 느끼지 않을까 싶다.

우리 회사 부사장님이 금강기획에서 AE로 일하던 시절의 경험담은 더욱 인상적이었다. 일주일에 한 번꼴로 PT를 해 나가던 무렵, 과도한 업무에 어찌나 스트레스가 심했던지 어느 날 갑자기 얼굴 한쪽에 마비 증세가 나타났다고 한다. 아침에 밥을 먹는데 밥알이 떨어지고 이를 닦는데 치약이 옆으로 흘러내리더란다. 그런데도 그분은 예정대로 그날 광고주 앞에 서서 PT를 했다고 한다. 한쪽 얼굴을 손으로 가린 채.

　　고참 선배들의 경험담을 듣고 나서 내 머릿속에는 의문이 꼬리에 꼬리를 물었다. 스트레스를 견디지 못해 안면 마비가 올 정도인데도 광고라는 끈을 놓지 못하는 이유가 뭘까? 도대체 저렇게 미친 듯이 일하는 이유가 뭘까? 나도 광고가 좋아서 이 일을 시작했지만, 하면 할수록 더 좋아지는 게 광고일까? 어쩌면 내 의문에 대한 해답은 여러 대선배님들의 모습이 대변해 주고 있지 않나 싶다.

(구술 정리 : 임진숙)

직장인이냐 직업인이냐

| 노의선 |

1981년생. 건국대학교에서 경영학과 철학을 전공하고 2007년 투래빗(2RABBITS)이라는 광고회사에서 카피라이터로 첫발을 내딛었다. 현재 휘닉스 커뮤니케이션즈에서 전자, 통신에서 은행, 증권에 이르기까지 다양한 광고주를 담당했으며, 생활 속에서 '뾰족한' 카피를 찾아내기 위해 안간힘을 쓰고 있는 꼬마 카피라이터다.

2002년 월드컵의 열기가 채 식지 않은 7월의 어느 날. 까무잡잡한 피부에 짧은 머리의 한 남자가 학교 동아리방으로 들어섰다. 자신의 신분을 위장하기 위해 머리에 젤을 듬뿍 발랐지만 '휴가 중인 군인' 티가 풀풀 나던 노 일병. 동아리방에는 아무도 없었지만 그 물리적인 공간은 많은 것들을 담고 있었다. 선후배들의 웃음소리, 담배 연기, 술잔 부딪치던 소리, 칼질하고 보드 붙이던 기억, 아이디어 회의 하겠다며 밤새던 추억…. 잠시 회상에 잠겨 있던 노 일병은 책상 위에 덩그러니 놓인 프린트물을 집어 들었다.

'카피라이터의 조건'

그 프린트물에는 다음과 같은 내용이 적혀 있었다. '카피라이터는 시인이 되기도 하고, 노인이 되기도 해야 한다. 동요를 쓸 줄 알아야 하고 만화도 그릴 줄 알아야 한다. 자신의 소신을 지킬 줄 알며, 세상의 작은 울림에도 눈물을 흘릴 줄 아는 휴머니스트가 되어야 한다. 세상 모든 것에 관심을 가지는 만물박사이면서 철저한 전략가가 되어야 한다.'

몇 장의 종이 속에 묘사된 카피라이터는 광고에 관한 한 '니체의 초인'쯤 되는 인간상이었다. 하지만 '이런 인간이 세상에 어딨어?'에서 '그럼, 내가 되어 보자.'로 생각이 바뀌는 데는 채 1분도 걸리지 않았다.

난 불가능에 도전하고 열정으로 나 자신을 불태우는 삶을 동경하고 있었다. 그래서 카피라이터 생활을 시작했다. 지금껏 살면서 들어 본 직업 중에서 진짜 프로가 되기에 가장 어려운 직업처럼 느껴졌기에. 그날 이후부터 내 삶은 조금 피곤해졌지만 참으로 다이내믹해졌다.

부대에 복귀를 하는 내 두 손에는 광고 서적 몇 권이 들려 있었다. 목표를 세웠으니 당장이라도 달음박질해야 할 것 같았다. 결코 느긋한 성격이 아니었던 난 시도 때도 없이 광고 서적을 꺼내 읽었고, 그런 나를 보며 군대 고참들은 "그래, 너 진짜 광고 하는지 어디 두고 볼 거야!"라고 입을 모았다. 책에 밑줄을 긋고, 노트에 요약 정리를 하며 몇 번이고 광고 서적을 되풀이해 읽었다.

그리고 전역할 날만을 손꼽아 기다렸다. 10여 권의 광고 이론서를 독파하며, 난 광고를 공부하는 학생들 사이에서 '무림 고수'가 될 날을 꿈꾸고 있었던 것이다. 그렇게 1년의 시간이 흘렀을까. 『생각의 축지법』이라는 책을 읽다가 "광고도 하나의 창작 작업이라면, 그리고 카피라이터가 창작을 하는 직업이라면 모름지기 자신의 철학을 가지고 있어야 한다."라는 대목에서 난 깊은 감명을 받았다. '카피라이터는 광고주의 언어를 소비자의 언어로 바꿔 주는 번역가'라고 말하는 사람도 있는데, 그렇다면 나만의 색깔이 있는 번역을 하고 싶었다. '그래, 내 철학을 가지자. 그리고 노의선 스타일의 광고를 만들자. 노의선 스타일의 광고가 나가는 그날까지 절대 펜을 놓지 말자.' 난 그때의 다짐을 잊지 않고 전역 후 철학을 복수 전공했으며, 마음이 흔들릴 때마다 그 다짐은 내 불확실한 미래를 밝혀 주는 등대가 되었다.

직장인과 직업인, 뭐가 다르지?

광고교육원에서 광고 제작과 관련된 수업을 들을 때의 일이다. 광고대행사 CD(Creative Director) 한 분이 수강생들에게 이런 질문을 하였다. "여러분은 직장인이 되고 싶으세요, 아니면 직업인이 되고 싶으세요?" 난 조금 어리둥절했다. '직장인과 직업인, 뭐가 다른 거지?' 잠시 후 그분의 말이 이어졌다. 자신이 처음 회사에 들어갔을 때 선배에게서 받은 첫 질문이 바로 "넌 광고인이 되고 싶냐, 아니면 카피라이터가 되고 싶냐?"였다고 한다. '엄마가 좋아, 아빠가 좋아?'에 버금가는 우문이 아닌가 하는 생각이 들 만도 했지만, 그분은 당당히 카피라이터가 되고 싶다고 하셨단다. 이유인즉슨 광고회사에 다니는 광고인은 직장인일 것이고, 그 안에서 카피라이터 일을 하는 것은 직업인일 거니까.

그분은 직장인이 되지 말고 직업인이 되라고 말씀해 주셨다. 직장인은 직장이 사라지면 실업자가 되지만 직업인은 그렇지 않다면서. 그런 마음가짐으로 일을 해야 자신의 카피에도 더 정성을 쏟게 되고, 광고와 광고 카피를 더 사랑할 수 있으며, 그런 태도가 자신이 몸담고 있는 회사에도 도움이 되는 길이라고 강조하셨다.

난 서류 전형, 필기시험, 두 번의 면접과 인적성검사를 통과해 신입사원 공채 13기로 휘닉스 커뮤니케이션즈에 입사했다. 내가 얼마나 일하고 싶었던 회사인지, 얼마나 간절히 원했던 일인지 아마 부모님도 모르시리라.

직장 생활을 하면서 그분의 말을 되새김질할 기회가 있었다. 처음에 '직장인이냐 직업인이냐.'라는 질문을 받았을 때, 한쪽을 선택하면 다른 한쪽을 배신하는 것 같은 느낌을 지울 수가 없어 선뜻 결정하기가 어려웠다. 하지만 지금 나는 애사심과는 별개로 이런 생각을 한다. "셔츠 앞에 새겨진 팀의 이름으로 경기하라. 그러면 등 뒤에 새겨진 너의 이름이 기억되리라." 어느 스포츠용품의 광고 카피처럼 프로란 바로 이런 것이 아닐까? 이제 광고회사의 신입 카피라이터에게 주어진 건 어서 아마추어 티를 벗고 진정한 프로가 되는 일일 것이다.

근육질 뇌를 위해 뇌 성형을 할 수 있다면…

길지 않은 기간이었지만, 내가 휘닉스에서 일하며 느낀 점은 광고인들은 일반인들 — 여기서 말하는 일반인이란 광고회사에 다니지 않는 사람을 가리킨다. 더 정확히 말하자면 광고 일을 하지 않는 사람을 의미한다 — 과는 확실히 다르다는 것이다.

가장 큰 차이점은 일에 대한 남다른 열정이다. 일단 광고인들은 밤샘 작업을 두려워하지 않는다. 더 좋은 아이디어, 더 좋은 카피, 더 좋은 그림과 레이아웃을 위해서라면 '뭐 이런 날도 있지.'라며 일주일에도 몇 번씩 밤을 지새우곤 한다.

:: 내게 근육질 뇌를 만들어 주는 여행. 지금은 시간이 없어 여행을 떠나지 못하지만, 머릿속에는 광고라는 나라의 여행에 푹 빠져 살고 있다.

두 번째는 남다른 생각이다. 광고인들은 생각이 자유롭다. (물론 옷차림이나 헤어스타일도 일반 직장인에 비해서 자유로운 편이다. 난 회사 다니며 양복 입을 일이 거의 없다. 어쩌다 정장 차림으로 출근하면 다른 회사 면접을 보고 왔냐는 의심을 받을 정도다.) 아니, 자유로워야만 한다. 이른바 '인사이트(insight)'라고 말하는 소비자의 마음속까지, 무의식까지 두루 생각이 닿아야 하기 때문이다. 그래서 평소에도 남들과는 차별화된 대화를 즐긴다. 대화의 주제는 종합 생활정보지의 그것을 넘나들고, 깊이는 만화책과 철학책 사이를 오간다. 건담 프라모델 이야기를 하다가도 금세 친일파 청산에 관한 논쟁으로 바뀐다. 난 이런 그들이 너무나 좋고 그들과 함께이기에 늘 즐겁다.

이런 내게 '몸짱'의 '갑빠와 식스팩'보다 더 부러운 게 하나 있다. 바로 머릿속 뇌의 근육! 아인슈타인의 뇌가 보통 사람보다 더 쭈글쭈글했다고 하던가. 난 내 아이디어를 담당하는 뇌의 한 부분이 쪼글쪼글

울퉁불퉁한 근육질이었으면 좋겠다. 흑인들의 탄탄한 엉덩이처럼 내 뇌 근육이 탄력 있고 톡톡 튀었으면 좋겠다.

이런 생각을 할 때마다 뇌수술이라도 하고 싶은 심정이지만, 두뇌 회전이 둔해졌다고 지방 흡입을 하듯 뇌 성형을 받을 수는 없는 노릇 아닌가. 그래서 평소에도 뇌 근육이 긴장을 풀지 못하도록 생각하고 고민하고 또 생각하고 고민하면서 뇌 근육을 끊임없이 움직여 탄력 있게 만들어 주어야 한다.

모르긴 몰라도 대부분의 광고인들은 탄력 있는 근육질의 뇌를 가졌을 것이다. 그리고 이런 근육질 뇌를 단련시키는 헬스장은 다름 아닌 우리의 삶 곳곳에 널려 있다. 볼을 스치는 바람도, 사람들이 북적이는 멀티플렉스 영화관도, 때론 길바닥에 덩그러니 떨어져 있는 휴지 조각도 광고인의 뇌를 단련시키는 훌륭한 운동기구인 셈이다. 그래서 난 오늘도 근육질 뇌를 만들기 위해, 깊이 있고 엉뚱한 고민을 하기 위해 운동기구들이 즐비한 거리로 나선다.

마음을 다잡는 세 가지 약방문

다른 회사, 다른 팀, 다른 사람들은 어떤지 잘 모르겠지만, 그리고 어디까지나 내가 부족한 탓이지만 다음 날 오전에 회의가 잡히면 밤을 새우는 일이 종종 있다. 동이 틀 무렵이 되어도 좀처럼 아이디어의 가닥이 잡히지 않으면 몸도 마음도 지치게 마련이다. 잘하고 싶은데, 더 좋은 아이디어를 내고 싶은데 몸이 너무 지쳐서 말을 듣지 않을 때 난 '데우스엑스마키나'를 떠올리곤 한다. 데우스엑스마키나는 고대 그리스 연극에서 쓰인 무대 기법의 하나다. 기중기 같은 것을 이용해서 갑자기 신이 공중에서 나타나 위급하고 복잡한 사건을 단숨에 해결하는 수법을 말한다.

난 데우스엑스마키나를 내 나름대로 이렇게 해석한다. 아이디어가 나오지 않아 괴로울 때, 카피가 생각나지 않아 힘이 들 때 "신이시여! 도와주소서!!!"라고 외치면 신이 정답을 알려 주시는 거다. 카피와 비주얼, 레이아웃이 완벽하고, 광고주도 무척 좋아하고, 그 광고의 상품이 날개 돋친 듯 팔리게 되는 그런 환상적인 광고 말이다.

한번은 내가 왜 이렇게 아이디어에 목말라 고생을 하고 있는지에 대해 진지하게 생각해 봤다. 답은 하나. 광고엔 정답이 없기 때문이다. 광고는 결국 소비자가 판단을 내리는 것이므로 정답이 뭔지 알 길이 없기 때문에 수많은 광고인들이 괴로운 것이라고 생각한다. 그렇다면 모범 답안은 있을까? 신입 사원인 내게 모범 답안을 묻는다면 난 당당하게 이렇게 대답하고 싶다. "아무리 지치고 힘들어도 이 일을 즐기며 더 나은 것을 향해서 끝까지 생각해 보고 고민하는 자세!"라고 말이다.

내 컴퓨터 모니터에는 세 가지 '약방문'이 붙어 있다. 첫 번째는 지친 마음을 달래는 약방문. "삶이란 가슴 뛰는 일이다. 가슴에 손을 얹어 보자. 그것이 희망이다. 희망이 뛰고 있다." 마음이 지칠 때 나는 이 글을 읽고 가슴에 손을 얹어 본다. 그리고 내 열정의 불이 활활 타오르고 있음을 다시 한 번 확인한다.

두 번째는 지친 몸을 달래는 약방문이다. "Nothing great comes easy(위대한 것은 쉽게 이루어지지 않는다)." 심신이 힘들 때 '그냥 대충 이 정도만 하면 윗분들께 혼나지는 않겠지.'라는 나태한 마음이 생기기도 하는데, 그럴 때 이 글을 보면 정신이 번쩍 든다.

마지막은 나쁜 마음을 다잡는 약방문이다. "Good is the enemy of Great(좋은 것은 위대한 것의 적이다)."여러 가지 핑계를 대며 적당한 선에서 안주하려고 할 때에야말로 아이디어의 적을 만나는 것이다. 그럴 땐 '위대한 것은 쉽게 나오지 않는 법이니 좀 더 생각하고 고민해 보자.'며 마음을 다잡는다.

카피는 시가 아니라 메시지다

피카소는 이렇게 말했다.

"나는 어린아이처럼 그리기 위해 50년이란 시간을 투자했다."

그 말을 듣고 난 피카소가 데생의 달인이었다는 사실을 잘 알고 있었음에도 불구하고 오랜 시간 동안 그가 쏟아부었을 땀과 열정에 절로 고개가 숙여졌다. 왠지 피카소는 추상화는 잘 그리지만 인체 정밀 묘사는 잘 못할 거라고 생각한 사람은 나뿐이었을까? 나를 비롯해 대부분의 사람들은 사람의 겉모습에만 혹은 현재의 모습에만 초점을 맞춘다. 유명 연예인들의 화려한 모습을 부러워하면서도 브라운관 뒤에서 그들이 흘렸을 땀과 눈물은 전혀 생각하려 들지 않는다.

내 사수나 다른 선배 카피라이터의 카피를 볼 때면 참 대단하다는 생각을 한다. '어쩌면 저렇게 카피를 잘 쓸까? 어떻게 저리 똑 부러지게 메시지를 전달할 수 있을까?' 이런 생각을 하다가 난 금세 '원래 글을 잘 쓰는 분일 거야. 재능이 있으니 금방 배워서 두세 달 만에 저런 카피를 뚝딱 쓸 수 있었을 거야.' 라며 노력하지 않는 자신을 애써 위로한다. 그리고 그런 생각은 나도 금방 잘 쓰게 될 것이라는 착각으로 이어진다. 또 그런 착각들은 내가 쓴 카피가 전국에 깔리고, 심금을 울리는 내 카피에 감동을 받아 많은 소비자들이 그 광고의 제품을 사랑하게 되어 매출이 쑥쑥 오르는 데까지 상상의 나래를 펼친다. 그렇게 한참 착각의 바다 속을 헤엄치다가 현실로 돌아오면 '새 날아가는(뜬구름 잡는)' 카피를 써 왔다고 회의 때 꾸지람 듣기 일쑤다. 메시지가 명확하지 않고 미사여구를 남발하여 말 그대로 광고 카피가 아니라 시를 써 버린 것이다.

　참고로 말하면 카피는 시가 아니다. 시를 잘 쓰는 사람이 모두 카피를 잘 쓰는 건 아니란 뜻이다. 카피는 메시지다. 광고주가 소비자에게 전달하고 싶은 메시지를 소비자의 언어로 전달하는 것이다. 그래서 앞에서도 말했듯이 카피라이터는 번역가라고도 하는 것이다. 카피를 보고 그 메시지가 사람들의 마음속에 전해지거나 메시지를 곱씹어 생각하게끔 만들어야 좋은 카피다. 아울러 기업의 매출에도 도움을 주어야 비로소 훌륭한 카피라고 할 수 있다.

　그저 아름다운 말들이 넘쳐나 한 번 보고 기분 좋아지는, 그리고 쉽게 잊혀지는 카피는 결코 좋은 카피가 아니다. 내 사수도 그렇게 가르쳐 주었고 다른 많은 이들도 한결같이 하는 말이다. 표현 방법은 다양할 수 있지만 그래도 가장 중요한 것은 메시지 전달! 따라서 카피가 아니라 시를 쓰는 것은 광고인으로서의 역할을 제대로 못 하고 있다는 뜻으로 해석할 수 있다.

　이런 말을 꺼내는 이유는 전달할 메시지가 무엇인지 정확하게 파악하는 훈련이 필요하다는 이야기를 하고 싶어서다. 그렇다. 광고 카피는 훈련이 필요하다. 그래서 3년이 안 된 카피라이터는 쓸모가 없다는 말까지 하나 보다.

카피를 쓰는 데는 훈련이 필요하다는 것도 알고, 시를 쓰면 안 된다는 것도 안다. 근데 왜 난 자꾸 시를 쓰는 걸까? 그건 "저 카피 내가 썼어."라며 친구들에게 자랑하고 싶고, "힘들게 들어온 회사인데 멋들어진 카피만 써야지."라는 욕심 때문이 아닐까? 지금의 나는 붓도 잡아본 적 없으면서 피카소처럼 훌륭한 화가가 되겠다고 추상화부터 그리고 있는 꼴이다.

신문 광고 하나에는 카피가 여러 개 들어간다. 헤드라인만 들어가는 것이 아니라 바디카피도 들어가고, 프로모션 광고라면 이벤트 내용, 경품 내용, 기간도 들어간다. 이 모든 것이 중요한 카피다. 따라서 겉멋만 든 신입 카피라이터는 거품이 빠지고 메시지가 정확히 전달되는 담백한 카피를 쓰기 위해, 띄어쓰기 오류와 오타가 없는 단정한 카피를 쓰기 위해 연필을 집어 들어야 한다.

신입 카피라이터의 자세

나는 카피라이터가 되기 전부터 광고업에 종사하는 선배들을 만나면 어떻게 해야 훌륭한 광고인이 될 수 있는지, 무엇을 준비해야 하는지 조언을 구했다. 하지만 훌륭한 광고인과 훌륭한 신입 카피라이터의 역할은 분명 다르다고 생각한다. 신입 카피라이터가 가져야 할 바람직한 자세에 대해 선배들이 한 이야기를 옮기자면 다음과 같다.

어떤 선배는 강인한 체력과 정신력을 보여 주는 것이라 했고
어떤 선배는 인사를 잘하는 것이라 했고

:: 세상을 사랑할 줄 아는 사람이 좋은 카피를 쓴다는 말을 들었다. 난 얼마나 세상을 사랑하고 있을까?

어떤 선배는 하루에 한 번 팀장님을 웃겨 드리는 것이라 했고

어떤 선배는 죽도록 카피를 쓰는 것이라 했고

어떤 선배는 팀 선배들이 즐겁게 일하도록 몸 개그를 하는 것이라 했고

어떤 선배는 긴장된 모습을 보이는 것이라 했고

어떤 선배는 신입이라는 생각을 버리는 것이라 했고

어떤 선배는 복사, 팩스, 커피 심부름을 잘하는 것이라 했고

어떤 선배는 수많은 아이디어를 쏟아 내는 것이라 했고

어떤 선배는 자료를 잘 준비하는 것이라 했고

어떤 선배는 전표 정리를 잘하는 것이라 했고

어떤 선배는 목소리가 크고 밝아야 한다고 했고

어떤 선배는 오늘 점심은 뭘 먹을까 미리 생각해 두는 것이라 했고

어떤 선배는 지금 이 자리에 오지 못한 다른 사람들의 꿈에 대한 책임감을 느끼는 것이라 했고

어떤 선배는 '열심히'보다 '잘' 하는 것이라 했고

어떤 선배는 단정하면서 스타일리시한 옷차림으로 타인의 귀감이 되어야 한다고 했고

어떤 선배는 다양한 헤어스타일에 도전하는 것이라 했다.

(나는 위의 모든 말들이 다 옳다고 생각한다.)

어떤 선배가 소위 잘나가는 크리에이티브 디렉터들의 이름을 대며 내게 물었다.

"이 사람들의 공통점이 뭔지 알아?"

"음…."

"신입 때부터 잘했다는 거야."

앞에서 광고회사 사람들은 광고회사에 다니지 않는 사람들과는 좀 다르다는 이야기를 했다. 하지만 광고회사라고 해서 신입 사원에게 바라는 특별한 자세나 정신 상태가 있는 것은 아닌 듯하다. 그럼에도 불구하고 신입 사원 때부터 잘했던 분들을 이야기해 준 선배는 앞으로 진정한 크리에이터로 발전해 나갈 꼬마 카피라이터에게 긴장감을 심어 주신 것이라 생각한다.

'그 긴장감을 잊지 말고 마음속 깊은 곳에서 다듬고 다듬어 한 송이의 아름다운 꽃으로 피워 내리라.' 하고 오늘도 난 다짐해 본다.

2장

다양한 광고인의 세계

광고대행사의 꽃

| 홍승표 |

1972년생. 1999년 서강대학교 철학과를 졸업하고, 2000년 1월 대홍기획에 입사해 지금까지 같은 직장에서 올곧게 AE의 길을 걷고 있다. 담당 광고주로는 대림 e-편한세상, 롯데카드, 월트디즈니 등이 있으며 현재 롯데리아와 KTB 자산운용을 맡고 있다.

입사 후 첫 경쟁 PT에 참여할 기회가 왔다. 내 직속 상사인 대리가 내게 IMC(Integrated Marketing Communications, 통합 마케팅 커뮤니케이션) 아이디어에 대해 생각해 보라고 말했다. "예."라고 대답은 했지만 무엇을 어떻게 해야 할지 걱정이 앞섰다. 왜냐하면 'IMC'라는 단어를 처음 들어 보기 때문이었다. 사실 내 전공이 철학이다 보니 경영, 경제, 광고 쪽의 용어에 대해서는 문외한이었다. 그래서 닥치는 대로 관련 서적을 찾아보았는데, 하필 IMC란 용어만 요리조리 피해서 읽을 게 뭐람. 창피함을 무릅쓰고 사수에게 IMC가 뭐냐고 물어보았다. 어이없어 하며 나를 바라보던 그 눈빛을 생각하면, 아직도 내가 AE 생활을 하고 있다는 사실이 스스로 생각해도 대견스럽기 짝이 없다.

어느 기업이든 신입 사원들은 입사 초기에 보험 하나씩은 든다. 물론 나도 마찬가지였다. 가입 서류를 보니 10년 동안 보험료를 내는 상품이었다. '과연 내가 AE의 자리에서 이 보험료를 다 낼 수 있을까.'라는 의심이 들었는데, 어느새 9년차가 되어 10년을 바라보고 있다. 그동안 사랑하는 선후배들이 자의 반 타의 반으로 광고계를 떠나는 모습도 지켜보았고, 나 또한 수많은 우여곡절을 겪었다. 그런데 AE라는 직업은 마약과도 같다. 누가 끊어 주지 않는 한 적어도 나만큼은 이 중독된 삶을 계속 이어 갈 듯싶다.

광고대행사의 꽃, AE

AE(Account Executive)는 '광고대행사의 꽃'이라고 불린다. 그만큼 광고대행사 안에서 AE의 역할은 중요하다. 특히 광고주를 상대하는 선봉장 역할을 하기 때문에 중요한 자리다. 물론 제작 팀, 매체 팀, 마케팅 팀 등이 저마다 전문적인 업무를 수행한다. 하지만 광고주는 파트너로서 먼저 AE를 떠올리고, 문제가 발생하면 AE부터 찾는다. 따라서 AE가 광고주를 잘 관리하려면 제작 과정, 매체 환경, 사회 트렌드, 광고 이론 등 다방면의 지식들을 숙지하고 있어야 하며, 어떠한 질문에도 적절히 답변하고 대처할 수 있도록 준비해야 한다.

그러나 모든 AE가 다 장미가 될 수 있는 것은 아니다. 들판의 이름 없는 꽃이 될 수도 있기 때문이다. 꽃으로서의 존재감은 광고주가 만들어 준다. 자신을 믿고 따라 주는 광고주가 있다면 그 AE는 장미가 되겠지만, 광고주가 신뢰해 주지 않으면 그 꽃은 곧 꺾일 수도 있다.

사실 담당 AE에 대한 광고주의 신뢰도는 업무 외적인 부분에서 많이 좌우된다. 조금 과장해서 말한다면 거의 대부분이라고 할 수 있다. 광고주와의 술자리는 AE로서 자연스러운 업무의 연장이라 할 수 있는데, 이런 자리에서 광고주의 개인적인 고민을 같이 듣고, 형 또는 동생으로서 조언을 하고, 반대로 내 고민도 털어놓으며 의견을 구한다고 가정해 보자. 또 일요일에 광고주 아이의 돌잔치에 참석했다고 생각해 보자. 이 같은 인간적 친분을 쌓아 두면 향후 업무에 차질이 생기더라도 광고주가 이해하고 넘어가 줄 공산이 크다.

예전에 내가 담당했던 건설회사 광고주의 실무자들은 내 신혼 집들이에 모두 다녀갔다. 집이 서울에서 멀리 떨어진 수도권 외곽에 있었는데도 마다하지 않고 다들 와 주었고, 조그마한 아파트에서 음식을 나눠 먹으며 밤새 고스톱을 치고 즐겁게 놀다 갔다. 이 집들이는 지금까지도 내게 소중한 기억으로 남아 있다. 이런 광고주들의 배려는 내가 먼저 그들에게 보여 준 배려가 있었기에 가능했다.

한 광고주는 오랫동안 아기가 생기지 않아 노심초사하다가 늦게 아이를 얻었는데, 나는 진심으로 그 아이가 잘 자라 주길 기도했다. 그래서 그분을 만나면 잊지 않고 아이의 안부를 물어보았다. 그런가 하면 어떤 분과는 같이 술을 마셨다 하면 그 집에 엎혀 자곤 했다. (물론 다 결혼 전의 일이다.) 내가 외아들로 자라서인지 모르겠지만, 광고주라는 사실을 떠나 정말 형처럼 느껴졌던 분이다. 형수님 역시 싫은 내색 한 번 하지 않으시고, 아침에 술국에 새 양말까지 챙겨 주셨다.

진심은 통한다. 난 신참 AE로서 실수도 참 많이 했건만, 오히려 그분들이 나서서 뒷수습을 해 주셨다. 비록 지금은 내 광고주가 아닐지라도 그 회사 근처를 지날 때면 가끔씩 커피 마시러 들르곤 한다.

칼날 위에 선 무당

일반적으로 AE의 역할은 광고 전략을 수립하는 플래너(Planner)이자 제작과 매체 등 사내 스태프들을 조율하는 프로듀서(Producer)이고, 경쟁 PT에서는 대행사를 대표하는 프레젠터(Presenter)로 규정된다. 사실 AE가 이 모든 능력을 완벽하게 갖춘다는 건 어려운 일이다. 그렇기는 하지만 어느 한 부분의 능력이 현저히 떨어진다면 치열한 AE 세계에서 살아남기 힘들다.

광고 전략을 수립하는 능력이 떨어진다면 전략가로서의 존재 가치가 흔들릴 것이고, 스태프들을 조율하는 능력이 떨어진다면 커뮤니케이터로서 그 자질을 의심받게 되며, 프레젠터로서 나설 능력이 없다면 비즈니스맨으로서 그 자리를 내놓아야 한다.

완벽해야만 하고, 하나를 놓치면 모든 걸 망쳐 버릴 수도 있는 긴장된 삶을 사는 AE를, 광고계의 어떤 선배는 한 일간지와의 인터뷰에서 '칼날 위에 선 무당'에 비유했다. 생각해 보니 내가 디디고 있는 이 땅이 칼날이었던 때가 한두 번이 아니었고, 베어서 피도 많이 흘렸다. 신문에 클라이언트 CI가 잘못 나가는 바람에 그 매체비에 대한 배상 문제로 한동안 밤잠을 설치기도 했고, 광고주가 광고 제작물이 마음에 안 든다며 대행사를 바꾸겠다고 해서 사직서를 재킷 안주머니에 품고 다닌 적도 있었다.

제작 팀과 회의를 수없이 하지만, 그때마다 긴장되는 건 어쩔 수 없다. 1+1=2로 딱 떨어지는 정답이 있는 것도 아니고, 서로 자존심이 무척 강하기 때문에 고성이 오가는 일도 다반사다. 지금이야 내성이 생겼지만, 광고 전략 방향을 설명하는 크리에이티브 브리프(Creative Brief)

:: 2004년 캐나다 밴쿠버에 위치한 UBC(University of British Columbia)에서 브랜드 매니지먼트 과정 연수를 받고 있는 모습(오른쪽 곱슬곱슬한 머리가 필자).

작성부터 제작 팀과의 회의 완료까지 며칠 동안은 신경이 극도로 예민하다. 또 사적 감정이 들어가진 않았어도 회의 시간에 오간 말들에 상처를 받아 그 여파가 한 달 이상을 간 적도 있다.

이젠 이런 것도 하나의 즐거움이 돼 버렸으니, 정말 나는 칼날 위에서 춤을 즐기는 광고 무당이 된 것일까?

음지에서 일하고 양지를 지향한다

'음지에서 일하고 양지를 지향한다.' 과거 국가정보원, 즉 안기부의 부훈(部訓)이다. 보이지 않는 곳에서 일하지만, 실로 막강한 영향력을 행사했던 정보원들의 직업 세계를 정말 기막히게 표현한 것 같다. 사실

AE의 직업 세계도 이와 비슷하다.

AE를 광고대행사의 꽃이라고 하지만 광고의 꽃은 아니다. 카피라이터처럼 카피를 쓰는 것도 아니고, 디자이너처럼 광고 시안 디자인을 하는 것도 아니며, PD처럼 콘티를 구성하는 것도 아니다. 하나의 광고 제작물을 두고 AE에게 뭘 했냐고 물어보면, 눈으로 직접 확인할 수 있는 것은 아무것도 없다.

하지만 AE가 제작 팀원들에게 광고주의 의견, 전략 방향, 그리고 영감을 일으키는 다양한 아이디어를 제시해 주지 않는다면 광고 제작물은 나올 수 없다. 제작 미팅 때 AE와 티격태격하지만, 막상 AE가 없으면 제작 팀원들도 어디서부터 출발해야 좋을지 몰라 우왕좌왕하게 된다. 그래서 일이 잘 풀리지 않아 돌파구를 찾아야 할 때면 AE의 도움을 청하기도 한다.

기획 팀과 제작 팀이 수많은 회의를 거쳐 만들어 낸 광고가 TV나 신문에 노출되면, 소비자들은 카피와 디자인, 영상에 대해 다양한 평가를 내린다. 그러나 그 속에 녹아 흐르는 전략은 겉으로 보이지 않기에 AE의 수고와 열정을 눈으로 확인하긴 어렵다.

AE는 음지에서 일하고 양지를 지향한다.

악마에게 영혼이라도 팔아 꼭 이기고 싶은 경쟁 PT

야구에서는 타자가 10번 중 3번만 안타를 기록하면 잘 친다고 한다. 광고대행사도 경쟁 PT에 참가해서 10번 중 3번만 따온다면 굉장히 우수한 회사로 평가받는다. 요즘은 한 경쟁 PT에 보통 4곳 이상의 회사가 참가하고, 어떤 때에는 2차나 3차 PT까지 있으니, 정말 프로젝트 하나가 끝나면 몸무게가 몇 킬로그램씩 줄어든다는 얘기가 나옴 직하다.

경쟁 PT에서 탈락하면 그 후유증은 일반인들의 상상을 초월한다. 참여한 기획 및 제작 스태프들의 육체적, 심리적 피로도는 말할 것도 없고 광고인으로서의 자존심에도 큰 상처를 입는다. 안정적인 계열사 물량이 없는 독립 대행사의 경우, 회사 차원에서 구조 조정을 단행하는 일조차 있다. 이러니 PT가 정말 피 튀기지 않을 수 없다. 경쟁 PT를 이끌어 가는 AE라면 누구나 악마에게 영혼이라도 팔아 이기려고 할 것이다.

경쟁 PT에서 승리하면 사내에 승전 포스터가 붙고, 참여한 스태프들끼리 흥겨운 술자리도 갖는다. 그러나 발표된 그날 딱 하루만 좋다. 왜냐하면 바로 그다음 날부터 새로운 광고주에게 시달리게 되기 때문이다.

AE로 살아간다는 것

흔히 AE라고 하면 사람들은 아주 화려한 세계를 연상한다. 연예인들과의 잦은 만남, 고소득 전문직, 창의적이고 기발한 아이디어를 가진 사람들…. 그러나 어느 직업이든 마찬가지겠지만, 화려한 무대 뒤에는 수많은 땀과 애환들이 숨어 있다.

그 애환의 중심엔 대개 가족이 있다. 나 역시 아내와 아이들에게 마음의 빚을 지고 있는데, 특히 맏딸에게 미안한 마음이 크다. 1년에 서너 번 경쟁 PT에 참여하다 보면, 평일 야근은 물론이고 주말에도 출근을 해야 하기 때문에 아이와 얼굴 마주하기가 정말 힘들다. 그러니 오랜만에 보면 내 품에 잘 오려고도 하지 않는다. 그래서 마음은 언제나 곁에 있다는 아빠의 심정을 담아, 나는 회사에서 딸에게 편지를 쓰곤 한다.

11월 27일. 예빈아 겨울을 재촉하는 비가 추적추적 내린다. 아빠는 지금 롯데카드 광고 때문에 야근하고 있단다. 내일은 전파 광고 촬영인데, 하지원 언니가 나온다. 우리 예빈이가 컸으면 사인 받아 달라고 했을 텐데.

딸이 태어날 때부터 기록하기 시작해 딸의 나이가 벌써 여섯 살이니 제법 많이 썼다. 아이가 자라서 정말 아빠 마음을 몰라줄 때 부치지 않은 그 편지들을 비장의 무기로 써먹을 작정이다.

광고는 광고주가 만든다는 말이 있다. 아무리 좋은 전략과 아이디어를 내더라도 광고주가 받아 주지 않으면 헛일이 되기 때문이다. 광고 업계에선 광고주를 '주님'이라고 하는데, '광고주님'을 줄여서 부르는 말이다. 그만큼 광고주의 의견이 절대적이라는 의미인데, AE들은 이런 주님의 뜻을 알아내기 위해 필사적으로 노력한다. 광고주의 의중을 잘못 읽어 제작 팀에게 엉뚱한 가이드라인을 주면, 광고주에게 시안을 팔지 못하게 될 것이고, 그 후 AE들은 광고주와 제작 팀 사이에서 지옥을 경험하게 된다.

AE 생활을 한 지 10년을 바라보는 지금 이 순간에도 광고주의 의중을 읽어 내는 것이 가장 어려운 일 가운데 하나다. 광고주와 미팅을 하다 보면 속으로 자꾸 중얼거리게 된다.

'주님, 당신 뜻은 진정 무엇이옵니까?'

2004년, AIA(Advertising is all)라는 이름의 광고인협회가 출범했다.

:: 아이디어를 얻기 위해 비운 수많은 커피 잔. 컴퓨터 앞에서 새우잠을 자는 AE의 모습(오른쪽 위). 침대보다 사무실이 더 편안한 잠자리가 되기도 한다.
사진 출처: 한국광고인협회(AIA)

광고 관련 단체는 예전에도 많이 있었지만, 광고 제작에 종사하는 순수 광고인들의 모임은 처음이다. 이 단체에서 '어느 광고인의 하루'라는 동영상을 제작했는데 광고인들의 이야기, 특히 AE들의 열정과 애환이 담겨 있어 코끝이 찡한 적이 있었다. 그 동영상엔 이런 내레이션이 흐른다.

"오늘도 컴퓨터 앞에서 새우잠을 자는 당신, 클라이언트를 만나러 갈 때면 언제나 시간에 쫓기는 당신, 때론 멋진 프레젠테이션으로 박수를 받는 당신, 모처럼 쉬는 날이면 잠자기에 바쁜 당신, 아이의 생일 사진에는 언제나 빠져 있는 당신, 그래서 가족들에게 더 미안한 당신, 아이디어가 나오지 않을 때면 속이 까맣게 타들어 가는 당신, 휴일이면 아이의 손을 잡고 동물원에 가는 대신 회사로 출근하는 당신, 때론 속이 상해서 남몰래 눈물도 많이 흘린 당신, 이젠 사무실이 침대보다 더 편안한 당신, 새벽에 집에 들어온다고 이상한 오해도 받는 당신, 아이디어 하나를 위해 매일 수많은 커피 잔을 비우는 당신, 프레젠테이션 현장에서 컴퓨터가 말을 듣지 않아 참 많이 당황하기도 한 당신, 광고 안이 마음에 들지 않는다고 광고주에게 차이고, 그거 하나 못 팔아 왔 냐고 제작 팀에게 차이기도 하는 당신, 일주일에 한두 번은 식사 시간 을 깜빡깜빡 놓치는 당신, 하지만 '그 광고 자기가 만든 거야?', '그 광 고 아빠가 만든 거야?', '그 광고 엄마가 만든 거야?' 이 한마디에 모든 걸 잊고 너무나 행복해하는 당신, 광고를 사랑하고 광고가 아니면 할 일이 없는 광고가 전부인 당신…."

AE가 되고자 하는 후배들에게

'AE는 사짜다.'라는 말이 있다. 즉 말로 먹고 사는 사기꾼과 같다는 우스갯소리다. 그래서인지 몰라도 AE를 다양한 한자 '사'로 표현한 글 들이 강호에 떠돌고 있다. 그대는 몇 가지가 해당되는가? 대부분이라 면 천재적인 AE로서 성공할 가능성이 크다.

■ AE는 士(선비 사)

배우고 때로 익히며 자신을 알아주는 사람을 위해 모든 것을 걸 줄 알고, 헤어진 지 사흘이 지나면 몰라보게 발전이 있어야 한다.

■ AE는 邪(사악할 사)

AE는 자신이 수행하는 과업에서 윤리적, 도덕적으로 자유롭다. 로 비를 해서라도 불공정한 승리를 얻을 기회가 있다면 1초도 고민하지 마라.

- AE는 事(일 사)

AE의 일은 뭔가 사고가 일어나는 데에서부터 시작된다. 왜 이리 사고가 많은지 한탄하지 마라. 사고를 해결하는 것이 당신이 연봉을 받는 이유다. 사고가 없다면, 광고주는 크리에이티브해 보이는 제작 팀에게 흥미가 있지, 당신을 원하지 않는다.

- AE는 師(스승 사)

AE의 양성에는 도제 방식 이외에 더 나은 교육 방법론이 개발되지 않았다. 따라서 모든 AE는 후배의 스승이라는 점을 의식해야 한다. 지금 이 순간, 당신은 스승으로서 자격이 있는가?

- AE는 寫(베낄 사)

AE의 기획에 창의성이란 절대적 덕목이 아니다. 다른 사람의 기획과 차별화하려고 다른 길을 가지 마라. 베낄 수 있다면 주저하지 말고 베껴라. 베끼는 것이 그리 쉽지 않다는 사실을 깨닫는다면, 당신은 절반의 성공을 거둔 것이다.

- AE는 史(역사 사)

AE는 자신이 관여한 캠페인에서 영원히 자유롭지 못하다. 그것은 당신의 역사이자 경력이며, 명예 혹은 수치다. 어쩔 수 없었다, 책임질 수 있는 위치가 아니었다고 변명하지 말고, 마지막 순간까지 최선을 다해 입에 거품을 물고 설득하라.

- AE는 辭(말 사)

AE가 수행하는 기획의 한계는 그가 구사하는 표현의 한계와 일치한다. 단어는 개념이 머무는 섬이며, 기획이란 바로 개념의 연결이다.

- AE는 私(사사로울 사)

오직 공식적인 임무만을 수행한다면, 당신은 급여의 일부만 가지는 것과 같다. AE는 회사 일을 하면서 사적인 커넥션을 만들 기회가 있으며, 그것은 AE에게 주어지는 보너스와도 같은 것이다. 광고주도, 제작팀도 당신의 사람으로 만들어라.

- **AE는 使(시킬 사)**

직접 아이디어를 쏟아 내는 AE는 3점 슛을 난사하는 포인트가드와 같다. 직접 슛을 쏘기보다는 적절한 볼 배급에 주력하라. 어떤 AE에게도 제작 팀에 대한 명령권은 없다. 광고주를 핑계 삼아 슛을 쏘게 할지는 몰라도 골을 넣을 수는 없다. 크리에이티브가 나올 수 있는 적절한 볼 배급이 유일한 길이다.

- **AE는 斜(기울 사)**

모든 사태를 한 번쯤 삐딱하게 보라. 낯선 풍경이 보이리라. 설득이란 다른 시각의 발굴이며, 광고란 궁극적으로 낯설게 만들기다.

- **AE는 絲(실 사)**

'줄이 없어서' 영업이 힘들다고 개탄하지 마라. 아무리 굵은 줄도 가는 실을 엮어서 만든 것이다. 힘이 없어 별 도움이 안 될 것 같은 사람들과 소소한 인연을 키워 나가는 것이 굵은 줄을 만드는 기초다.

- **AE는 謝(사죄할 사)**

AE 업무의 대부분은 광고주에게 사죄하는 일이다. 반드시 기억할 것은, 용서를 비는 일은 영업적 부채가 아니라 오히려 자산일 수 있다는 점이다. 대개의 경우에 완벽한 일 처리보다 실수와 사죄를 통해 광고주와 신뢰 관계가 형성된다.

- **AE는 似(가짜 사)**

AE는 최소한의 품위 유지를 해야 한다. 여건이 허락하지 않는다면 짝퉁을 입어서라도 당신의 전략과 크리에이티브가 당신의 외모로 인해 평가절하되는 것을 막아야 한다.

- **AE는 死(죽을 사)**

AE는 본질적으로 과업 지향적이며, 만일 그렇지 않다면 이 직업으로는 행복해질 수 없다. 과업을 위해 죽을 줄 알아야 한다.

- **AE는 祀(제사 사)**

AE를 하다 보면 관혼상제에 능해진다. 얼굴 한 번 본 적 없는 사람의 초상집 구석에서 헛된 페이소스에 빠지기보다는, 다른 대행사에서 보낸 조화가 없는지 우선 파악해야 한다.

- **AE는 沙(모래 사)**

AE가 돈을 모으는 것은 모래 위에 물 붓는 것과 흡사하다. 포기하라.

- **AE는 寺(절 사)**

AE라는 직업을 성공적으로 수행하기 위해서는 어느 정도 구도적 자세가 필요하다. 왜 그렇게까지 해야 하는가 하면, 커뮤니케이션이 세상에서 가장 어려운 일이기 때문이다. 커뮤니케이션이라는 행성은 아직도 탐사되지 않은 미지의 행성이며, 미지의 영역이란 그 자체로 로망이다.

소비자는 어떤 생각을 하고 있을까

| 허웅 |

1972년생. 한국외국어대학교 대학원 신문방송학과 광고학 박사 과정을 마친 뒤 2005년 3월 오리콤에 입사했다. 현재 오리콤의 브랜드마케팅본부 AP로 일하고 있다. 그동안 대우증권, 쌍용자동차, LG텔레콤, LG전자, KB국민은행, AIG생명, 에이스침대, 처음처럼 등 여러 캠페인의 전략을 수립했다.

여러 해 전 인터넷에 떠돌던 글이다.

You see a gorgeous girl at a party.
(파티에서 끝내주는 여자를 보았다.)
You go up to her and say, "I am very rich. Marry me!"
(그녀에게 다가가서 "나는 돈이 많아요. 우리 결혼해요!"라고 말한다.)
That's Direct Marketing.
(그것이 직접 마케팅이다.)

You're at a party with a bunch of friends and see a gorgeous girl.

(친구들과 함께한 파티에서 끝내주는 여자를 보았다.)

One of your friends goes up to her and pointing at you says,

(친구 중의 하나가 그녀에게 다가가서 당신을 가리키며,)

"He's very rich. Marry him."

("그는 돈이 많아요. 그와 결혼해요."라고 말한다.)

That's Advertising.

(그것이 광고다.)

You're at a party and see a gorgeous girl.

(파티에서 끝내주는 여자를 보았다.)

She walks up to you and says, "You are very rich. Can you marry me?"

(그녀가 당신에게 다가와 "당신은 굉장한 부자죠. 나하고 결혼할래요?"라고 말한다.)

That's Brand Recognition.

(그것이 브랜드 인지도다.)

'스타벅스'를 마시는 사람들

사람들은 이제 제품을 소비하는 차원을 넘어서 브랜드를 소비한다. 편의점에서 2천 원짜리 아메리카노 커피를 마시기보다는 스타벅스에 앉아 2배나 비싼 커피를 즐긴다. 매장에서 단지 커피만 음미하는 게 아니라 스타벅스의 브랜드 가치와 트렌드를 공유하며 스타벅스를 마시는 것이다. 스타벅스의 하워드 슐츠 회장 역시 처음부터 스타벅스를 단순히 커피를 판매하는 기업으로만 생각하지 않았다. 그는 고객의 심신을 편안하고 여유롭게 해 주는 문화 소비 공간으로 스타벅스의 새로운 브랜드 가치를 만들어 냈고 눈부신 성공 신화를 이루었다.

과거에는 기업들이 상품의 기능과 품질을 알리는 데 주력했으나, 차츰 브랜드가 곧 기업의 자산이자 가치라는 사실을 깨닫게 되면서 소비자의 마음속에 브랜드 이미지를 각인시키려는 노력을 기울여 왔다. 광고도 이런 시류를 타고 변화했다. 지금은 예전처럼 제품 성능을 콘셉트로 삼아 설명하는 광고가 많지 않다. 삼성전자 애니콜의 경우도 초창기에는 광고 모델로 국민배우 안성기를 내세워 신뢰감을 높이고, '한국 지형에 강하다.'는 카피로 제품의 성능을 강조하며 소비자의 심리를 공략하는 데 성공했다. 하지만 효과적인 광고 전략으로 브랜드 인지도를 쌓고 나자, 애니콜은 기술에 '엔터테인먼트'라는 콘셉트를 입혀 드라마 같은 CF 시리즈를 내보냈다. '잘 터진다', '잘 들린다'는 식으로 기능이나 품질을 앞세운 광고보다 지금은 이렇듯 소비자의 감성을 자극하는 광고가 호응을 얻고 있다.

브랜드 마케팅이 한 기업의 성패를 판가름할 정도로 중요해지자 광고대행사에서도 브랜드 전략을 전문적으로 담당하는 조직이 생겨났다. 브랜드전략연구소, 브랜드마케팅연구소 등 명칭은 조금씩 다르지만 기존의 마케팅 팀을 시대 흐름에 맞게 재편해서 전문 인력을 충원하고 있는 것이다. 이런 움직임은 광고주 회사의 마케팅 조직과 인력이 강화되면서 광고대행사 마케터들의 역할이 갈수록 줄어든 상황과도 관련이 있었다.

1990년대 후반에서 2000년대 초반 들어 마케터를 업데이트해 나온 직종이 AP(Account Planner)이다. 기존의 마케터들이 주로 양적인 데이터에 의존해서 시장조사와 분석을 했다면, AP들은 소비자의 인식과 구매 행태, 라이프 스타일 등을 조사해 소비자 자신도 미처 깨닫지 못한 인사이트(insight)를 잡아내는 데 주안점을 둔다. 단순히 타깃 소비자가 누구인지에 머무르지 않고 그 소비자들이 어떤 생각을 하고 있으며 왜 그런 생각을 하는지까지 관심을 기울인다.

AP의 역할은 전문 리서치 기관의 보고서를 바탕으로 브랜드 전략을 짜서 광고주에게 제시하는 것이다. AP의 분석은 광고주뿐만 아니라 AE와 제작 팀원들이 전략 방향을 세우고 크리에이티브 아이디어를 잡아내는 데에도 도움을 준다. 만약 광고주가 AP의 제안을 듣고 "그건 우리도 아는 건데…"라는 반응을 보이면 AP의 존재 의미는 사라진다. 따라서 AP는 새로운 시각으로 소비자와 시장을 바라보고, 제품을 재해석해서 광고주를 만족시킬 수 있어야 한다. 그러려면 제품에 대한 전문 지식은 물론이고 사회 문화 전반에 걸친 트렌드까지 꿰뚫고 있어야 한다.

책 한 권이 인생을 바꿔 놓다

나를 광고의 세계로 이끈 건 책 한 권이었다. 대학에서 신문방송학을 전공하면서도 난 광고에 별다른 관심이 없었다. 그러던 어느 날 도서관에서 우연히 『CF 만들기』라는 번역서를 보고 나서 '아, 광고라는 게 아주 재미난 구석이 있구나.'라고 생각하게 되었다. 그리고 군대에 다녀온 뒤에 본격적으로 광고 관련 공부를 하기 시작했다.

처음엔 광고물을 제작하는 책을 읽고 막연히 광고가 좋았던 것인데, 공부를 시작하면서 브랜드 커뮤니케이션이라는 새로운 분야에 눈을 뜨게 되었다. 그래서 내친 김에 석사, 박사 과정까지 마치고, 브랜드 전략연구소를 최초로 설립한 오리콤에 입사했다.

광고대행사 AP가 여느 연구소의 브랜드 컨설턴트와 다른 점은 광고주의 의도를 반영해 정해진 시간 내에 보고서를 내놓아야 한다는 것이다. 얼마 전 광고주의 요청으로 한 침대의 광고 효과를 조사한 적이 있다. 광고주 측에서는 대행사를 옮겨 새로운 광고물을 제작하기 전에 그동안 내보낸 광고에 대해 소비자들이 어떤 생각을 갖고 있는지 알아보고 싶어 했다.

3주 안에 객관적인 지표를 광고주에게 제출하는 것이 우리 팀의 임무였다. 시간 제약과 조사 목적을 감안해 우리는 25~44세 여성 200명을 대상으로 온라인 조사를 실시하기로 결정했다. 문제는 표본 집단의 연령대였다. 원래 30~50대 여성을 타깃으로 생각하고 있었던 광고주는 연령층을 좀 더 높이면 좋겠다는 의견을 전해 왔다. 그러나 온라인 조사의 특성상 연령대를 높이려면 대상을 선별하는 데 시간이 더 필요하므로 우리는 2~3일 말미를 달라고 요청했고, 광고주의 양해를 얻어 최종적으로 수도권에 거주하는 25~49세 여성, 그리고 3년 이내에 침대를 구매한 경험이 있는 250명을 대상으로 설문 조사를 하기로 했다.

설문지는 대행사 AP들이 뽑기도 하고 전문 리서치 기관에서 작성하기도 한다. 우리는 조사할 내용의 설계 작업을 한 뒤 리서치 회사에 간단한 브리프(brief)를 보내 작업을 의뢰했다. 그 뒤 몇 차례 의견 교환을 하며 수정한 설문지를 광고주에게 보여 주고 나서 온라인 조사에 착수했다.

리서치 회사에서 조사 결과를 데이터로 보내오거나 보고서 형식으로 보내오면 AP는 그 자료를 분석하고 다시 가공하는 작업을 한다. 온라인 조사 결과를 토대로 광고 효과를 분석한 뒤 우리는 광고주 측에 '결과를 보니 소비자에 대한 광고 메시지 침투력은 좋다. 다만 표현 면에서 임팩트가 떨어지므로 앞으로 크리에이티브한 부분을 보완하는 쪽으로 광고를 진행하는 것이 좋겠다.'는 내용의 제안서를 올렸다.

소비자의 마음을 읽어라

어느 AP가 광고전문지에 "AP 같은 AE는 실패하지만, AE 같은 AP는 성공한다."라고 쓴 글을 읽은 적이 있는데 난 그 견해에 공감한다. 대행사에서 AP와 가장 많이 부딪히는 사람이 AE이다. 광고주를 제일 잘 아는 사람이 AE이기 때문에 AP는 AE를 통해서 광고주가 의도하는 방향을 읽는다. 물론 AP도 상황에 따라 다른 팀원들과 함께 직접 광고주 미팅이나 프레젠테이션에 참여하기도 한다.

능력 있는 AP로 인정받으려면 브랜드 전략을 제시하더라도 교과서적인 원론 수준에 그쳐서는 안 되고, 광고주의 속내까지 속속들이 이해한 후 최상의 솔루션을 제공할 줄 알아야 한다. 미국의 경우 AE는 영업 활동을 하고, AP와 CD(Creative Director)가 주로 광고주를 상대하며 광고 업무를 상의한다. AE 같은 AP가 되어야 한다는 말은 광고주와 대행사 모두에게 수익을 창출할 수 있도록 큰 그림을 그릴 줄 아는 전략가이자 마케터여야 한다는 뜻이라 생각한다.

브랜드 이미지, 브랜드 마케팅, 브랜드 커뮤니케이션, 브랜드 파워 등 갈수록 브랜드의 중요성은 커지고 있다. 도대체 브랜드 전략이 왜 그렇게 중요한 걸까? 만약 제품의 성능이 비슷하고 가격 차이가 크게 나지 않는다면 소비자들은 두말할 나위 없이 브랜드에 우선권을 두기 때문이다.

오래전 코카콜라가 마케팅에서 실패한 사례는 너무나 유명한 얘기다. 코카콜라의 위세에 눌려 멀찌감치 뒤처져 있던 펩시콜라는 1975년에 흥미로운 이벤트를 벌였다. 소비자들의 눈을 가리고 코카콜라와 펩시콜라를 맛보게 한 뒤 좋아하는 맛을 집도록 하는 블라인드 테스트(blind test)였다. 결과는 뜻밖이었다. 많은 사람들이 단맛이 도는 펩시콜라를 선택한 것이다. 그런데 흥미로운 사실은 눈을 가리지 않고 선택하도록 하면 코카콜라를 고르는 사람이 더 많았다는 점이다.

펩시콜라는 이 같은 사실을 '펩시 챌린지' 광고를 통해 전 세계에 홍보했고, 코카콜라가 점유하고 있던 시장을 무섭게 잠식하며 1위와의 격차를 줄여 나갔다. 펩시콜라의 추격에 초조해진 코카콜라는 단맛을 강화한 신제품 'New Coke'를 출시했다. 코카콜라 측은 예전의 콜라보다 한결 더 부드럽고 달콤해서 소비자의 입맛에 맞을 것이라며 대대적인 광고를 했지만, 돌아온 건 소비자의 냉담과 반발뿐이었다. 새로운 전략이 예상외로 실패했다는 사실을 깨닫고 코카콜라 측은 부랴부랴 석 달 만에 다시 전통 코카콜라 맛을 지닌 '코카콜라 클래식'을 내놓았다.

코카콜라 측은 제조에 문제가 있다고 판단하고 모험을 시도했지만, 안대로 눈을 가린 사람처럼 미처 보지 못한 사실이 있었다. 소비자들이 원한 건 새로운 맛이 아니라 늘 익숙한 맛이었다는 것을, 소비자들이 찾는 건 그냥 콜라가 아니라 코카콜라라는 브랜드였다는 사실을 몰랐던 것이다.

광고 전략의 단서를 제공하는 AP

AP가 기껏 내놓은 제안이 광고주들이 이미 갖고 있는 자료나 조사와 별 차별성이 없다면 광고주에게 신뢰를 얻기 힘들다. AP로서 전문성을 확고히 다지려면 독자적인 영역을 구축해야 한다. 이를테면 패션쪽에 일가견이 있는 AP, 자동차 분야에 독보적인 AP 하는 식으로 자신만의 독특한 색깔을 만들어 전문성을 높이는 것이다.

광고 업무는 시간과의 싸움이다. 광고주들은 1년 단위로, 분기별로 계획을 세워 놓고 일을 추진하지만 광고대행사는 언제 경쟁 PT가 들어올지, 언제 광고주가 과제를 툭 던질지 알 수 없다. 게다가 일을 처리해야 할 시간은 항상 빠듯하게 주어지기 일쑤다. 특히 경쟁 PT가 있을 경우에는 AP가 재빨리 전략 방향을 제시해 주어야 하는데, AP의 전문성이 떨어지면 발 빠르게 대응하기가 힘들다.

그동안 난 본의 아니게 보험과 금융 쪽 업무를 많이 다루었다. 보험상품은 종류가 매우 다양하다는 특징이 있는데, 되풀이해서 그쪽 일을 하다 보니 나중에는 시장 상황이나 상품에 훤해져서 일하는 동안 나도 선별해서 보험에 가입하게 되었다. 내가 보험 관련 일을 하는 걸 알고서 보험설계사 못지않은 안목이 있을 것이라 생각했는지 가족이나 친지들이 나한테 괜찮은 상품을 추천해 달라며 부탁하기도 했다.

하지만 내가 개인적으로 관심 있는 분야는 화장품이다. 처음으로 모화장품 광고 일을 진행하면서 무척 고생했던 기억이 난다. 갖가지 화장품을 받긴 했는데 도무지 어디에 쓰는 건지도 모르겠고 또 제품 이름은 어찌나 생소하던지. 난 여자들이 7~8 단계에 걸쳐서 화장품을 바르고 변신하는 모습이 마냥 신기하기만 했다. 그 시대의 아름다움을 대표한

:: AP가 되고 싶은 이들은 무엇보다 다양한 경험을 해 보는 게 좋다. 바다낚시를 즐기는 필자.

다는 이미지 때문에 여배우들이 화장품 모델을 선호한다는 사실로도 잘 알 수 있듯이, 결국 화장품은 이미지로 경쟁하는 제품이다. 원가가 50원도 안 되는 화장품이 수십 만 원에 팔리는 것은 브랜드의 힘이라 할 수 있다. 비록 잠깐 동안이었지만 화장품 광고 일을 하면서 화장품 시장이야말로 브랜드 이미지를 겨루는 각축장이라는 생각이 들었고, 새로운 걸 알아가는 재미가 있어서 이 분야에 매력을 느끼게 되었다.

사실 광고계 바닥은 매우 좁다. 경쟁 PT를 하다 보면 다른 대행사에서 일하는 학교 후배나 선배가 똑같이 그 일을 준비하고 있는 경우가 비일비재하다. 그러면 서로 어떻게든 정보를 캐내려고 노력하지만, 일이 진행되는 동안에는 철저한 보안 유지가 필요하므로 대개는 PT 결과가 난 다음에 만나게 된다. 그리고 맥주 한잔 하며 마치 바둑 프로기사들이 복기를 하듯이 허심탄회하게 뒷이야기를 나눈다. 상대 회사의 수를 읽고 뒤늦게 판세를 분석하다 보면 서로 비슷한 고민을 했다는 사실을 알 수가 있다. 과제가 동일하기 때문에 조사 회사에서 나온 자료도 거의 비슷할 수밖에 없는데, 문제는 같은 결과를 어떻게 받아들이고 해석하느냐에 따라 전략 방향이 달라질 수 있다는 점이다. 그래서 광고 전략의 단서를 던져 주는 AP의 역할이 중요하다고 하겠다. 아프리카 원주민들이 맨발로 다니는 모습을 보고 어떤 사람은 신발이 팔릴 가능성이 전혀 없다고 판단할 수도 있지만, 또 어떤 사람은 가능성이 무궁무진한 황금시장이라고 판단할 수도 있으니까 말이다.

사랑하면 알게 되고 알면 보이나니

AP는 전문성을 담보로 광고의 전략 방향을 제시하는, 광고대행사에서 없어서는 안 될 브레인 역할을 한다. AP는 우선 논리적이고 분석적이어야 한다. 그리고 소비자를 바라보는 눈이 남달라야 한다.

학력이 높다고 해서 일을 잘하는 것은 아니지만, 아무래도 전문성을 요하는 직종이다 보니 대행사에서 AP를 선발할 때에는 석사급 이상을 선호하는 경향이 있다. AP가 하는 일이 주로 조사 자료를 분석하고 전략을 논하는 것이라서 제작 분야보다 업무가 건조하고 딱딱한 것은 사실이다. 하지만 논리와 이론만으로 광고주를 설득하던 시대는 지났다. 이젠 전략도 크리에이티브해야 한다. 트렌드에 민감한 광고대행사에서 일하려면 유행을 창조하는 '트렌드 세터'까지는 아니더라도 트렌드를 빨리빨리 수용하는 '얼리 어답터' 정도는 되어야 수명이 오래 간다.

나는 AP가 되고자 하는 사람들에게 무엇보다도 다양한 경험을 해 보라는 말을 해 주고 싶다. 직접 경험이든 간접 경험이든 경험의 폭을 넓혀 놓으면 광고 일을 할 때 그 경험이 문제 해결의 실마리로 작용하는 경우가 종종 있다. 예를 들어 KFC나 버거킹의 상품 분석 요청이 들어왔을 때 그 패스트푸드점에서 아르바이트를 해 본 경험이 있다면 브랜드의 장단점이나 소비자들의 반응 등을 누구보다 잘 알 수 있지 않겠는가? 난 학창시절에 여행을 많이 다녀 보지 못한 것이 아쉬움으로 남는다.

간혹 대학교에 가서 특강할 때가 있는데 난 학생들에게 뭘 하든 가장 중요한 덕목은 관심을 갖고 재미를 느끼는 것이라고 이야기한다. 천재는 노력하는 자를 이기지 못하고, 노력하는 자는 즐기는 자를 이기지 못한다는 말이 있지 않은가. 즐기는 마음으로 성실하게 노력한다면 이루지 못할 게 없다. 관심이 최우선이라는 조언과 함께 난 학생들에게 조선 시대의 문인 유한준의 명문을 인용해 들려준다.

"사랑하면 알게 되고, 알게 되면 보이나니, 그때 보이는 것은 예전과 같지 않으리라."

(구술 정리 : 임진숙)

글 잘 짓는 광고 요리사

| 안상헌 |

현재 제일기획에서 카피라이터 차장으로 일하고 있다. 그동안 삼성그룹 기업 PR '함께 가요, 희망으로!', 파브 '이 세상 최고의 브랜드는 당신입니다' KTF 'KTF적인 생각', 'SHOW', 애니콜 캠페인을 비롯해 오리온, 삼성전자, KT, 동서식품, 대교, CJ, SK건설, 카스맥주 등 국내 유수의 광고 캠페인 제작을 담당했으며, 세계적인 광고회사인 레오 버넷 미국 본사 크리에이티브 팀에서 경험을 쌓기도 했다. 저서로는 2006년 문화관광부 추천 교양도서로 선정된 『머리를 감기 전에 생각부터 감아라』가 있다.

"삶에 관한 요리책이 있었으면 좋겠어요. 뭘 어떻게 할지 알 수 있게요."

— 영화 〈사랑의 레시피〉 중에서

어느 날, 이 영화를 보면서 카피에 관한 요리책이 있다면 정말 좋겠다는 생각을 문득 했다. 책에 적힌 그대로 따라 하기만 하면 어떤 카피라도 맛깔나게 요리되고, 상황과 재료에 맞게 바로바로 카피를 내놓을 수 있다면 정말 살맛 날 텐데. 적어도 내 카피를 보고 맛이 없다거나 생각했던 그 맛이 아니라는 광고주의 잔소리 따윈 듣지 않아도 될 테니까….

그러나 불행히도 이런 요리책은 아직 이 세상에 나오지 않았다. 그래서 오늘도 나는 맛깔나는 카피를 만들기 위해 밤을 꼴딱 새우고 있다.

카피 요리사가 되기 위한 자격증

"국문과 나오셨죠? 아니면 영문과?"

사람들 대부분이 카피라이터에게 묻는 말이다. '카피＝글＝문학'이라는 당연한 생각에서 나온 질문이겠지만, 내 대답은 좀 엉뚱하다. 난 대학에서 회계학을 전공했다. 광고회사가 식당이라 치면 주방이 아니라 카운터에 앉아 있어야 할 사람이 주방에서 일하는 셈이다.

고3 때 내가 회계학과를 선택한 이유는 단순했다. 공인회계사가 되겠다는 야무진 꿈이 전부였다. 하지만 입학한 지 얼마 되지 않아 숫자 계산이 대부분인 회계학이 내 적성에 맞지 않다는 걸 깨달았다. 그러던 어느 날, 우연히 시작하게 된 학보사 기자 생활은 곧 내 대학 생활의 전부가 되었다. 당시는 민주화 시위가 한창이던 시절이어서 시위 현장 취재를 담당하다 보니 자연히 학과 성적은 엉망진창이 되었지만, 숫자 공부보다 기사를 써내는 것처럼 뭔가 창작하는 일이 훨씬 재미있었던 나는 별로 개의치 않았다. 친구들이 은행 입사를 목표로 공부할 때 난 카피라이터가 되겠다고 결심했고, 몇 번의 실패 끝에 IMF가 터지던 그해에 운 좋게 광고회사에 취직했다. 그리고 11년…. 나는 아직까지 우리나라에서 나말고 회계학을 전공한 카피라이터가 있다는 이야기를 들어본 적이 없다.

"카피라이터가 회계학을 전공하셨다고요? 우와, 특이하네요."

사실 카피라이터가 되기 위한 자격증이 따로 있는 건 아니다. 다만 '광고문안가(廣告文案家)'라는 카피라이터의 옛말에서 알 수 있듯 예나 지금이나 카피라이터 중에는 문학을 전공한 사람이 많고, 오랫동안 문학은 카피를 쓰기 위한 기본 소양으로 여겨져 왔던 것이 사실이다.

:: 미국 광고대행사 레오 버넷(Leo Burnett) 연수 당시 사무실에서. 카피라이터가 미국 광고회사에서 3개월 동안 연수를 받을 기회란 좀처럼 없다. 참 많은 걸 느끼게 해 준 시간이었다.

그러나 요즘 주위를 둘러보면 이런 생각이 고정관념에 불과했다는 걸 느끼게 된다. 실제로 내 주위에는 공학이나 영화, 미술을 전공한 카피라이터도 있으니 말이다.

그렇다면 나 같은 비문학 전공자가 카피라이터가 되는 데 어려움은 없는 걸까?

여기서 잠깐, 카피라이터가 실제로 무얼 하는 사람인지에 대한 이해를 돕기 위해 문제를 몇 가지 풀어 보자. 이 문제는 내가 카피라이터로 입사할 때 시험 문제로 출제되었던 것들이다.

'아내와 애인의 차이를 간략한 그림으로 표현해 보시오.'

'~가리로 끝나는 말을 최대한 많이 쓰시오.'

'일본의 독도 관련 망언으로 어느 때보다 반일 감정이 높아진 지금, 마일드 세븐의 국내 판매 촉진을 위한 인쇄 광고의 카피를 쓰시오.'

'미국 NASA에서 우주 관광 사업을 시작한다. 서울시민을 대상으로 우주 관광단을 모집할 광고 안을 만들고 20분 동안 프레젠테이션하시오.'

이 문제를 보고 카피라이터가 되기 위해서는 단순히 글솜씨뿐만 아니라 그림 아이디어도 있어야 하고, 복잡한 시장 상황을 해결할 수 있는 마케팅적 혜안, 그리고 프레젠테이션 능력까지 필요하다는 사실을 눈치 챘다면, 당신도 카피를 요리하는 카피라이터가 될 소질이 충분하다.

바늘에서 로켓까지 다 요리합니다

"아니, 신입 카피라이터를 데리고 뭘 어떻게 하라는 겁니까?"

사무실 칸막이 너머로 고참 PD가 팀장에게 푸념하는 소리가 들렸다. 내 첫 프로젝트는 이렇게 시작되었다.

내가 카피라이터라는 명함을 찍고 처음 맡은 광고 제품은 어린이 과자였다. 오리온제과의 깨비볼, 초코송이, 새알, 비틀즈, 꿈틀이 등 어린이들이 좋아하는 다섯 가지 제품을 묶어서 15초 TV CF로 만드는 것이 숙제였다.

처음 맡은 일이라는 부담 때문에 며칠 동안 남몰래 야근을 했다. 밥을 먹을 때도, 화장실에서도, 출퇴근길에서도, 내 머릿속은 온통 과자 생각으로 가득했다. 그렇게 해서 나온 것이 다섯 가지 제품을 묶어 노래를 만들자는 아이디어였다. 며칠 동안 끙끙댄 보람이 있어 이 아이디어는 통과되었고, TV CF로 만들어져 세상에 나오게 되었다. 내가 쓴 카피가 광고에 나온다는 기쁨에 여자 친구에게 전화를 걸었다.

"야! 내가 쓴 카피가 광고에 나온다!"

"우와, 대단하다. 제품이 뭔데?"

"깨송새비꿈!"

"뭐? 깨 광고야? 깨도 광고하나 봐?"

"…"

11년 전, 내 아이디어와 카피가 처음으로 TV 전파를 타고 방송되던 날의 기쁨을 지금도 잊을 수가 없다. 오랜 시간이 흘렀지만 아직도 내가 썼던 첫 카피, 그 광고의 CM송 가사는 기억에 생생하다.

깨비볼이 뚝딱뚝딱♪ 송이송이 초코송이♪ 새~알이 굴러굴러♪ 비틀즈가 비틀비틀♪ 꿈틀꿈틀 꿈틀이~신나는 오총사! 깨송새비꿈!

어린이들이 이 광고를 좋아했는지 어떤지 모르겠지만, 당시 내 주위에서 이 광고를 본 사람은 거의 없었다. (어린이가 주 소비자여서 주로 만화 같은 어린이 프로그램을 중심으로 광고를 틀어야 했다.) 내 카피라이터 인생은 이렇게 어린이 과자와 함께 시작되었다.

그 뒤로 커피믹스, 비타민, 포장밥, 조미료, 우유, 양주, 아이스크림, 냉장고, 음식물 쓰레기 처리기, 화장품, 전화기, TV, 홈쇼핑, 컴퓨터, 서버, 인터넷 포털, 휴대 인터넷 서비스, 휴대전화, 이동통신 서비스, 학습지, 캐주얼 의류, 신사복, 아파트, 놀이공원, 패밀리레스토랑, 증권, 기업 PR 등 여러 가지 제품과 서비스의 카피를 요리해 왔다.

자신과 아무 관련 없는 제품이라도 일단 광고를 맡게 되면 그 제품을 속속들이 알아야 하는 것이 카피라이터의 필수 조건. 그래서인지 보험 광고를 오래 맡아온 카피라이터는 웬만한 초보 보험설계사보다 보험에 대해 더 해박하고, 전자제품 광고를 맡은 카피라이터는 웬만한 전자대리점 영업 사원보다 세일즈를 더 잘하게 마련이다.

작은 바늘에서 커다란 로켓까지 어떤 제품이나 서비스라도 일단 손에 주어지면 맛있는 카피를 써야 하는 게 카피라이터의 숙명이기에 카피라이터들의 특징 중 하나는 관심 분야가 폭넓다는 것이다. 문학에서 영화, 음악, 디자인, 브랜드, 방송, 패션, 히트상품, IT기술, 인터넷 인기 검색어, 소비 트렌드, 그리고 뜬다는 UCC까지 카피를 쓰는 일 말고도 관심을 가져야 할 것들이 한두 가지가 아니다. 물론 이런 관심은 좀더 좋은 아이디어를 내고 카피를 잘 쓰기 위해서다. 다양한 관심사 속에서 카피 아이디어를 뽑아내기도 하고 길거리를 걷거나 인터넷 검색을 하다가 살아 있는 카피를 줍기도 한다.

그래서일까? 미국 광고계의 대부로 통하는 카피라이터 헬 스테빈스는 『카피캡슐』이라는 책에서 이렇게 말했다.

"매일 적어도 한 시간은 당신의 대뇌를 먼 곳으로 방황시켜라. 광고로부터 멀리 떨어져라. 전혀 상관없는 것을 읽으라. 그날의 일과 아주 동떨어진 것을 쓰라. 쓸 것이 없으면 연애편지라도 쓰라. 부치지는 말고."

카피라이터는 24시간 영업합니다

"카피 안 쓰고 쉴 때에는 주로 뭐하세요?"

내 직업에 대해 궁금해하는 것만큼이나 사람들은 이런 질문을 많이 한다. 카피라이터의 업무량은 생각보다 무지막지하다. 카피 한 줄을 쓰

:: 영국 맨체스터 해외 촬영 당시 현지 프로듀서 '장(Jean)'과 함께.

더라도 생각할 시간이 충분히 주어진다면 좋겠지만 실제로 그런 경우는 그리 흔치 않다. 때론 시간에 쫓기며 자판을 두들겨 대기도 하고, 때론 마지막 순간까지 마땅한 카피가 떠오르지 않아 마음을 졸이기도 한다. 그럴 땐 이런 생각마저 든다. '정치인들처럼 칩거하며 정국 구상을 하거나 음악가들처럼 다음 앨범을 위해 활동을 잠시 접고 충전의 시간을 가질 수 있다면 얼마나 좋을까? 안 카피, 다음 카피를 위해 당분간 활동 아듀.'

그러나 이건 드라마나 영화 속에서나 나오는 카피라이터의 모습일 뿐이다. 광고 일이 힘든 이유는 아마도 일하는 공간이나 출퇴근 시간이 따로 없기 때문일 것이다. 광고인은 크리에이티브한 생각이 떠오르는 곳이 바로 일하는 사무실이 되기 때문에 몸은 퇴근했지만 머릿속은 늘 근무 중일 때가 많다. 길을 걷다가 책을 보다가 누구를 만나다가 스치는 카피가 있으면 바로 적어 두거나 머릿속 카메라로 찍어 두는 게 카피라이터의 본능이다. 그래서 난 카피를 쓰기도 하지만 줍기도 한다고 생각한다. 귀를 기울이고 눈을 돌려 보면 세상은 좋은 카피로 가득하다. 사람들과 대화하다가, 책을 읽다가, 영화를 보다가, 음악을 듣다가, 길거리 간판을 보다가, 라디오를 듣다가 오늘도 줍지 못하고 지나쳐 버린 좋은 카피들이 너무도 많다.

카피라이터의 천국과 지옥

"이 카피는 무슨 뜻으로 쓰신 거죠?"
"이 카피는 전혀 맛이 없는데요?"

고심해서 쓴 카피이건만 이런 말을 듣는 순간, 카피라이터에겐 지옥이 따로 없다. 커뮤니케이션 학자들에 따르면, 아무리 말을 잘하는 사람이라도 자기 생각의 10퍼센트 이상을 말로 표현하기는 힘들다고 한다. 카피를 쓰는 것도 마찬가지다. 보는 사람마다 생각과 취향이 다르다 보니 카피의 반은 문장력이 아니라 설득력이라는 생각이 든다.

내가 볼 땐 정말 맛있는 카피 같은데 먹는 사람이 그 맛을 모르겠다면 다시 카피를 요리할 수밖에 없다. 특히 광고주가 여러 광고회사의 광고 시안을 보고 광고대행권을 정하는 경쟁 PT라도 맡게 되면 카피를 써서 프린트하는 데 A4 용지 한 박스를 쓰는 건 일도 아니다. 더구나 광고의 핵심 메시지는 카피로 전달되기 때문에 카피라이터에게는 막중한 책임이 따른다. "이번 광고는 메시지가 중요해. 아무래도 우선 카피로 확 잡아 줘야 할 것 같은데…." 팀장의 말 한마디에 카피라이터는 다시 한 번 지옥에 떨어진다.

"캬, 이 카피 센데…."

"그 카피 참 좋던데요."

내가 쓴 카피에 대해 이런 말을 듣는 순간, 카피라이터에겐 천국이 따로 없다. 어느 연구에 따르면 소비자의 44퍼센트가 광고를 보고, 33퍼센트가 식별하며, 9퍼센트만이 광고의 텍스트를 반 이상 읽어 본다고 한다. 이런 현실을 감안해 볼 때 내 카피가 살아남아 누군가에게 기억되고 감동을 주는 것만큼 기분 좋은 일이 또 있을까?

이런 일은 생활 속에서도 종종 만나게 된다. 집을 장만하던 해, 우리 부부는 큰마음을 먹고 파브 TV를 구입했다. 그런데 배달 트럭 위에 내가 대리 초년차에 썼던 카피가 보란 듯이 박혀 있었다. '이 세상 최고의 브랜드는 당신입니다.'

하루에도 천국과 지옥을 왔다 갔다 하는 카피라이터 인생. 카피라이터 11년차에 이렇다 할 히트 카피 하나 없는 카피라이터. 그래도 반짝하고 사라지는 카피보다는 세월이 흘러도 기억되는 카피를 쓰고 싶은 게 내 바람이다.

카피 한 줄에 목을 매는 이유

"카피라이터가 되고 싶은데 어떻게 해야 하나요?"

진지한 눈빛으로 어떤 학생이 질문한다. 광고인을 꿈꾸는 대학생들을 만나면 늘 받는 질문이다. 그러면 나는 카피라이터가 되기 위해 필요한 몇 가지를 말해 주고는 꼭 이렇게 토를 단다. "그런데 웬만하면 카피라이터 안 하는 게 좋을 텐데…."

겉으로 볼 땐 화려하고 멋있어 보이지만 실상은 고단하기 그지없는 직업, 멋을 유지하기 위해서는 땀이 필요한 직업이 바로 카피라이터이기 때문이다. 아슬아슬 카피 한 줄에 늘 목을 매고 사는 직업, 그러나 내가 쓴 카피 한 줄이 누군가에게 감동을 줄 수 있다는 희망과 브랜드를 살릴 수 있다는 생각으로 오늘도 지친 내 몸에 채찍질을 가한다.

'랄랄랄랄라 라떼디토를 마시는 당신은 이 세상 최고의 브랜드입니다. 쇼를 하면 영화 티켓이 공짜! 함께 가요, 희망으로!'

내가 쓴 카피를 이어서 만든 문장이다. 이런 문장을 언제까지 이어갈 수 있을까? 언제까지 내 카피가 사람들의 마음을 움직일 수 있을까? 때론 신나고 때론 감동적으로 그리고 때론 맛있게….

앞서 말했던 영화 〈사랑의 레시피〉에는 이런 대사가 나온다.

"가장 좋은 요리법은 스스로 만드는 거다."

나는 오늘도 이 대사를 마음에 품고 카피를 요리한다. 아이쿠, 내가 너무 감상에 빠졌나? 이 글을 쓰는 동안에도 주방엔 카피 주문이 밀려든다.

"네! 팀장님, 갑니다 가요. 카피 다 써 가요!"

번뜩이는 아이디어,
최고의 비주얼

| 김영진 |

1976년생. 1995년 홍익대학교 광고디자인학과에 입학해 2002년 졸업했다. 오월컴, 바다커뮤니케이션에서 그래픽 디자이너로 일하다가 2003년 휘닉스 커뮤니케이션즈에 입사해 3년 동안 삼성전자 팀에서 광고 업무를 담당했다. 2006년부터 지금까지 HS애드(전 LG애드) 제작 팀의 아트 플래너로 비주얼 작업을 해 오고 있다. 그동안 현대캐피탈, 프로스펙스, 하우젠, ING생명, 농협, 해태, LG텔레콤, 수려한, 트롬 등 수많은 광고를 만들었다.

요즘 세계 광고의 트렌드를 한마디로 표현하면 '비주얼 쇼크'다. 카피가 읽히냐 아니냐는 그다지 중요하지 않고, 커뮤니케이션도 필요 없다. 대신 눈을 확 잡아끄는 시각 언어로 충격을 주어 강렬한 인상을 남기는 광고가 효과를 본다. 오죽하면 "요즘은 미친놈이 성공하고 미친놈이 광고 잘하는 세상"이라는 말이 나올까. 이 말을 부드럽게 표현하자면, 기존의 것과 전혀 다른 방식으로 접근해서 놀라운 감각으로 포장한 광고가 사람들의 이목을 끈다는 뜻이리라.

새로운 시도, 파격적인 접근은 광고인의 숙명이자 의무다. 그러나 광고주가 그런 시도를 좋아하고 받아 주어야 제작이 가능하다는 현실 앞에서 광고인은 늘 딜레마에 빠진다. 누군들 멋진 광고를 만들고 싶지 않겠는가. 보수적이었던 우리나라 광고 시장도 꽤 유연해지긴 했지만,

임팩트 있는 비주얼보다는 카피와 빅 모델로 소비자에게 호소하려는 광고가 여전히 대세를 이루고 있다. 광고인의 한 사람으로서 미친 광고를 해 볼 수 있는 기회가 주어진다면 더할 나위 없이 좋겠다는 바람을 가지면서도 한편으로는 스스로 더 미쳐야 하지 않을까 생각한다.

미쳐야 한다? 그렇다면 광고 일은 괴짜들에게나 적합하다는 소리인가? 사실 그렇지는 않다. "광고를 하려면 미친놈이 되어라."는 말과 오로지 어느 한 분야에 꽂혀 마니아 같은 성향을 보이라는 말은 엄연히 다르다. 난 외골수가 광고를 잘한다고 생각하지 않는다. 솔직히 광고인은 언제 어떤 광고주를 만나게 될지 모른다. 때로는 굉장히 감각적이고 디지털적인 발상으로 광고 안을 풀어야 하는가 하면, 또 어떤 때에는 눈물 콧물 쏙 빼거나 배꼽 빠지게 하는 휴머니즘으로 다가가야 한다. 따라서 자극적인 상상만을 즐긴다든가 어느 한쪽에 치우치기보다는 오히려 균형 잡힌 사고와 다양한 관심이 광고인에게 필요한 덕목이다. 미치는 건 그 다음, 표현 단계에서 몰입하면 될 일이다.

모자란 카피라이터는 그림을 못 그리고, 모자란 아트 디렉터는 글을 못 쓴다

광고회사에 다니는 아트 디렉터라고 하면, 어떤 이들은 무척 세련되게 꾸미고 다니는 예술가의 모습을 순간 떠올릴지 모른다. 하지만 공무원 아저씨보다 외모가 더 평범한 아트 디렉터들도 수두룩하고, 또 그런 사람들이 뛰어난 감각을 발휘해 훌륭한 광고를 만들어 내는 걸 종종 보게 된다. 실상 광고계는 그렇게 화려하지 않으며, 패셔너블하게 차려입고 다니는 사람들도 별로 없다. 광고회사의 제작 부서처럼 만약 다른 회사 직원들에게도 정장 차림 대신 자유로운 복장을 허용한다면 그림은 비슷하게 나올 것이다. 그러므로 광고 감각과 겉으로 보이는 화려함은 전혀 관련이 없다는 점을 말해 두고 싶다.

광고대행사의 아트 디렉터는 쉽게 말해 아이디어를 내고 비주얼에 책임을 지는 사람이다. 회사에 따라 아트 플래너(Art Planner, AP), 아트 디렉터(Art Director, AD), 그래픽 디자이너(Graphic Designer, GD)라고도 부르는데, 내가 몸담고 있는 HS애드에서는 아트 플래너란 말을 사용한다. 개인적인 의견이지만 이 가운데 그래픽 디자이너란 말은 적절한 호칭이 아니지 싶다. 광고 일의 핵심은 크리에이티브인데, 컴퓨터그래픽으로 후반 작업을 하는 그래픽 디자이너를 크리에이터의 범주 안에 넣는 건 적절하지 않다는 게 내 생각이다. HS애드만 해도 컴퓨터그래픽 작업은 외주 업체에 맡긴다.

광고회사의 크리에이터에게 가장 중요한 것은 아이디어이고, 그다음이 아이디어를 표현해 내는 능력이다. '구슬이 서 말이어도 꿰어야 보배'라고 했듯이 좋은 아이디어가 많아도 그걸 제대로 표현해 내지 못하면 아무 소용이 없다. "모자란 카피라이터는 그림을 못 그리고, 모자란 아트 디렉터는 글을 못 쓴다."라는 말은 카피라이터도 비주얼로써 커뮤니케이션할 수 있는 능력이 필요하며, 아트 디렉터도 카피라이터 못지않은 필력을 갖춰야 한다는 뜻이다.

그럼, 아트 디렉터는 구체적으로 어떤 일을 할까? 예를 들어 '수려한'의 미백 화장품 광고 한 편을 찍는다고 하자. 우선 광고 콘셉트를 잡기 위해 수많은 회의를 거친다. 이 과정에서 특히 아트 디렉터는 미백 화장품의 느낌이 잘 살아나는 이미지를 그려 본다. 모델에게 어떤 옷을 입히고 어떤 액세서리를 사용할지, 배경은 어떤 장소로 정할지를 고민

:: 지면 촬영 PPM 단계에서의 시안보드. 컴퓨터그래픽으로 구성할 수도 있지만, 러프스케치와 자료를 이용한 구성도 가능하다.

한다. 비주얼이 대략 정해지면 그 그림에 카피를 앉히는데, 아트 디렉터에겐 카피도 그림이 된다. 카피와 비주얼을 조합하며 아트 디렉터는 최상의 그림을 구상하는 것이다.

그런 다음 구체화된 시안을 가지고 광고주를 설득하기 위해 시안보드를 만드는 작업에 들어간다. 컴퓨터그래픽으로 거의 원고(최종물)와 가깝게 만들거나, 아니면 간단히 러프스케치로 대신하고 옆에 자료를 붙이기도 한다. 대체로 3~5가지 시안을 준비해 PPM(사전제작회의)를 한 뒤 최종적으로 선택된 안을 갖고서 촬영에 들어가는데, 나중에 광고주의 요구 사항이 있을 경우를 감안해 보조 의상도 활용하면서 여러 가지 대안 컷을 찍는다.

전파 광고와는 달리 지면 광고의 경우는 아트 디렉터의 역할이 절

:: 실제 제작된 원고. '수려한' 브랜드의 초고가 라인 '수려한 수' 잡지 스프레드. 최고의 작품을 만들려면 촬영장에서 아트 디렉터와 모델, 포토그래퍼, 스타일리스트, 헤어&메이크업 아티스트들이 한마음이 되어야 한다.

대적이다. 무엇보다도 아트 디렉터는 결정된 시안에 따라 가장 적합한 사진작가를 섭외할 수 있어야 한다. 최근엔 광고회사와 사진작가를 연결해 주는 포토 에이전시가 등장해 사진작가를 좀 더 꼼꼼하게 선정할 수 있게 되었다. 아울러 사진작가에게 무엇을 어떻게 찍어야 할지 분명하게 전달하는 능력도 필요하다. 사진 기법을 몰라도 되고 매킨토시를 전문가처럼 능숙하게 다루지 못해도 무방하지만, 아트 디렉터에게 없어서는 안 될 것은 최상의 아웃풋(output)을 뽑아내는 재능이다.

외국에서는 촬영하는 날 아트 디렉터가 현장에서 할 일이 별로 없다는 이야기를 들었다. 이는 그만큼 사진작가가 아트 디렉터의 의도를 미리 파악한 뒤 좋은 스태프를 영입하고 사전 준비를 철저히 해 현장에서 역할을 다하기 때문이다. 하지만 아직 우리나라는 사진작가의 역할이나 의식이 여기까지에는 못 미쳐 아트 디렉터가 현장에서 배경이나 모델의 포즈 등 일일이 챙겨야 할 것들이 많다.

촬영이 끝난 뒤에는 잘 나온 사진들을 골라 그래픽 디자이너에게 후반 작업을 맡기는데, 한때 많은 아트 디렉터들이 "아카이브 톤으로 해 주세요."라는 주문을 하곤 했다. 『아카이브』(유명 광고잡지)에 실린 외국 광고들을 보면 비주얼의 색채가 강하지 않고 묵직한 톤을 띠고 있어 고급스러운 느낌이 나는 광고가 많거니와, 그 고급스러움은 아트 디렉터에겐 항상 동경의 대상이었기 때문이다.

예전에는 지면 광고의 레이아웃을 짤 때 그림 밑에 헤드라인, 헤드라인 밑에 바디카피, 바디카피 밑에 서브카피 하는 공식이 있었지만 지금은 딱히 정해진 매뉴얼이 없다. 카피 없이 비주얼만 보여 줄 수도 있고, 그림 한구석에 깨알만 한 카피 한 줄만 달랑 넣을 수도 있다.

지면 광고는 사각형 틀 안에 광고 콘셉트를 최대한 응집해서 한눈에 보여 줄 수 있도록 신경을 쓰는 것이 만만치 않은 작업이다. 반면에 TV CF의 경우엔 초 단위로 비주얼을 이끌어 가는 감각이 필요하다. 그래서 아트 디렉터의 취향이나 능력에 따라서 "저 친구는 아이디어보다는 오퍼레이터 실력, 즉 비주얼을 예쁘게 만들어 내는 능력이 조금 더 낫다."라거나 "저 친구는 아트 디렉터인데도 구상 능력이 좋아 전략적으로 아이디어를 낸다."라는 식으로 장점이 드러난다.

마이너리거와 메이저리거

원래 내 꿈은 의사였다. 어려서부터 손재주가 있고 순발력과 강단 있다는 얘기를 들어서 의사가 어울릴 거라고 생각했다. 그런 내가 광고회사에서 일하게 된 데에는 부모님의 영향이 크다. 의대에 진학할 만큼 성적이 좋지 않아 진로에 대해 고민하고 있을 무렵, 내가 미술 쪽에 타고난 재능이 있다는 걸 아셨던 부모님은 '홍대 디자인과'를 권하셨다. 미술은 내게 공기와 같은 존재였지만, 그걸로 밥벌이를 할 수 있을 거라는 생각은 전혀 하지 못했다. 그때까지만 해도 미술 하면 떠오르는 게 순수 화가가 다였으니까. 그러던 참에 비즈니스와 아트(Art)가 묘하게 공존해 있는 광고의 세계에 매력을 느껴 나는 진로를 광고디자인 쪽으로 바꾸었다.

고3 시절 1년 동안 홍대 앞 미술 학원에 다니며 데생과 디자인을 집중적으로 배웠고, 다행히 목표한 대학에 들어갈 수 있었다. 전공은 내 적성에 딱 맞았다. 그리고 미대 출신이라는 배경 덕분에 군 생활도 수월하게 보냈다. 부대 환경미화에서부터 시작해 밧줄 타고 절벽에 매달려 부대 로고 그리기, 심지어 손재주를 부려 내무반에서 '깎쇠' 노릇까지 했다. 재능을 발휘한 대가로 내겐 초코파이(!)와 특별 휴가, 당번병 제외 같은 달콤한 특혜가 돌아왔다.

제대 후 대학교 4학년 때 난 메이저 광고대행사에 들어가고 싶은 열망에 졸업여행도 포기하고 제일기획 인턴십 과정에 지원했다. 천여 명 가운데 어렵게 잡은 기회, 하지만 아쉽게도 정식 직원으로 채용되는 행운으로까지는 이어지지 않았다. 난 메이저 대행사만을 바라보며 허송세월을 하고 싶지 않아 일단 작은 광고회사에 들어가 경력을 쌓기로 마음먹었다. 우리나라 광고업계는 메이저급 대행사와 나머지 대행사들의 격차가 매우 크다. 내가 들어간 곳은 서열 30위쯤 되는 회사였는데, 직원 숫자가 적다 보니 자연히 일도 고되었다. 일하는 만큼 대접받지 못한다는 생각에 1년 만에 그곳을 그만둔 후 유학을 갈까 고민했다. 그러나 결국 생각을 바꿔 몇 달 뒤에 다시 작은 광고회사에 입사했다.

이렇듯 마이너리그에서 절치부심한 끝에 2003년 나는 마침내 메이저 대행사로 입성하는 데 성공했다. 내 생애 첫 메이저 대행사는 휘닉스 커뮤니케이션즈. 경력 사원은 포트폴리오가 중요하지만 이곳에서는 추가로 아트 디렉터 부문에서 실기 테스트 비슷한 과정이 있었는데, 그 방식이 매우 독특했다. 면접을 보다가 막판에 갑자기 부사장의 얼굴을 드로잉해 보라며 종이를 나눠 주는 게 아닌가. 평소 캐리커처에 자신 있었기 때문에 쉽게 그릴 수 있었고 마침내 최종 선발의 기쁨을 누리게 되었다.

휘닉스에 입사하고 나서부터 비로소 체계적 시스템을 갖춘 조직에서 광고 일을 할 수 있었다. 내가 소속되어 있던 곳은 삼성전자 팀. 국내 1위의 광고주를 담당하는 조직답게 인원이 14명이나 되었고, 제작비도 충분히 지원 받았으며, 조직 개편 바람이 불어도 끄떡없던 그야말로 최강 팀이었다.

최고 브랜드의 백색가전 광고이다 보니 모델들이 주로 톱클래스의 여자 연예인이었다. 처음엔 나도 다른 사람들처럼 연예인을 직접 본다는 설렘이 없지 않았으나, 그 느낌은 채 몇 달이 가지 않았다. 한채영, 한가인, 장진영 등 같이 작업했던 연예인 사진을 미니홈피에 올리면 친구들은 "누가 제일 예쁘냐", "아무개 연예인하고 술 한번 같이 마실 수 있겠냐?"라며 호기심으로 눈을 반짝거렸다. 하지만 친구들의 뜨거운 관심이 무색하게도 난 무덤덤하기만 했다. 긴장감 도는 촬영 현장에서는 모델도 내가 컨트롤해야 하는 대상에 지나지 않기 때문이다.

'틀에 갇히면 안 된다.' 이것은 크리에이터의 절대적 사명이다. 그런데 '하우젠' 광고를 내리 3년 동안 하면서 어느새 나만의 방식에 익숙해져 버렸다. 난 익숙하고 권태로운 광고 작업에서 과감히 벗어날 필요가 있다고 판단했다. 점점 새로운 프로젝트에 몰입해 보고 싶다는 생각이 들면서 난 휘닉스를 나와 LG애드(현 HS애드)로 무대를 옮겼다.

돌이켜 보면 마이너 대행사에서 이것저것 도맡으며 힘들게 일했던 경험이 모두 내 자산이 되었다. 지금도 나는 가끔씩 콘티나 시안 작업을 직접 한다. 외주 업체의 디자이너에게 일을 맡겨도 되지만 시각적인 부분이나 작품의 질이 성에 차지 않을 때가 있기 때문이다. 만약 내가 처음부터 메이저 대행사에서 일했다면 별 생각 없이 그저 외주로 넘기는 데 급급했을지도 모른다.

서태지의 은퇴 선언과 찰리 채플린의 〈모던 타임즈〉

직장 생활을 하다 보면 몇 번의 고비가 찾아온다. 내 경우에는 그 고비가 3년 주기로 왔다. 처음에 가졌던 의욕과 3년 후의 생각이 다르고, 달라진 생각을 추슬러 다잡은 마음은 3년이 지나면 다시 퇴색한다. 1996년에 서태지가 "창작의 고통이 너무 힘들어 떠난다."라며 은퇴 선언을 했던 심정을 알 것도 같다. 무형에서 유형을 만들어 내는 작업은 언제나 고통스럽다. 게다가 광고인은 정해진 시간, 정해진 비용 안에서 창작물을 만들어 내야 한다. 마감 시간은 다가오는데 실마리가 풀리지 않을 때는 심리적 압박감이 극에 달한다. 시간에 쫓겨 가며 내놓은 결과물이 만족스러울 리 없다. 또 광고 일이란 게 가변성이 크기 때문에 사적인 계획이나 약속을 지키기가 어렵다. 예를 들어 주말 저녁에 영화

예매를 하고 싶어도 그날 일정을 미리 가늠할 수가 없다. 그래서인지 광고회사에는 나 같은 노총각들이 많은 게 현실이다. 사귀던 여자 친구가 자기를 너무 외롭게 만든다며 떠나갔다는 소리도 주변에서 자주 들린다. 광고회사에 다니는 사람들은 느긋하게 연애할 시간도 없고 가족에게도 소홀해진다는 말은 괜한 엄살이나 변명만은 아니다.

어디 그뿐이랴? 육체적으로도 꽤나 고달프다. 일 때문에 밤새우는 경우도 잦고 때로는 새벽에도 출근한다. 위장병, 디스크 같은 지병을 갖고 있는 광고인들이 수두룩하다는 사실만 보더라도 광고 일이 결코 만만치 않다는 걸 알 수 있다. 나도 한동안 몸 상태가 좋지 않아 한의원에 다니며 침과 부항 치료를 받은 적이 있다.

"다 집어치우고 인형에 눈알이나 박아?"

일이 정말 힘들 때 난 친구들에게 이런 우스갯소리를 한다. 영화 〈모던 타임즈〉에 나오는 찰리 채플린처럼 공장에서 종일 나사만 조이는 식의 단순 노동이 즐거울 리 없겠지만, 회의에 회의를 거듭해도 머릿속이 꼬여 갈 뿐 가닥이 잡히지 않을 때에는 정말 단순한 일이 부러운 것도 사실이다. 창조적인 일을 하느라 고단해진 뇌를 가끔은 쉬게 하고 싶다는 생각에 그런 실없는 소리를 하면서 스트레스를 해소하는 것이다.

열 손가락 깨물어 안 아픈 손가락 없다

"랄랄라, 라거 주세요."

10여 년 전에 박중훈이 나와서 춤을 춘 '오비 라거' 광고가 선풍적인 인기를 모았다. 난 그 맥주 광고를 만들었다는 사람을 열 명도 더 만났다. 이렇듯 성공한 광고는 그 광고 제작에 관여한 사람들 모두에게 보람과 자부심을 안겨 준다. 그런데 일을 하다 보면 원치 않아도 제작 방향에 맞춰서 진행할 수밖에 없는 경우도 있고, 제작비가 부족해 원하는 대로 질 높은 광고를 만들지 못하는 상황이 생길 때도 있다. 물론 광고에 정답은 없지만, 이런저런 이유로 실패한 광고는 그것을 만든 사람들에게 허탈감을 안겨 준다.

그렇다면 실패한 광고는 광고인에게 사생아 같은 존재일까? "열 손가락 깨물어 안 아픈 자식 없다."는 속담처럼 광고인이라면 누구나 마음 깊은 곳에 자기가 만든 광고들을 모두 담아 놓고 있을 것이다. 선호도에 편차가 있을지는 몰라도, 자기 손을 거쳐서 나간 광고를 부정하는 건 자기 자신을 부정하는 것과 마찬가지다.

난 7년 동안 광고 일을 하면서 아주 이색적인(?) 광고 작업을 한 적이 있다. 작은 광고대행사에서 근무할 때의 일이다. 수습 사원 딱지를 떼고 일을 한창 배우고 있을 때, 발기부전제 광고가 들어왔다는 말을 듣고 무척 당황했다. 첫 미팅 때 어색해하던 나와는 달리 오히려 여자 직원들이 회의에 몰두하는 걸 보고 놀랐다. 평소에는 회의하자는 이야기를 잘 꺼내지 않던 여자 카피라이터가 발기부전제 광고를 한다니까 갑자기 자꾸 회의를 하자며 오버를 했다. 더 웃긴 건 달랑 한 봉지 받은 약을 누군가 먹어 봐야 하는 상황. 내게도 생소한 제품이어서 직접 복용해 보고 싶은 마음이 없진 않았지만 결국 유부남 차장에게 그 차례가 돌아갔다. 몇 번 회의를 하고 시안을 만들며 그 당시 난 자괴감에 빠졌다. '열악한 환경에서 이런 광고 작업까지 해야 하나.' 그때 내 심정은 솔직히 그랬다. 하지만 지금은 그 시절을 웃으며 되돌아볼 수 있고 지나간 모든 경험들이 오늘의 나를 만들었다고 이야기할 수 있게 되었다.

햇병아리 시절의 경험이 결국은 수백억짜리 광고를 만들게 한 밑거름이 되었을 테니까.

광고인의 한 사람으로서 간혹 광고 표절 시비에 관한 뉴스를 들으면 심정이 착잡해진다. 더욱이 표절 논란은 대부분 비주얼의 유사성에서 비롯된다. 표절 시비가 불거져 나오는 이면에는 빨리빨리 서두르는 우리나라 특유의 문화가 자리 잡고 있다. 외국 자료에서 좋은 모티브를 가져와서 우리 실정에 맞게 재해석하고 재창조하면 별 무리가 없을 텐데 그런 과정 없이, 게다가 출처도 밝히지 않고 일을 서둘러 진행하다가 그런 함정에 빠지는 것이다. 표절 시비는 내부의 검증 절차나 크리에이터의 도덕성 문제로도 귀결되는데, 아무튼 누가 봐도 표절한 광고 같다면 이는 크리에이터로서 정말 부끄러워해야 할 일이다.

생명 연장의 꿈, 아트 디렉터를 넘어서라

흔히 광고 직종 가운데 아트 디렉터의 수명이 가장 짧다고들 한다. 인정하긴 싫어도 그런 측면이 있는 게 사실이다. 앞서도 얘기했지만 비주얼과 카피의 조화가 필요한 구조 속에서 외골수로 아트 디렉터의 영역만 고수해서는 곤란하다. 광고인으로서 오래 살아남으려면 일단 제작의 모든 분야를 총괄하는 CD(Creative Director)가 되어 팀장 자격으로 좋은 캠페인을 수행해야 한다. CD는 광고주를 상대하고, 훌륭한 프레젠터의 역할도 해야 하므로 생각을 정리해서 설득력 있게 말할 수 있어야 한다. 그런데 대체로 미대 나온 사람들이 인문계 출신 카피라이터보다 그런 능력이 떨어진다는 통념이 있다. 선입견일 수도 있고 사실

일 수도 있지만, 적어도 나는 그런 일반론에 동의하고 싶지 않다.

광고회사에서는 대리 시절이 끝나기 전에 앞길을 결정해야 한다는 말이 있다. 차장, 부장이 되고 나서 미래를 생각하면 너무 늦기 때문이다. 그런데 일찍부터 CD가 되려고 노력하는 아트 디렉터들이 그리 많지 않다. 물론 아트 디렉터로만 일하다가 나중에 사업을 하겠다는 사람도 있고, 실제로 대행사에서 퇴직해 컴퓨터 그래픽업체를 차리는 아트 디렉터들도 많기는 하다. 선택은 각자의 몫일 테지만 난 광고를 시작하면서부터 광고 하나만 생각했고 오래도록 광고장이로 살고 싶다.

현재 내 목표는 우선 CD가 되는 것이다. 카피라이터도 아닌 내가 주야장천 카피를 쓰는 것도 CD가 되기 위한 훈련의 일환이다. 대규모 경쟁 PT에서 직접 프레젠터로 나서지는 못하더라도, 가능하면 그런 자리에 참석하려는 것 또한 이런 경험이 앞으로 경쟁력 있는 CD가 되는 초석일 것이라 확신하기 때문이다.

광고인들이 자주 쓰면서도 좋아하지 않는 말 가운데 '짜치다' 라는 용어가 있다. '후지다' 는 의미로, 광고인들은 '짜친 광고' 를 만들지 않으려 쉴 새 없이 뇌를 혹사시킨다. 광고를 잘 만들려면 사물을 재해석하고 뒤집어 볼 줄 알아야 한다. 그런 습관이 몸에 배어 있지 않다면 일부러라도 노력해야 한다. 난 누가 시킨 것도 아닌데, 특이한 문구나 그림을 보면 머릿속으로 가상의 광고를 만들어 보는 버릇이 있다. 그리고 담뱃갑에든 휴대전화 바탕화면에든 즉시 메모해 둔다. 일종의 직업병이다.

아트 디렉터가 경계해야 할 것은 자신과 타협하는 일이다. '이 정도면 됐어.' 라고 자신을 합리화하지 말고 '더 색다른 걸 보여 줄 수는 없을까?'를 자꾸 반문해야 한다. 스스로 확신하지 말 것, 스스로 만족하지 말 것, 쉬지 않고 생각할 것. 이것이 바로 아트 디렉터의 성공 비결이다.

사람들은 바라던 걸 얻고 나면 다른 곳으로 시선을 돌린다. 몸이 지치고 마음이 흔들릴 때면 난 인턴 시절을 떠올린다. 꿈속에서까지 간절하게 메이저 광고대행사에서 일하길 원했던 시절. 자청해서 우드락 보드를 깔고 회사 사무실에서 자던 그때의 열정과 초심을 떠올리면서 다시금 마음을 추스르며 내 자리를 확인한다.

(구술 정리 : 임진숙)

피(P)할 건 피하고
디(D)밀 건 디민다

| 이경동 |

1968년생. 1995년 연세대학교 신문방송학과를 졸업하고 코래드 공채 PD로 입사했다. 그 후 하쿠호도제일, 금강기획, 상암 커뮤니케이션즈를 거쳐 현재 배가 프로듀싱에서 일하고 있다. 14년째 광고대행사 PD로만 일해왔으며, 그동안 담당한 광고주로는 해태제과, 해태음료, 대우전자, 녹십자, 삼성캐피탈, 아가방, KCC, 현대자동차, 온세통신, 청정원, 아시아나항공, 금호건설, 대우건설 등이 있다. 2001년, 2002년 2년 연속 삼성캐피탈 기업 PR 광고로 뉴욕 페스티벌 파이널리스트에 올랐고, 2001년 소비자가 뽑은 좋은 광고상(아가방 기업 PR), 2006년 TV CF Award 식품 부문 최우수상(순창고추장 캠페인)을 수상했다.

신입 사원으로 코래드에 들어갔을 때의 일이다. 어느 선배가 내게 질문을 던졌다.

"너 PD가 뭔 줄 알긴 알아?"

내가 원론적인 이야기를 늘어놓자 선배는 답답하다는 얼굴로 말했다.

"그런 거 말고. 피(P)할 건 피하고 디(D)밀 건 디미는 게 PD야."

이게 도대체 무슨 뚱딴지 같은 소린가? 한참 동안 머리를 굴려도 그 의미가 뭔지 잘 와 닿지 않았다. 멀뚱멀뚱 눈만 껌뻑이는 내게 선배는 "경력을 많이 쌓으면 자연히 알게 될 것"이라고 말했다.

대리가 되고 난 뒤 난 그 선배가 했던 말의 의미를 차츰 깨달았다. PD는 늘 수많은 사람들과 커뮤니케이션을 하며 그들을 설득하거나 그들에게 설득당하는 것이 일이다. 물론 광고대행사의 다른 직종들도 마찬가지지만, 특히 PD는 수많은 사람들(광고주, CD, 카피라이터, 아트디렉터, AE, 감독, 조감독, 촬영 스태프들, 모델, 매니저, 편집실 엔지니어, 녹음실 엔지니어 등)과 수시로 커뮤니케이션을 해야 한다. 그 선배는 PD에게 있어 가장 중요하고도 기본적인 커뮤니케이션 원칙을 PD의 이니셜을 인용해서 설명해 준 것이다. 난 14년이 지난 지금까지도 그 말을 해 준 선배와 가끔씩 만나 소주잔을 기울이며 그때 이야기를 나누곤 한다.

1995년에 신문방송학과를 졸업하고 코래드 공채 PD로 입사한 이래 지금까지 난 14년 동안 줄곧 대행사 PD로 일해 오고 있다. 현재 직급은 부장. 아마 우리나라 광고대행사를 통틀어 가장 해묵은(?) PD일 것이다.

혹한과 폭염으로 고생하던 해외 촬영

PD(Producer)란 직종은 방송계와 영화계에도 있는데, 광고대행사 PD는 어떤 일을 하는 걸까?

광고대행사 PD는 광고 기획 단계부터 제작 진행, 소재 인계까지 CF 예산을 관리하며 커뮤니케이션을 조율한다. 그러나 대개 그렇다는 이야기지 엄밀히 말하면 광고대행사마다 PD의 역할이 조금씩 차이가 난다. 여기서 잠깐, 광고업계에서 CM 플래너와 프로듀서의 역할을 구분해 보자.

CM 플래너(Planner)란 광고 콘셉트와 스토리보드를 광고주에게 판매하는 일을 하는 사람, 즉 광고 촬영 전 단계만을 담당하는 사람이다.

:: 코디의 미숙한 일 처리로 제설차가 오지 않아 인부들이 직접 도로 위에 쌓인 눈을 치우고 있다. 그날 기온은 영하 40도였다. 겨우 눈을 치우고 에쿠스 광고 촬영을 시작했다.

이에 비해 프로듀서란 광고주에게 판매한 스토리보드를 토대로 해서 감독을 선정하고, 감독과 CD의 커뮤니케이션이 원활하도록 돕고, 촬영과 편집, 녹음 등을 총괄하는 사람이다.

우리나라에서 PD의 역할은 대행사마다 ① CM 플래너 + 프로듀서 ② CM 플래너 ③ 프로듀서로 혼재되어 있다. 다시 한 번 정리하면, 넓은 의미에서의 PD는 ①번이고, 좁은 의미에서의 PD는 ③번이다.

내 첫 작품은 대우전자의 와이드 겸용 TV '개벽 X5' 광고로, PD로서 처음 진행한 광고였기에 잊을 수가 없다. 영화사와 접촉해서 그 당시 〈쥬만지〉라는 영화 소스를 광고에 사용했던 기억, 인공위성을 3D로 만들었던 기억, 촬영장에서 모니터만 뚫어져라 쳐다보았던 기억들이 새록새록 난다.

어느 직종이나 마찬가지겠지만 광고 PD도 힘든 일, 재미있는 일들을 두루 경험하는데, 현대자동차 '에쿠스'를 촬영할 땐 얼어 죽을 뻔했다. 캐나다 캘거리에서 로케이션 촬영을 한 날은 기온이 영하 40도였다. 눈 덮인 길은 꽁꽁 얼어붙어 있었고, 북쪽이라 오후 4시면 해가 떨어져 촬영 시간이 빠듯한데 전날 약속했던 제설차가 오지 않는 것이다.

:: MCC(Motion Control Camera)를 이용해 소나타 광고를 찍을 때의 모습. 우리나라에 있는 MCC 크기의 5분의 1밖에 되지 않는다. 역시 할리우드는 기자재만큼은 최고다. 영화 〈이탈리안 잡〉에 쓰였던 러시안 캠이라는 것으로 역동적인 자동차 주행 장면을 촬영할 때 사용한다. 우리나라 자동차 광고에서는 처음 쓰였다.

정말 환장할 노릇이었다. 인부들이 삽을 들고 제설 작업을 하는 데에만 서너 시간이 걸렸다.

설상가상 헬기 촬영은 강풍으로 지연되었고, 헌팅할 땐 건물을 사용하는 데 아무 문제가 없다고 하더니 막상 촬영에 들어가려 하자 갑자기 사용 허가가 취소되어 찍을 수 없다는 게 아닌가. 궁여지책으로 부랴부랴 다른 장소를 물색해 겨우 촬영을 마쳤다. 해외 촬영의 경우, 현지 프로덕션과 직접 소통하며 바로 작업에 들어가는 것이 아니라, 한국인 코디가 중간에서 통역을 해 가며 일을 진행한다. 따라서 해외 촬영의 성패 여부는 절반이 한국인 코디에게 달려 있다고 해도 과언이 아니다. 코디의 미숙한 일 처리로 현지에서 우여곡절을 겪으면서 난 다시금 코디 역할의 중요성을 실감하였다.

강추위로 고생했던 에쿠스 촬영 때와는 정반대로 '소나타' 촬영 때에는 더워서 피부가 홀라당 다 타 버리는 줄 알았다. 미국 솔트레이크 시티 근처 소금사막에서 촬영했는데 그날 기온이 40도가 넘었다. 가만히 서 있는 것조차 힘겨운 폭염 속에서 SPF(자외선차단지수) 50짜리

:: 금호아시아나 기업 PR 촬영 장소. 이탈리아 투스카니 지역에서 가장 아름다운 곳이다. 우리나라의 다른 CF에도 나온 적이 있다. 그곳에 서서 기념사진을 찍었다. 똑같은 장소에서 모델이 포즈를 취하니 내가 서 있을 때와 분위기가 딴판이다.

자외선 차단 크림을 1시간마다 몸에 바르며 촬영을 진행했다. 정말 너무 힘들었다.

'전 세계를 다 뒤져서라도 길을 찾아라.' 금호아시아나 기업 PR '도전' 편을 찍을 때에는 근사한 촬영 장소를 물색하는 데 시간과 정성을 쏟았다. 위로 끝없이 쭉 뻗은 길, 그것도 중간에 경사 없이 완만하다가 두 번 정도 다시 경사가 이어지는 길. 그런 길을 찾기 위해 온갖 사진 자료를 다 뒤졌다. 마음에 쏙 드는 장소는 없었지만, 이탈리아에서 입수한 사진이 그나마 이미지가 비슷했다. 하지만 직접 눈으로 봐야 알 수 있을 터. 감독과 이탈리아에 도착해서 보니 우리가 찾고 있던 길과 흡사했다! 그때의 짜릿함이란.

순창고추장 캠페인은 특별한 보람을 안겨 준 광고였다. 해외에 나가서 매운맛이 사무치게 그리울 때 고추장을 떠올리는 내용인데, 모델 차승원 씨가 상상과 현실을 오가는 연기를 감칠맛 나게 소화해 폭발적인 반응을 얻었다. 프랑스 파리, 이탈리아 베니스, 독일 베를린으로 이어지는 3부작 광고 캠페인이 끝날 즈음 경쟁사와 시장점유율이 역전되어 있었다. 크리에이티브가 훌륭한 광고도 중요하지만, 광고인은 제품이 잘 팔릴 때 더욱 기분이 좋다.

그 많던 PD는 다 어디로 갔을까

우리나라 광고 역사와 함께 PD의 위상은 계속 변하고 있다. 내가 1995년도에 입사했을 때만 해도 광고대행사에서 PD는 전성기를 누리고 있었다. 당시 광고업계 4~5위에 올랐던 코래드에는 PD만 한 팀에 3~4명씩 7팀이 있었다. 다시 말해서 한 회사에 PD가 21~28명 있었던 셈이다. 그때 업계 5위 안에 들던 제일기획, LG애드, 금강기획, 대홍기획도 PD 숫자도 비슷했다.

그러나 2008년 현재 코래드에 PD는 단 2명. 다른 대행사의 상황도 크게 다르지 않으며, PD의 수가 아무리 많아도 10명을 넘는 회사는 단한 군데도 없다. 그럼 다른 직종, 즉 카피라이터, 디자이너들도 PD처럼 숫자가 줄었을까?

아니다. 오히려 예전보다 더 늘었거나 비슷하다. 그렇다면 그 많던 광고대행사 PD들은 다 어디로 갔을까? 왜 유독 PD 숫자만 대폭 줄어든 것일까?

원인은 여러 가지가 있겠지만 몇 가지만 간추려 보면, 우선 인터넷의 발달을 꼽을 수 있다. 인터넷이 지금처럼 일반화되기 전 큰 대행사 자료실에는 외국 CF 동영상 테이프들이 보관되어 있었고, 주로 PD들이 그 자료에 접근할 수 있었다. 그러다 보니 아이디어 회의 때 PD들이 외국의 최신 CF 기법을 제시하거나 중요한 CF 장면을 프린트해 와서

:: 순창고추장 캠페인 광고에서 느끼한 소시지 음식을 먹고 괴로운 표
정 연기를 하는 차승원 씨. 독일 하면 떠오르는 음식이 소시지이고 그
중 가장 느끼해 보이는 음식을 골랐다. 뒤에 보이는 배경은 손기정 선
수가 우승했던 독일 베를린 올림픽 스타디움이다.

주목을 받는 일이 많았다. 그러나 지금은 인터넷에서 자료를 공유하는
시대라 카피라이터든 아트 디렉터든 AE든 외국 CF를 검색해 보고 최
신 흐름이나 기법을 금방 확인할 수 있다.

　또 자기 계발의 부재도 PD의 입지를 약화시킨 요인이라 할 수 있
다. 선배 PD들은 "나는 PD다."라는 자부심이 강해 회의에 참석해서 아
이디어를 제시하려는 노력이 부족했고, 이런 점들이 쌓이고 쌓여 같이
일하는 카피라이터나 아트 디렉터의 불만을 초래한 측면이 있다.

　여기에 1998년, 1999년에 몰아닥친 IMF 폭풍이 결정타를 먹였다.
광고계 역시 어김없이 인원 감축에 들어갔고, 여기에 PD들이 가장 많
이 포함되었다. 이런 이유들로 광고대행사에서 PD의 숫자는 점점 줄어
들었다. 그러다 보니 심지어 아트 디렉터나 카피라이터가 PD의 역할을

대신하는 광고대행사까지 나오게 되었다.

　IMF가 끝나고 광고대행사의 경기가 좋아지자 다시 PD의 필요성이 대두되었고, 이때부터 프로덕션 조감독들 가운데 능력 있는 사람들이 광고대행사 경력 PD로 들어오기 시작했다. 지금 광고대행사에서 활동하는 PD들 대부분은 이때 입사한 사람들이다.

생각은 신중하게, 판단은 신속하게, 돈은 규모 있게

　광고대행사 PD에게는 어떤 능력과 소양이 필요할까?

　첫째, '생각은 신중하게, 판단은 신속하게.' PD는 끊임없이 판단과 결정을 내려야 한다. 대행사 AE와 CD, 프로덕션 감독, 편집실과 녹음실의 엔지니어 등 수많은 사람들과 의사소통하며 의견을 조율하고 관철시켜야 한다. 이를 위해서는 냉철하고 신속한 판단력과 설득력이 필수적이다.

　둘째, 예산 관리 능력이 있어야 한다. PD는 최소한의 제작비로 최대한 질 높은 제작물을 뽑아내야 한다. '자본주의의 꽃'인 광고에도 자본주의의 경제 원칙은 어김없이 적용된다. 그 원칙을 효율적으로 적용해야 하는 사람이 바로 PD인 것이다. 우리나라 대부분의 광고주는 1억 원의 제작 비용으로 3억 원의 광고 효과를 얻고 싶어 한다. 제주도 촬영 비용을 가지고 해외에서 찍은 것처럼 만들라고 한다. 그럴 때 PD는 한정된 예산을 가지고 감독과 협의해서 최대한 질 좋은 제작물을 만들어 내야 하는 것이다.

　셋째, 크리에이티브 능력도 중요하다. PD는 PD이기 이전에 크리에이터다. PD에게도 광고인들에게 필요한 크리에이티브 능력이 예외 없이 요구되는 것이다. 아이디어 발상 능력뿐 아니라 콘셉트 도출 능력까지 갖추고 있어야 한다. 크리에이티브 능력은 앞서 말한 CM 플래너에게 요구되는 사항이라고 할 수 있지만, PD와 CM 플래너가 혼재해 있는 우리나라 광고계 상황에서는 기본적으로 크리에이티브 능력도 필요하다.

광고대행사 PD가 갖추어야 할 이 같은 소양은 타고난 것도 있지만, 대부분은 부단한 훈련과 교육을 통해 이루어진다.

프로듀싱 시스템이란?

IMF 고비를 무사히 넘기고 대행사에서 살아남은 직급 높고 연차가 많은 PD들도 자신의 갈 길을 찾아야 했다. 그 결과 2004년부터 우리나라에는 '프로듀싱 시스템'이라는 새로운 개념의 외주 시스템이 생기기 시작했다. 프로듀싱 시스템은 일본, 미국 같은 나라에서는 일반화된 시스템으로, 쉽게 말하면 PD들이 독립해서 회사를 차리고, PD가 없는 광고대행사로부터 일을 받아 감독을 선정하고 제작을 하는 것이다.

예를 들어 광고 제작비 1억 원이 있다고 가정하자. 지금까지는 주로 감독이 오너로 있는 프로덕션에다 그 1억 원을 주고 광고 촬영과 후반 작업을 맡겼다면, 프로듀싱 시스템을 활용하는 경우에는 그 1억 원을 프로듀싱 회사에 주면 거기서 감독, 촬영 감독, 조명 감독, 편집, 합성, 녹음 등에 들어가는 일체의 제작 비용을 알아서 꾸려 간다. 현재 우리나라에는 수십 개의 프로듀싱 회사들이 난립해 있지만, 다섯 곳 정도의 회사가 주로 일을 맡아 하고 있다.

그럼 프로듀싱 시스템의 장점은 뭘까?

첫째, 스토리보드가 확정된 이후에 그 성격에 따라 감독을 선정할 수 있다.

프로덕션에는 기획실장이라는 직종이 있다. 이 기획실장이 위에서 언급한 CM 플래너의 역할을 하며 대행사 광고인들과 함께 아이디어 짜는 작업을 한다. 단 그 프로덕션에 소속된 감독을 쓰는 조건이다. 그런데 광고주에게 보인 시안들 중에서 휴머니즘이 강한 스토리보드가 선정되었으나, 일을 진행할 프로덕션의 감독이 코믹한 스토리보드를 잘 소화해 내는 감독이라면 대행사 CD는 심각한 고민에 빠질 것이다. 하지만 프로듀싱 시스템을 활용하면 어떤 감독하고도 일을 할 수 있기 때문에 이런 고민은 사라진다.

둘째, 광고대행사 쪽에서는 EP(Executive Producer, 광고대행사 경력이 10년 이상인 PD)들의 노련한 예산 관리 능력과 풍부한 경험을 활용해 제작물의 질을 높일 수 있다.

신인 감독들은 가끔 쓸데없는 곳에다 제작비를 낭비한다. 이를테면 카메라 앵글에 잡히지도 않는 곳에 세트를 만든다든지, 사용하지도 않을 값비싼 소품을 무조건 많이 구입하는 경우가 더러 있다. 그러나 경험이 많은 EP는 감독과 협의하고 감독을 잘 설득해 이런 낭비를 줄이면서 최소의 비용으로 최대의 효과를 만들어 낸다.

셋째, 이른바 A급 감독들의 공백을 메울 수 있다.

잘나가는 A급 감독들은 너무 바빠서 촬영만 하고, 곧 다른 대행사 일을 하러 해외 촬영을 나가는 경우가 종종 있다. 이럴 때 경험 많은 EP가 감독의 공백을 메울 수 있다. 또한 프로듀싱 회사의 EP는 PPM(Pre-

Production Meeting, 사전제작회의) 준비 과정이나 광고주의 수많은 수정 요구 사항까지 모두 소화할 수 있다.

물론 프로듀싱 시스템에도 단점은 있다. 우선 기획력이 떨어진다는 점이다. 위에서 언급했지만 프로덕션에는 아이디어를 내는 기획실장이 있다. 프로덕션의 기획실장들은 광고대행사가 일을 의뢰하면 같이 광고 안을 기획한다. 대부분은 광고대행사 내부에서 나온 아이디어들이 채택되지만, 가끔은 프로덕션의 기획실 아이디어가 채택되어 촬영으로 이어지기도 한다. 대행사가 프로덕션과 작업을 같이하면 경쟁 PT가 있을 때 많은 도움을 받을 수 있다는 점도 빠뜨릴 수 없다. 그러나 프로듀싱 회사에는 이런 역할을 할 기획실장이 없거나, 있다고 하더라도 기획 능력이 떨어진다는 평가를 받는다. 물론 기획실이 탄탄한 프로듀싱 회사도 있지만, 평균적으로 그렇다는 말이다.

또한 제작비 상승도 약점으로 지적된다. 프로듀싱 회사에 일을 맡기면 광고 제작비 견적서에 EP, Line PD(보조 PD) 등의 인건비가 올라온다. 이것은 프로덕션 견적서에는 없는 항목들로, 평균 천만 원 정도의 인건비 차이가 난다. 하지만 위에서 언급한 프로듀싱 시스템의 두 번째 장점을 고려해 볼 때 단순히 제작비가 상승되는 것으로 치부해서는 곤란하다. 눈에 보이는 것은 차이가 날지 모르지만, 전체 견적에서 볼 때에는 별 차이가 없다고 할 수 있다.

프로듀서 무용론과 필요론

우리나라 광고계를 보면 여러 대행사에서 PD 무용론(無用論)과 PD

필요론(必要論)이 엎치락뒤치락해 왔다. 어느 때는 PD 무용론이 득세하여 기존의 PD들을 내보냈다가, 다시 PD 필요론이 대두되어 경력 PD들을 뽑는 웃지 못할 일이 되풀이돼 온 것이다.

광고대행사에 PD들이 없으면 일을 진행하는 데 누가 가장 불편할까? 그것은 바로 대행사 CD와 프로덕션 감독들이다. 혹자는 이렇게 말한다.

"아니, 곧바로 CD와 감독이 커뮤니케이션을 하면 오해도 없고 좋은 거 아냐?"

물론 PD의 경력이 짧은 경우에는 그런 의견이 타당할 수도 있다. 그러나 경험 많은 PD는 CD의 크리에이티브 방향과 감독의 연출 방향을 잘 조율해서 최상의 결과물을 낼 수 있도록 도와준다.

아무튼 그 판단은 각각의 CD들이 할 것이다. 그러나 분명한 사실은 CD, PD, 감독의 목표는 하나라는 점이다. 최상의 제작물을 만들어서 광고주는 물론이고 소비자들에게 호응을 얻는 것! 이들은 광고 제작에서 동반자이자 동료인 것이다.

PD들이 광고대행사 내부에 있건, 외부에 있건 우리나라도 선진국처럼 PD가 하나의 전문 직종으로 완전히 자리를 잡는다면, 광고주에겐 차별화된 서비스를, 광고대행사에겐 양질의 제작물을, 감독에겐 연출에만 전념할 수 있는 시스템을 제공할 수 있을 것이다.

● 광고대행사의 신입 공채 모집에 응시하는 방법

이 방법은 IMF 이후 거의 모든 광고대행사에서 사라졌다. 물론 카피라이터나 아트 디렉터는 인턴 과정을 거치거나 신입 공채를 통해서 선발하지만, 유독 PD만은 현재 신입 공채로 뽑지 않고 있다. 여기에는 다음과 같은 이유가 있다. PD는 최소 3년차 이상이 되어야만 CD, 감독과의 커뮤니케이션이 가능하다. 최소 3년이라는 뜻이고, 독자적으로 원활하게 일을 진행하려면 5년 이상의 경력이 필요하다. 그러나 지금의 광고대행사는 이렇게 신입 PD를 양성할 만한 여력이 없고 이들을 교육할 만한 고참급 PD도 없다.

● 프로덕션 조감독으로 경력을 쌓다가 대행사에 경력 PD로 들어가는 방법

현재 가장 많이 활용되고 있는 방법이다. 광고회사에서도 인력을 바로바로 현장에 투입할 수 있으므로 이 방법을 선호한다. 실제로 지금 광고대행사에 남아 있는 대부분의 PD들은 이런 경로로 입사했다.

● 외주 프로듀싱 회사에서 Line PD로 경력을 쌓다가 대행사에 경력 PD로 들어가는 방법

프로듀싱 시스템이 최근에 도입되었기 때문에 앞으로 많이 활용될 방법이다. 프로듀싱 시스템을 이끌어 가는 EP들은 광고대행사 PD 경력이 최소 10년 이상 된 사람들이다. 이들 EP에게 교육받고 훈련받은 Line PD들이 대행사 경력급 PD로 들어갈 수 있는 기회가 머지않아 올 것이다.

광고 제작의 총지휘자

| 윤성아 |

1971년생. 1993년 이화여자대학교 신문방송학과를 졸업한 뒤 오리콤, 금강기획, BBDO에서 카피라이터로 근무했다. 2002년부터 2004년까지 토론토 요크 대학교에서 브랜드 매니지먼트를 전공해 MBA 학위를 받았다. 귀국 후 웰콤 퍼블리시스를 거쳐 현재 TBWA Korea에서 크리에이티브 디렉터(국장)로 일하고 있다. 2004년 대한민국 광고대상에서 대상(교보생명 캠페인), 2006년 대한민국 광고대상에서 은상(네이버 캠페인) 및 동상(SK텔레콤 '사람을 향합니다' 캠페인), 2006년 TV CF Award 그랑프리(SK텔레콤 '사람을 향합니다' 영웅 편), 2007년 대한민국 광고대상에서 금상(SK텔레콤 '사람을 향합니다' 캠페인) 및 TV CF Award 금상(SK텔레콤 '사람을 향합니다' 상편) 등을 수상했다.

'우리는 회의한다. 고로 존재한다.'

광고인의 일상은 회의의 연속이다. 친구들은 내가 일하는 회사를 '주식회사 데카르트'라고 부른다. 그들이 연락할 때마다 나는 늘 '회의 중'이기 때문이다. 하루에 회의만 5~8건.

퇴근할 무렵이면 목이 너무 아프고 목소리가 잠겨 며칠 전엔 이비인후과에 가서 진찰을 받았다. 의사가 성대결절 조짐이 보인다며 조심하라고 했다. 회의 한 번 할 때마다 한두 시간은 걸리는 데다 계속 토론을 하다 보니 목에 무리가 간 모양이다. 회의 중에 재미있는 전략과 아이디어가 나올 때마다 내지르는 내 샤우트 발성법(?)을 좀 자제해야 할 필요를 느낀다.

참신한 아이디어는 틀 깨기와 역발상에서

외국계 광고회사인 TBWA는 광고인들이나 광고인 지망생들이 일하고 싶어 하는 곳이다. 최근 몇 년 동안 TBWA의 광고들이 신선한 아이디어와 창의성으로 사람들의 눈길을 끌었기 때문이다. TBWA에서 추구하는 철학은 바로 '틀 깨기(disruption)'. 틀 깨기란 끝없는 호기심, 열린 마음, 상식 뒤엎기, 관습에 도전하는 정신이 있을 때에만 가능하다. 틀 깨기와 역발상 과정은 회사의 명함에도 잘 나타나 있다.

네모가 광고인의 머릿속에 들어가서 수많은 발상의 전환을 거쳐, 틀을 깨고 동그라미가 되어 나오는 이 그림은 광고인에게 필요한 아이디어의 시작과 끝을 상징적으로 보여 준다. 광고인은 아이디어로 소비자의 마음을 사로잡는 사람이다. "우리는 남들과 같은 눈으로 사물을 보지 않고, 우리 나름대로의 눈으로 사물을 본다."라고 한 프랑스 작가 아나이스 닌(Anais Nin)의 말처럼 정형화된 틀을 깨야 발상의 전환이 일어난다.

회사 로고도 마찬가지다. 'TBWA\Korea'. 슬래시가 꼭 '/' 이런 방향이어야 하나? 한번 다르게 해 보자! 빗금 하나 긋는 데도 고정관념을 깨고 역발상을 시도하니 느낌이 새롭다.

그런데 아이디어만 출중하면 모든 광고가 성공할까? 그렇지 않다. 광고 제작의 토대는 탄탄한 마케팅과 소비자 전략에 있다. '이 제품은 몇 살부터 몇 살까지, 어떠어떠한 성향을 가진 사람들을 대상으로, 어느 유통 경로를 거쳐 판매되는 것이므로 어떤 모드와 톤으로, 또는 어떤 비주얼과 문장으로 표현해야 한다.'라는 기본적인 틀을 갖고 출발한다. 마케팅 전략을 치밀하게 세우고 '무엇을 말할 것인가(what to say)' 하는 콘셉트를 분명하게 잡고 난 뒤에 '어떤 방법으로 말할 것인가(how to say)'의 단계로 넘어간다.

나는 모든 새로운 시도는 나름대로 의미가 있다고 생각한다. 따라서 늘 하던 대로 하는 광고는 싫다. 왜 화장품 광고는 항상 시작과 끝 장면에 아름다운 여자 모델의 얼굴이 나와야 하며, 왜 자동차 광고에는 꼭 자동차가 멋있게 달리는 모습이 나와야 하나? 그런 정형화된 틀에서 벗어날 때 광고는 새롭고 눈에 띄게 되어 더 주목을 받는다.

난 고등학교 때부터 TV 드라마나 뉴스보다 광고가 훨씬 더 재미있었다. 어느 전자회사 제품 CF에 3D로 만든 거인이 등장해서 잠실종합운동장을 들어 올리는 장면을 보고(지금 생각하면 참으로 단순한 그림이지만), '아, 저런 생각을 하면서 사는 사람들은 일이 참 재밌겠다.'라고 생각했다. 난 그런 광고인이 되겠다는 꿈을 안고 신문방송학과에 입학했다. 대학을 다니는 동안 광고 학회, 광고 동아리, 광고 공모전, 광고 모니터 요원과 광고회사 인턴 등 대학생으로서 할 수 있는 광고와 관련된 일은 모조리 다했을 정도로 한 우물만 파며 지냈다.

체력과 아이디어의 고갈로 유학 길에 올라

내 첫 직장은 당시 광고인 사관학교로 불리던 '오리콤'. 그곳의 입사 시험은 지금도 내 기억에 생생하게 남아 있다. 카피라이터 필기시험 문제로 당시 대선에 출마한 후보자들의 선거 전략과 슬로건을 짜 보라는 과제가 주어졌다. 그다음엔 '녹음기, 커피, 가을, TV, 안중근' 이런 식으로 전혀 연관성 없는 단어를 서른 개쯤 주고 그 단어들을 모두 사용해서 이야기를 구성하라는 문제가 나왔다. 전략적인 발상과 창의력을 알아보는 참으로 흥미로운 테스트였다고 생각한다.

그렇게 카피라이터가 된 후에도 한동안 나는 카피라이터가 '글 쓰는 사람'이라는 착각 속에서 살았다. 애송이 카피라이터 시절, 나는 남한테 보였을 때 덜 부끄럽도록, 그리고 팀장님과 사수에게 칭찬받을 수 있도록 앉아서 계속 문장을 다듬고 또 다듬는 일에 매달렸다. '커피 마시고 코피 터지며 카피 쓰는 게 카피라이터의 일'이라는 선배들 말씀에 충실했던 것이다. 그러던 중 황당했던 에피소드 하나. '푸마' TV CF에 들어갈 카피 한 줄이 필요하다기에 나는 이렇게도 써 보고 저렇게도 써 보며 거의 몇 백 개의 헤드라인을 만들었다. 수많은 카피를 팀장님에게 보였건만 내 힘을 쏙 빼놓은 그분의 한마디.

"그냥 다른 카피 없이 쭉 가다가 브랜드만 '푸마!' 이렇게 읽어 주는 게 제일 임팩트가 있을 것 같은데?"

지금은 카피라이터는 글을 조금 더 잘 쓰고 아트 디렉터는 그림을 조금 더 잘 그릴 뿐, 광고 작업을 하는 이들은 모두 아이디어를 만들어 내는 사람이라는 데 이견이 없다. 난 후배들에게 말한다. 카피라이터는 '전향한 문학도'가 아니라고. 물론 광고 카피에도 언어적 미장센이 중

:: 이효리와 제시카 알바가 출연해 화제를 모았던 '이자녹스' 광고 촬영 현장. 밴쿠버 촬영장
에서 두 배우는 불꽃 튀는 연기 대결과 자존심 경쟁을 펼쳤다.

요하긴 하지만, 카피라이터의 글을 문학적인 잣대로 판단하는 건 옳지
않다.

　학교 다닐 때 애국 조회 시간에 픽픽 쓰러지는 아이들을 보면 부러
울(?) 정도로 건강만큼은 자신 있었던 나였건만, 광고회사에 다니다 보
니 그런 일이 내게도 정말 일어났다. IMF 사태가 터지고 나서 광고회사
에도 폭풍이 몰아쳐서 무수한 인력이 감원되었다. 그러나 남아 있던 사
람들의 고통 역시 만만찮았다. 인력이 부족해서 한 사람이 해결해야 할
업무량이 대폭 늘었고, 광고주들은 "이 어려운 상황에서도 우리가 광
고비를 지출하니 더 효과적인 광고를 만들어 달라."며 과잉 요구들을
하기도 했다. 데드라인까지 좋은 광고를 만들어 내지 못할까 봐 피가
마르고, 피곤에 절어 사는 하루하루의 연속. 그러던 어느 날, 난 새벽에
퇴근해 잠이 든 뒤 오랫동안 깨어나지 못했다. 그러고 나서 눈을 떠 보
니 병원이었다.

:: '후' 모델들과 함께 찍은 기념사진. 전람회장과 고급 호텔, 음악회장을 옮겨 다니며 티저 광고와 본편을 촬영했다.

그렇게 심신이 지쳐 있을 무렵, 남편이 같이 유학을 가서 공부를 더 해 보는 게 어떻겠냐고 권했다. "우리가 모르는 세상을 만나면, 더 많은 옵션이 주어질 수 있지 않겠냐."라는 격려에 나도 공감했고, 차장 2년 차에 과감히 유학길에 올랐다. 캐나다에서 경영학 공부를 하며 난 혹시 다른 계통의 일(회계, 재무, 컨설팅 등)이 적성에 맞으면 전직할 생각도 갖고 있었다. 그런데 떠난 지 불과 6개월도 채 되지 않아 광고 만드는 일이 그리워졌다. 그 고통스런 작업들이 내가 해야 할 천직처럼 느껴졌다. 그래서 나는 3개월의 방학 기간에도 TBWA에서 대학원생 신분으로 인턴 생활을 했다. 광고 경력 10년차의 인턴인 셈이었다. 역시 내겐 광고만큼 재미있는 게 없었다.

브랜드 매니지먼트 전공으로 MBA 학위를 받고 나서 한국에 돌아온 뒤, 나는 웰콤에 입사했다. 내가 웰콤에 입사한 결정적 이유는 "박우덕 사장님이 현장에서 실무를 하고 계실 때 그분이 일하는 걸 어깨 너머로

라도 봐야 한다."라는 부사장님의 조언 때문이었다. 박우덕 사장님은 대한민국에 광고 캠페인(브랜드를 론칭하고 일체감 있게 통합적으로 관리하는 광고 마케팅 활동)이라는 개념을 처음으로 도입한 분이다.

'광고계의 살아 있는 전설'이라고 불리는 박 사장님 밑에서 나는 그야말로 혹독한 트레이닝을 받았다. 새로운 광고 안을 놓고 어떤 식으로 접근해야 할지 몰라 고민에 빠져 있으면 그분은 화두를 던졌다. "이 프로젝트는 일상생활 속에서 일어났던 일이나 주변 사람들이 겪은 에피소드들 중에서 아이디어를 주워." 그렇게 프로세스의 전반에 걸쳐 문제의 핵심을 정확히 짚어 주셨고, 궤도 수정을 해 주셨다.

그러나 완벽주의자인 상사들을 모시고 일하는 직장에서 또다시 내 몸은 지쳐 갔다. 하루 12~16시간의 근무. 늘 시간이 부족한 아트 디렉터들은 사무실에서 숙식을 하다가 "집에 다녀오겠습니다."라는 인사를 하고 퇴근했다. 하루 8시간 근무하는 직장에서라면 3년과도 같았을 1년 반의 시간이 지나갔다. 인풋(input) 없이 아웃풋(output)을 계속 내는 일이 힘겨웠다. 그래서 사표를 낸 뒤 퇴직금을 털어 국제광고제가 열리는 프랑스 칸으로 날아갔다.

우리 팀훈은 '가오'와 '의리'

현재 내 직함은 TBWA Korea 제작 팀장. TBWA Korea에는 제작 1팀부터 10팀까지 있으며 대개 카피라이터 2명, 아트 디렉터 2명, CD 1명으로 한 팀이 구성된다.

CD(Creative Director)는 광고 제작 업무를 총지휘하는 사람이다.

제작 부서에서 일하는 카피라이터, 아트 디렉터, PD 가운데 대략 10년 이상 광고 경력을 지닌 사람이 팀장 역할을 하면서 CD를 맡는다. CD는 광고를 잘 만드는 일 말고도 광고주와의 관계, 프레젠테이션, 제작의 세세한 부분까지 넓은 분야를 총망라해 이끌어 갈 역량이 있어야 한다.

그럼 CD는 구체적으로 어떤 일을 하는 사람일까?

● 전략 회의에 참여하는 것이 첫 번째 업무다. AE가 광고주에게 새로운 제품 광고의 론칭 계획에 대해 오리엔테이션을 받고 오면 CD, AE, 마케터, 미디어 플래너 들이 모여서 전략 회의를 한다. 이 회의에서는 시장 상황, 소비자, 광고주의 현 상황, 경쟁군, 접근 방법, 매체 등 전반적인 내용을 점검한다.

● 광고 전략이 완성되면 AE와 제작 팀 전체가 모여 회의를 한다. 이를 '크리에이티브 오리엔테이션'이라고 한다.

● 그다음에 CD와 아트 디렉터, 카피라이터가 함께 아이디어 회의를 서너 차례 한다. 우선 CD는 큰 틀을 잡아서 광고 제작 방향을 제시한다. 브레인스토밍을 거쳐 아트 디렉터, 카피라이터와 함께 다양한 아이디어를 가지고 퍼즐 맞추는 작업을 한다.

● 크리에이티브 시안을 5~10가지 만든 뒤 다시 기획 팀을 불러서 의견 교환을 한다. 광고 전략과 광고주의 성향 등을 고려해서 시안을 2~4가지로 압축한다.

● 플래닝(planning) 단계가 끝나면 이제 두잉(doing) 단계로 넘어간다. 완성도를 높여 PT용 제작물을 만든다. 컬러 그림과 시놉시스, 카피, 오디오 설명, 모델명 등이 들어간 스토리보드를 제작한다.

● 기획 팀에서는 기획서를, 제작 팀에서는 제작물을 가지고 광고주 회사에 들어가 프레젠테이션을 한다. 광고주 측 인원은 적게는 2~3명, 많으면 40~50명까지 다양하다. AE가 개략적인 전략 설명을 마치면 CD는 제작물의 의도와 스토리, 제작 단계까지 구체적으로 프레젠테이션한다.

● 최종안이 선정되면 PD, CF 감독과 함께 몇 차례 PPM(사전제작회의)을 갖는다. 촬영장에서 CD는 전체 진행 과정을 체크하고, 촬영이 끝나면 녹음과 편집 작업을 점검하며 최고의 조합을 찾는다.

● 최종 편집이 끝난 광고 시안들을 갖고 '광고주 시사'를 하면 그 프로젝트에서 임무는 완료된다.

내가 CD로 이끌어 가는 팀은 아트 디렉터가 3명, 카피라이터가 1명이다. 우리 팀의 슬로건은 '가오(명예)'와 '의리'. 얼핏 들으면 힘깨나 쓰는 조직의 구호 같지만, 서로가 서로를 믿고 의지하고 격려하면서, 이름을 걸어도 명예로울 만한 광고를 만들자는 뜻으로 지었다. 광고인에게 포트폴리오 관리는 중요하다. 요즘은 광고 관련 사이트에서 이름만 치면 그 사람이 만든 광고가 모두 뜬다. 자기 작품이 곧 자신의 경쟁력인 셈이다.

하지만 광고 작업은 개인이 아니라 팀워크로 이루어진다. 예전에 칸 국제광고제에 갔을 때 한 세미나에서 사회자가 독일의 유명한 크리에이티브 디렉터에게 '크리에이티브 리더십'에 대해서 물었다. 그러자 그 디렉터는 이렇게 말했다.

"CD가 자신의 '평범한' 아이디어를 갖고 우기느라 스태프들의 '훌륭한' 아이디어를 죽이는 일이 많은데, 절대로 그래서는 안 된다."

나는 그 디렉터의 말을 평생 가슴에 새기며 살 생각이다.

난 광고주에게나 팀원들에게나 명예롭고 의리 있는 팀장이자 CD로 인정받고 싶다. 하지만 그들의 진심 어린 존경은 나의 더 좋은 아이디어와 더 깊은 고민에서 나온다는 사실 또한 잊지 않으려 한다.

좋은 광고주가 좋은 광고를 만든다

TBWA Korea는 제작본부장이 없기 때문에 팀장들의 역할이 크다. 같은 직장에서 일하는 동료지만 탄성이 절로 나올 정도로 실력이 뛰어난 사람들을 보면 경쟁심보다 경외심이 생긴다. 그럴 때면 나도 더 잘해야겠다고 다시 한 번 각오를 다진다.

광고대행사도 경쟁력을 갖추면 광고주의 태도를 변화시킬 수 있다. '우리가 만든 좋은 광고가 우리 회사(TBWA)를 광고해 주는 최고의 세일즈 수단'이라는 이야기가 절대 틀린 말이 아니다. 좋은 광고로 소비자를 사로잡으면 광고주들이 알아서 그 대행사를 찾게 마련이고, 광고인의 이야기에 귀를 기울이며 그들을 전문 광고인으로 인정하게 된다. '광고회사에서 저렇게 제안할 때에는 다 이유가 있겠구나.'라며 이해해 주고, 마무리를 잘하기 위해 제작 시간이 좀 더 필요하다고 요구하면 배려해 주는 식으로 '선순환의 고리'가 생기는 것이다.

예전에 참으로 무례한 광고주를 만난 적이 있다. 혼신을 다해 프레젠테이션을 하고 있는데, 광고주가 불손한 어투로 계속 말을 툭툭 끊는 것이다. 난 자존심이 상하기도 했지만, 그 작업에 최선을 다했던 팀원들의 자부심에 상처가 날까 봐 더 걱정스러웠다. 그래서 프레젠테이션을 중단하고 광고주 앞에 앉았다.

"저희는 광고 만드는 일이 직업인 사람들입니다. 이 브랜드의 장점을 잘 알려서 힘 있는 브랜드가 되도록 만들고 싶은 사람들입니다. 무조건 비난하기보다는 문제를 지적해 주십시오. 기꺼이 수정해서 더 좋은 광고로 표현해 보겠습니다. 하지만 지금 상황은 저희를 파트너로 생각하고 상의하시는 게 아니라, 하청 업체에게 하대를 하시는 걸로밖에 느껴지지 않습니다. 이런 마음으로 어떻게 긍지를 갖고 좋은 광고를 만들겠습니까?"

그 자리에서 난 '오늘 이 광고주를 잃겠구나.'라고 생각했다. 그런데 그 일 이후 광고주의 태도가 달라졌다. 좋은 광고를 만들기 위해서는 광고주의 태도는 너무도 중요하다. 도발적이고 색다른 아이디어로 항상 화제를 모으는 모 카드회사 광고의 경우, 훌륭한 광고기획자와 제작자 뒤에 이들의 모험적인 크리에이티브를 높이 살 줄 아는 광고주가 있었기에 과감한 시도가 빛을 볼 수 있었던 것이다.

광고인은 늘 아웃풋을 내야 하는 사람이다. 나는 우리 팀원들에게 일이 없을 때에는 책상 앞에 앉아 있지 말라고 누누이 당부한다. 백화점에 나가서 유행 패션을 구경하든, 서점에 가서 신간 서적을 확인하든, 전시회에 가서 독특한 조형물을 감상하든, 아니면 극장에 가서 새로운 촬영 기법을 관찰하든, 나가서 뭐든 새로운 경험을 하라고 말한다. 인풋이 있어야 아웃풋이 제대로 나오는 법이니까.

실력, 오기, 끈기 모두 필요하다

광고인의 하루는 역동적이다. 아침엔 모기약 광고 제작을 하다가 낮에는 백화점 광고를 찍고 저녁엔 자동차 광고 구상을 한다. 그런가 하면 코믹한 광고를 만들다 휴머니즘 광고로 바로 돌아서야 하기도 한다. '지루한 건 절대 못 참는 내가' 장장 16년 동안 광고계에 몸담고 일할 수 있었던 것은 정말로 이 일을 좋아하기 때문이다.

경력이 쌓이고 경험이 늘어 나름대로 노하우가 생기긴 했어도 난 여전히 PT에 나설 때마다 떨린다. '팀원들이 그렇게 고생했는데 결과가 좋지 않으면 어떡하나.' 하며 너무 걱정스러워 PT 전날엔 잠도 오지 않고, PT장에 들어가기 전엔 손톱을 잘근잘근 씹을 만큼 초조해진다.

광고는 그 무엇보다도 여성이 잘할 수 있는 분야이지만 낮과 밤, 주말과 평일이 따로 없는 일의 특성상 직장 일, 집안일, 육아를 병행하기 힘들어 직위가 올라갈수록 여성 광고인의 수가 줄어드는 것은 안타까운 현실이다.

정신적, 육체적으로 고통스러워도 이 일이 주는 재미와 성취감은 남다르다. 그래서 아이디어가 없고, 시간에 쫓기고, 몸이 고단할 때에도, '지금 고달플지라도 내 경력을 거시적으로 본다면, 지금은 아마 행복한 과정을 지나고 있는 중일 것'이라고 스스로를 세뇌하면서 버텨온 게 아닌가 싶다. 실력과 오기, 끈기, 이 셋 중에 하나라도 부족하면 광고인으로 살아가기란 참 어려울 것이다.

내가 나이가 들었단 증거일까? 요즘 들어 부쩍 광고의 사회적 기능에 관심이 쏠린다. 난 내가 만든 광고가 사람들의 생각을 바꾸고 세상을 좀 더 따뜻한 시각으로 바라보는 데 기여했으면 좋겠다. 그래서 그동안 선보인 광고들 가운데 SK텔레콤의 '사람을 향합니다' 캠페인과 네이버 캠페인이 가장 마음에 든다. '사람을 향합니다' 영웅 편은 내 책상 위에 놓인 슈퍼맨 인형을 보고 아이디어가 떠올라 만든 작품인데, 어느 네티즌이 그 광고를 보고 '인간에 대한 새로운 시각과 경외가 생겼다.'라고 쓴 글을 읽으며 광고의 영향력과 내 일에 대한 보람을 새삼 느꼈다.

얼마 전에 남편과 함께 일본으로 휴가를 갔다. 오래된 절의 약수터에서 건강, 행복, 사랑 같은 단어들이 하나씩 쓰여 있는 바가지들을 보고 마음에 드는 걸 집어 물을 마시려고 하는데, 남편이 내게 말했다.

"난 당신이 뭘 고를지 알아." 그러더니 바가지 하나를 가리켰다.

"이거지?" 그 바가지 위엔 '승리'라고 쓰여 있었다.

"당신은 PT를 잘하는 게, PT에서 이기는 게 제일 행복하지?"

내 속마음을 훤히 꿰뚫고 있는 남편을 쳐다보며 난 미안하고 무안해져서 그저 웃고 말았다.

하지만 내 궁극적인 희망은 '좋은 캠페인을 만드는 것'이다. 그 외엔 별다른 소망이 없는 내가 가엾기도, 한편으론 어이없기도 하다. 다만 조금 더 바라자면 그 고통 반, 환희 반의 소망만큼은 꼭 이루어 내고 싶을 뿐이다.

(구술 정리 : 임진숙)

백 번 좌절해도 포기는 없다

| 수요일 |

프로덕션 이삿짐을 나르다가 광고계에 입문했다. 서울예전 광고창작과를 졸업했으며 17년째 광고와 사랑에
빠져 살고 있다. 에이비전, 레오 버넷, 유레카, 존앤룩, 브렉퍼스트 등의 프로덕션을 거쳐 현재 '사랑합니다'
프로덕션 대표다. 그랜저 럭셔리, KTF, SHOW, XPEED, TTL, 후, 비비안, 아이리버, 현대캐피탈 등 거의 모
든 분야의 광고를 제작하고 있다.

누군가 내게 어떻게 감독이 되었는지 물으면, 난 "그냥 어찌어
찌하다 보니 감독이 돼 있더라." 하고 대답한다. 어떤 때는 내가 만든
광고를 보면 뿌듯하고 자랑스러워 온 세상에 떠벌이고 싶다가도, 또 어
떤 때는 너무 짜증 나고 부끄러워서 좌절감에 빠져 허덕이기도 한다.

오늘은 후자에 속하는 날이다. 사실 전자일 때보다 후자일 때가 훨
씬 더 많다. 9년 동안 300편 넘는 광고를 찍은 감독이지만 나는 항상 부
족함을 느끼고 배워야 할 게 아직도 많이 남아 있다고 생각한다. 아마
이런 생각 때문에 여태 CF 감독을 하고 있는지도 모른다. 아직도 광고
에 대해 잘 모르기 때문에….

이삿짐 나르다 광고계 입문

난 학교 다닐 때 공부를 잘하지 못했다. 공부보다는 노는 걸 훨씬 잘했다. 그래서 친구들은 내게 '걸어 다니는 스포츠신문', '날라리 프런티어'라는 별명을 붙여 주었다. 또 노는 것밖에 모르는 단순한 녀석이라며 '닭대가리'라고 부르기도 했다. 공부를 못했으니 당연히 대학 진학은 꿈도 꾸지 않았다.

그러던 1992년 9월. 이삿짐센터에서 일하던 나는 '에이비전'이란 프로덕션의 이삿짐을 나르게 되었는데, 이 일이 내가 광고계에 발을 들여놓는 계기가 되었다. 내 막내 이모는 현재 캐스팅 디렉터로 일하는 이말지 실장인데 에이비전의 신미경 감독님과는 친구 사이였고, 이모의 부탁으로 이삿짐을 나르게 된 것이다. 지금 생각해 봐도 진짜 웃기는 짬뽕이다. 나는 '에이비전'에서 조감독으로 일하면서 서울예전에 들어갔고 2년 뒤 '레오 버넷'으로 회사를 옮겼다. 그래서 내 이력서는 학교를 다닌 기간과 직장 경력이 뒤죽박죽이다.

나중에서야 알았지만, '레오 버넷'의 PD로 뽑힐 수 있었던 것은 노래 실력과 뻔뻔해 보이는 얼굴 때문이었다고 한다. 요즘과 달리 당시에는 광고대행사에서 전문대 출신은 잘 뽑지 않았다. "뭐 잘하냐?"는 질문에 나는 큰 소리로 노래를 부르며 춤을 췄다. 그 시절에 내가 잘하는 것은 그것밖에 없었다.

그렇게 시작해서 6년을 '레오 버넷'의 PD로 일했다. 켈로그, 비달사순 등 주로 해외 광고주의 일을 했는데 그 중 맥도날드 광고가 가장 기억에 남는다. 광고는 꼭 공부를 잘해야 할 수 있는 것은 아니다. 광고를 정말 사랑하고 광고에 대한 열정만 있다면 누구나 할 수 있다.

신인 감독이 살아남으려면 무조건 떠야 한다

2000년 1월, 나는 별다른 계획도 없이 '레오 버넷'을 그만두었다. 사실 나는 감독보다는 크리에이티브 디렉터가 되는 게 꿈이었다. 난 광고 안을 짜고 프레젠테이션 하는 게 재미있었는데 PD에게는 그런 기회가 좀처럼 주어지지 않았다. 그래서 갑자기 PD라는 직업에 흥미를 잃었고 그렇게 5개월을 빈둥빈둥 보냈다. 집안 사정이 별로 좋지 않았던 시기여서 나는 이 일 저 일 아르바이트를 하며 생계를 꾸려 나갔다.

그러던 2000년 5월. 최고 스타 감독이자 내 우상인 '유레카'의 김규환 감독님이 전화를 하셨다. "너, 뭐하냐?" 너무 뜻밖의 전화라 나는 깜짝 놀랐다. 이어서 감독님은 "유레카로 올 생각 없냐?"라고 하셨고 나는 그 한마디에 금세 흥분했다. '내가 감독이 될 수 있을까?' 결국 그 전화 한 통으로 나는 CF 감독에 입문하게 되었다. 만약 그때 김규환 감독님이 전화를 안 하셨다면 난 지금 뭘 하고 있을까?

그렇게 나는 자의 반 타의 반으로 감독 명함을 갖게 되었다. '유레카'에는 기획실장이 없었기에 김규환 감독님의 기획실장 역할부터 조감독들의 골목대장 노릇까지 할 수 있는 일은 다했다. 솔직히 힘들었다. 또 당시 '유레카'에는 당대 최고 감독인 김규환 감독님과 채은석 감독님이 계셨기에 배울 점은 많았지만 나란 존재를 알리기는 쉽지 않았다. 나는 자신을 알리기 위해 '김진욱ing 감독'(김진욱은 필자의 본명)이라고 떠들고 다녔다. 'marketing advertising'의 'ing'처럼 나도 끊임없이 변화하고 발전하겠다는 뜻이었다.

그러고서 1년 동안 광고 14편을 찍었다. 신인 감독 치고는 나름대로 괜찮은 성적이었다. 떨리는 목소리로 "레디 액션!"을 외쳤던 첫 번째 광고, 김희애를 망가뜨린 매일 뼈로 가는 칼슘 두유, 등산용품에 황당하게도 물고기를 등장시킨 K2 광고, 아기용품에 여전사를 등장시킨 누크 광고….

당시에는 '무조건 떠야 한다.'는 강박관념에 이를 악물고 광고를 만들었다. 우리나라에는 CF 감독이 250명 정도 있다고 한다. 매년 50여 명의 감독이 사라지고 새로 등장하기를 반복한다. 정말 능력 있는 감독이지만 기회를 잡지 못해 그만두는 경우도 심심찮게 본다. 그 이유는 간단하다. 20여 명의 감독이 전체 광고의 80퍼센트 이상을 찍기 때문이다. 그러기에 신인 감독은 수단과 방법을 가리지 말고 무조건 자신을 알려야 한다. 이것이 신인 감독이 살아남을 수 있는 유일한 방법이다.

수요일 감독

감독 2년차. 열심히 한다고 했는데 나는 6개월 동안 단 한 작품도 찍지 못했다. 김규환 감독님과 조감독들의 시선이 따가웠고, 무엇보다 나 자신에게 부끄러웠다. 쥐구멍이라도 있으면 들어가고픈 심정이었다. 광고를 찍어야 감독이지 광고를 찍지 않는 감독은 더 이상 감독이라 부를 수 없다. 나는 지금도 그때를 잊지 못한다.

다시 나를 알려야겠다고 다짐했다. 그동안 내가 생각하고 느낀 모든 것을 버려야겠다고 결심했다. 제품이 잘 안 팔릴 때도 리포지셔닝(repositioning, 소비자가 원하는 바나 경쟁자의 포지션이 변화함에 따라 기존 제품의 포지션을 바람직한 포지션으로 전환시키는 전략)을 하지 않는가? 2001년 5월, 나는 이름을 '수요일'로 바꿨다. 모두들 장난으로 여겼고 비웃었다. 광고계에서 예명을 가진 이는 아마 내가 처음일 것이다. 당시 내가 '수요일'과 함께 끝까지 고민했던 이름은 '주먹 쥐고 일어서'였다. 지금 생각해 보면 '수요일'로 결정하기를 잘한 것 같다. 만나는 사람마다 물어본다. '수요일'이 본명이냐고. 그리고 예명을 '수요일'로 지은 이유가 뭐냐고. '수요일'은 내가 태어난 요일이다. 지금은 집에서도 '수요일'이다. 이제는 '수요일'이 더 익숙해져서 예명이 아니라 본명 같다.

TG 삼보컴퓨터 광고 중에 광고주들이 직접 출연한 '이런 사람들이 컴퓨터를 만든다면' 편이 있다. 나는 이 광고에 애착이 깊다. '수요일'이라는 이름으로 맡은 첫 일이자, 감독이면서 광고 안 짜는 일에서부터 광고주 프레젠테이션까지, 다시 말해 기획부터 제작까지 모두 담당했기 때문이다. 이는 '플렌즈어헤드' 민영훈 대표님의 전폭적인 지원이 있었기에 가능한 일이었다.

이 광고를 시작으로 나는 본격적으로 감독 활동을 재개했다. 뉴욕 페스티벌 파이널까지 오른 소니 핸디캠 광고('나는 강아지' 편), 영화 시나리오와는 전혀 상관없이 찍은 티저 영화 광고 〈H〉(지진희, 염정아의 공포 스릴러 영화), 이기찬의 뮤직 비디오 〈떠난 후에〉(오랜 설득 끝에 이정재와 당시 이정재의 여자 친구가 함께 출연했다. 지금 생각해도 참 고맙다), 김현철의 뮤직 비디오 〈러빙 유〉(김현철은 정말 똑똑한 친구다. 그리고 술도 정말 잘 마신다. 군산에서 촬영하던 내내 함께 술을 마신 기억이 난다. 지금도 〈러빙 유〉 뮤직 비디오를 보면 술 냄새가 나는 것 같다), 그리고 내가 처음 찍은 화장품 광고 '헤르시나'('파충류 소녀'로 유명한 디에나와 두 편을 찍었다). 화장품 광고는 여자 모델을 예쁘게 찍어야 하기에 감독 선정이 상당히 까다롭다.

이렇게 '수요일'이란 이름이 광고계에서 차츰 알려질 즈음, 모든 젊은 감독의 꿈이던 TTL 광고를 맡게 되었다. 8명의 쟁쟁한 감독들과 스토리보드(광고의 주요 장면을 간단하게 그린 그림을 나란히 붙인 널빤지) 경쟁을 해서 두 달 만에 내가 따낸 것이다. 너무 기쁘고 가슴이 벅차서 하루 종일 울고 술 마시며 자축했던 기억이 아직도 생생하다. 그때 PT(프레젠테이션)를 하게 해 주신 모든 분께 감사드린다.

그렇게 해서 각고의 노력 끝에 찍은 TTL 광고가 '넌 N극이 있니?' 편이다. 헝가리에서 찍은 이 광고의 여자 모델은 정설희였고 남자 모델은 당시 조감독이던, 지금은 제일기획 PD로 일하는 김준호였다. 난 요즘도 조감독과 스태프를 가끔 모델로 쓴다. 그냥 재미있기도 하고 모델료도 저렴하기 때문이다.

TTL 광고는 '수요일' 이름 석 자를 많은 광고인들에게 알렸다. 힘들고 어려워도 광고를 하겠다는 열정만 있다면 누구에게나 한 번쯤 기회는 온다. 그 기회를 어떻게 붙잡느냐가 중요하고 내가 얼마만큼 준비되어 있는가도 매우 중요하다. 내 광고 스타일을 좋아하는 사람도 있지만 싫어하는 사람도 분명 있다. 하지만 난 내 광고를 싫어하는 사람들은 개의치 않는다. 그저 내 광고를 좋아하고 나를 선택한 사람에게 최선을 다할 뿐이다.

자신만의 분명한 색깔이 있어야 살아남는다

그러던 2003년 4월, 나는 장 파열로 쓰러졌다. 이틀에 걸쳐 수술을 하고 석 달 동안 병원에 입원했다. 큰 시련이 다시 찾아온 것이다. 광고계는 너무나 냉혹하고 비정했다. 퇴원하고 나서 두 달 동안 전화 한 통도 울리지 않았다. 아무도 날 찾아 주지 않았다. 그때 생각을 하면 지금도 눈물이 난다.

회사를 '존앤룩'으로 옮겼다. 물론 김규환 감독님에게는 지금도 죄송스런 마음이 들지만 당시에는 그 방법밖에 없었다. 처음부터 모든 것을 다시 시작하고 싶었다. 살아남아야 한다. 다시 내 이름을 알려야 한다….

이런 절실한 마음으로 찍은 광고가 로얄토토 비데 광고다. 나는 이 광고에도 참 애착이 간다. 조감독과 함께 '무조건 떠야 한다.'는 생각으로 만들었다. 그 뒤로 스피드 011의 마지막 광고였던 '카운트다운' 편(당시 010의 등장으로 2003년 12월 21일부터 31일까지 열흘 동안만 방영된 광고다. 마지막 광고를 내가 찍었다는 점에서 참 뿌듯했고 한편으로는 짧은 방영 기간 때문에 아쉬웠다), 박찬욱 감독·김지운 감독·안성기·최민식 등 당대 최고의 스타들이 한날 한자리에 모여 찍은 다음(Daum) 광고 '당신이 다음의 주인공입니다' 편(나는 너무 떨려서 우황청심환을 두 알이나 먹고 촬영에 들어갔다. 무척 떨렸지만 한편으로는 매우 행복했다. 이런 기회가 또 올까?), 두 번의 경쟁 PT를 거쳐 찍은 큐리텔 광고(내가 처음으로 찍은 휴대전화 광고로 색감과 아트에 신경을 많이 썼다. 가수 보아가 모델이었다) 등을 제작했다.

'TTL 제공입니다' 시리즈 광고로 제작한 '얼굴 작아지는 요가 동작' 편과 '클럽 댄스' 편 등도 기억에 남는다. 물론 차은택 감독이 연출한 '북치기 박치기' 편이 훨씬 더 알려졌지만, 처음 시도한 정보 제공형 광고라는 점에서 뜻깊다고 생각한다. 사실 아직까지도 이런 유형의 광고를 종종 제작한다. 아쉬운 점은 이 시리즈가 계속되었다면 아마 더 폭발적인 인기를 끌었을 텐데 번호 이동 과잉 경쟁으로 3개월을 넘기지 못했다는 것이다. 당시에 차은택 감독과 함께 찍어 놓고도 방영하지 못한 광고가 10여 편이나 된다.

나는 1년 정도 '존앤룩'에 있다가 '브렉퍼스트'라는 신생 프로덕션으로 다시 자리를 옮겼다. 살아남기 위해서는 내가 더 강해져야 했기 때문이다.

나는 디테일에 강한 감독이 아니다. 미대 출신 감독도 아니고 사진 공부도 하지 않았다. 하지만 난 한 번도 촬영장에서 고민해 본 적이 없다. 감독은 절대 촬영장에서 흔들리면 안 된다고 생각한다. 촬영장에서 허둥대면 누가 그 감독을 믿고 일을 맡기겠는가? 어떻게 찍을지, 어떻게 모델을 컨트롤할지는 촬영 전에 이미 충분히 고민하고 그 방법을 모색해야 한다.

나는 촬영장에서 사람들을 잘 웃기는 편이다. 경직된 마음을 풀어 주기 위해서다. 요새는 마이크 연출로 사람들을 웃긴다. 마치 내가 유재석이라도 된 것처럼 마이크로 촬영을 진행한다. 그러면 광고주도, 광고대행사 관계자도, 배우도, 스태프도 모두 배꼽 빠지게 웃는다. 실제로 유재석과도 촬영했는데(구몬학습) 그도 웃기다고 했다. 이렇게 촬영을 끝내고 집에 가면 그냥 뻗는다. 어머니도 내 목소리가 쉬었는지를 보고 그날 촬영 여부를 아실 정도다.

이런 이야기를 하는 이유는 자기가 가장 잘할 수 있는 한 가지를 소신껏 밀어붙여야 한다는 것을 알려 주고 싶어서다. 항상 결과가 좋지는 않다. 다음 편 광고까지 찍을 때도 있지만 한 편으로 끝날 때가 더 많다. '저 감독은 깊이가 없다.', '그림에 힘이 없다.'는 등의 이유로 (시쳇말로) 잘릴 때가 더 많다. 하지만 자신만의 분명한 색깔은 있어야 한다. 그래야 살아남을 수 있다. 광고계는 당신이 생각하는 것보다 훨씬 더 험난하고 냉혹한 세계이기 때문이다.

CF 감독의 매력

CF 감독이라는 직업의 가장 큰 매력은 여러 제품들을 다양하게 경험할 수 있다는 점이다. 운 좋게도 나는 정보통신에서 자동차에 이르기까지 모든 분야의 광고를 두루 경험해 보았다. 나를 믿고 일을 맡겨 주신 모든 분들께 다시 한 번 감사의 말씀을 드린다. 돈을 주고도 살 수 없는 경험을 하게 해 주셨으니 백 번 절을 해도 모자랄 정도다.

아쉽게도 지금은 감독이 다른 분으로 바뀌었지만 3년 동안 꾸준히 맡았던 브랜드가 있다. 국제전화 001 광고 시리즈다. 론칭 때만 빼고 나는 조인성, 고릴라 커플로 이 광고를 모두 7편 찍었다. 고릴라에게 양복도 입혔고 축구복도 입혔으며, 눈보라에서도 찍었고 기온이 40도가 넘는 라스베이거스에서도 찍었다. 그 중 가장 기억에 남는 것은 '패러디' 편이다. KTF 광고를 패러디한 것이었는데, 절친한 이승주 감독이 찍은 광고의 패러디라 사실 굉장히 부담스러웠다. 괜히 비교될까 봐서.

이 광고가 특별히 기억에 남는 이유는 가수 싸이의 대역 모델 때문이다. 갑자기 미국 비자가 나오지 않아 싸이가 촬영 전날 미국에 못 들어온 것이다. 궁여지책으로 나랑 형제보다 더 가까운 정찬도 촬영 감독이 싸이 대역 모델로 출연했는데 효과는 정말 대단했다. 지금 다시 봐도 정말 싸이와 닮았다. 아무튼 촬영 감독이 촬영하랴, 모델하랴 일인이역으로 동분서주했던 잊지 못할 해프닝이었다. 고릴라에 신경 쓰느라 조인성은 잘 챙겨 주지 못했는데 늘 웃으며 믿고 따라 주어서 고마웠다.

비비안 광고 역시 김아중과 4편, 최근에 윤은혜 편까지 3년 정도 찍었으니, 내가 직접 제품을 써 볼 수는 없었지만 참 애착이 가는 광고다. 윤은혜 편 온라인 광고와 극장용 광고에서는 정찬도 촬영 감독이 또 한 번 조연으로 등장한다. 역시 그는 탁월한 연기자다. 이영애가 등장하는 화장품 '후' 광고 역시 6편을 찍었다. 내가 찍은 광고 중에서 내가 찍은 것 같지 않은 광고 중 하나다. 그래서 또 애착이 간다.

2006년 월드컵을 앞두고 삼엄한 경비 속에서 찍은 현대카드 광고 역시 잊지 못할 광고로 꼽힌다. 아드보카트 감독, 베어백 코치, 고트비 코치 등이 모델이었는데, 4시간 안에 찍어야 했던 것은 물론이고 축구계 고위 인사들도 많이 와서 촬영장에는 팽팽한 긴장이 감돌았다. 김태희와 함께 찍은 아이리버 광고 시리즈는 모션그래픽을 처음으로 시도한 것인데, 이 광고로 한국광고대상 우수상을 받았다. 수요일이란 이름을 널리 알린 고마운 광고다.

에릭과 찍은 아반떼 광고는 우여곡절 끝에 내가 처음으로 찍은 자동차 광고다. 자동차 광고 역시 감독 선정이 매우 까다로운 분야라서 늘 자동차 광고를 찍어 온 감독이 찍는다. 한 컷을 얻기 위해 조명에만 6시간 정도 공을 들인다. 나중에 이야기를 들어 보니 광고주가 인내심이 부족한 나를 불안하게 여겼는지 아주 어렵게 결정했다고 한다. 최근에는 '크라운 제이' 편, '서인영' 편 등 2편의 2009 아반떼 광고와 그랜저 럭셔리 광고를 찍었다. 자동차 광고는 연출력보다는 스태프와의 호흡이 더 중요하다. 자동차는 무생물이기에 감독의 연출력보다는 조명이나 카메라워크 등이 퀄리티에 더 큰 영향을 미친다. 그래서 사전 회의가 제일 중요하다.

그 밖에 광고주, 광고대행사와 함께 으쌰으쌰 하며 만들었던 니콘 카메라 광고('니콘이 필요한 순간' 편과 '별' 편), 소니 PSP 광고('수 갑' 편), 최근에 방영된 에르고다음다이렉트자동차보험 광고('차도 사람이다' 편), 휴머니티 장르로 처음 찍어 본 신한카드 광고('당신의 약속을 응원합니다' 편)도 새로운 경험을 하게 해 주었다. 또 스카이, 애니콜, XPEED, 롯데카드, 비씨카드, 애니카, 메리츠화재, KT, 현대캐피탈, 우리투자증권, 옥토, 네이트, SHOW 등 나는 내가 찍은 모든 광고들을 아끼고 사랑한다.

종종 어떻게 하면 감독으로서 성공할 수 있느냐는 질문을 받는다. 내가 광고를 시작한 지 벌써 17년째다. 난 그동안 백 번 이상 죽고 싶었고, 백 번 이상 좌절했고, 백 번 이상 자존심에 상처를 입었다. 앞서 말했듯이 난 내가 성공했다고 생각하지 않는다. 그래서 후배들에게 그냥 끝까지 도전하라고 조언한다. 아무리 힘들어도 절대 포기하지 않으면 누구나 적어도 나 정도는 될 수 있다고 말한다. 이 말은 어제도 우리 조감독들에게 했다. 물론 조감독들은 이제 이 말을 지겨워한다. 그래서 레퍼토리를 바꿨다. 만약 절대 포기하지 않고 17년을 광고만 했는데도 나 정도가 안 되면 1억 원을 주기로 말이다.

17년째 이어지는 광고에 대한 짝사랑

2007년 3월, 나는 '사랑합니다'라는 조그만 프로덕션을 설립했다. 주위에서는 '자랑합니다' 아니냐며 약을 올리지만 ─ 실제로 난 자화자찬을 잘한다 ─ 앞으로 내 목표는 내년까지 단편 영화를 한 편 찍는 것과 우리 조감독들이 '사랑합니다'에서 모두 훌륭한 감독이 되도록 기회를 만들어 주는 것이다. 물론 힘들겠지만 난 최선을 다할 생각이다.

광고는 감독 혼자서 만드는 것이 아니다. 광고주, 광고대행사, 그리고 수많은 스태프들이 각고의 노력과 열정, 눈물을 바쳐 만드는 것이다. 그렇게 나온 광고는 소비자들에게 좋은 평가를 받을 수도 있고 외면당할 수도 있다. 그래서 나는 절대로 광고를 평가하지 않는다. 여러 사람들의 뱃속을 가르면서 고통스럽게 탄생한 광고를 어떻게 내가 감히 평가할 수 있겠는가. 이 글을 읽는 독자도 최소한 광고를 하겠다는 사람이라면 절대로 광고를 점수로 평가하지 말았으면 한다. 모든 광고인은 광고에 대한 평가로 상처를 받는다. 이 세상 어느 광고인이 좋은 광고를 만들고 싶지 않겠는가. 결코 실력이 모자라서 좋은 광고를 못 만드는 게 아니다. 직접 광고를 만들어 보면 알게 된다.

끝으로 사랑했던 여자 친구와도 헤어졌고, 골프도 3개월 정도 치다가 재미없어서 때려치웠고, 무엇 하나 오래 하지 못하는 내가 17년 동안 단 한 번도 광고랑 헤어지지 않은 걸 보면 내가 정말 광고를 사랑하기는 하는가 보다. "어떻게 하면 CF 감독이 될 수 있나요?", "어떻게 하면 PD가 될 수 있나요?"라는 질문을 하기에 앞서 자신이 얼마나 광고를 사랑하고 있는지 진지하게 돌아보는 일이 더 중요하다.

CF 감독이란 직업은 쉽지 않다. 정말 어렵다. 진짜 재미없다. 결코 멋있는 직업이 아니다. 쉽지 않아서, 넘어올 듯 넘어올 듯 넘어오지 않아서, 아직 단 한 번의 카타르시스도 느껴 보지 못해서, 그게 너무 억울해서 아마 나는 계속 광고를 사랑하고 있나 보다.

3장

더 넓은 광고인의 세계

세계를 향해 달리는 광고인

| 이봉근 |

1965년생. 1987년 서울대학교 서양사학과를 졸업했다. 1990년 (주)삼희기획(현 한컴) 공채 3기 AE로 입사해 유니레버, 존슨앤존슨 같은 글로벌 기업의 국내 광고 기획을 담당했다. 1994년 제일기획으로 옮겨 삼성생명, CJ(주), 포스코건설, GM대우 등의 국내 광고 기획 업무를, 2001년에는 글로벌 본부에서 삼성전자 무선통신(휴대전화) 해외 광고 업무를 담당했다. 2002년에는 삼성그룹 지역전문가로 선발되어 러시아에서 1년간 생활하기도 했으며, 2006년부터는 이노션월드와이드에서 현대자동차 해외광고 팀을 책임지고 있다.

   난 광고업계 기준에서 봤을 때 전통적인 글로벌 AE의 '스펙'을 갖고 있다고는 말할 수 없다. 애초에 글로벌 AE로 출발한 게 아니라, 많은 시간을 국내 AE로 보내다가 해외 광고 쪽으로 전환한 경우이기 때문이다. 게다가 해외에서 자라거나 유학을 한 것도 아니고, 외국계 회사에서 근무한 경력도 없다.

   그런데도 이상하게 처음에 들어갔던 광고대행사에서부터 글로벌 광고 업무와 인연이 있었다. 삼희기획에 AE로 입사해서 부서 배치를 받을 때였다. 당시 삼희기획은 글로벌 대행사인 린타스(Lintas)와 업무 제휴를 맺어 '삼희Lintas'라는 국제광고 팀을 운영하고 있었다. 신입 AE들이 회사에 들어오자, 본부장님이 그 부서로 보낼 직원을 선발하기 위해 인터뷰를 했다.

"무슨 학과를 나왔지?"

"서양사학과요."

순전히 '서양'이라는 단어 때문에 나는 외국계 광고주를 담당하는 AE로 광고대행사 생활을 시작하게 되었다. 문제는 내 형편없는 영어회화 실력이었다. 독해와 문법 위주의 입시용 영어에 익숙해 있던 내겐 광고주한테 걸려 오는 전화조차 엄청난 공포로 다가왔다. 급기야 캐나다인 상사가 본부장님에게 나에 대한 불만을 토로했던 모양이다. 명색이 커뮤니케이션 회사에서 '말이 통하지 않는', 실로 '말 같지도 않은' 일이 벌어졌으니까.

본부장님이 내게 오시더니 한마디 하셨다.

"너, 정말 영어 못하냐?"

"예."

"학원을 다녀라, 이놈아."

나는 회사에서 학원을 보내 줘 영어회화 공부를 하며 글로벌 광고 업무를 익혔다.

국내 광고와 글로벌 광고, 무엇이 다른가?

국내 AE나 글로벌 AE나 기본적으로 광고대행사를 대표해서 광고주에게 서비스하는 사람이라는 점에서는 다를 바 없다. 차이점이 있다면 그 광고를 '누가 어디다 하느냐'는 것. '인바운드 광고', 즉 외국 기업이 글로벌 마케팅 활동의 하나로 우리나라 사람들을 대상으로 하는 광고도 넓은 의미에서 글로벌 광고에 속한다. 다시 말해서 한국에 들어와 있는 외국 기업의 광고주를 상대하는 AE도 글로벌 AE라고 볼 수 있다.

그러나 우리나라 광고대행사에서 통상 글로벌 AE라고 하면 국내 기업이 해외에서 광고 활동이나 마케팅 커뮤니케이션 활동을 할 때 창구 역할을 하는 사람을 일컫는다. 주로 수출을 하는 대기업들이 이른바 '아웃바운드 광고'라고 부르는 해외 광고 활동을 벌이고 있다. 그러다 보니 국내 광고대행사 가운데 글로벌 광고 팀이 활성화되어 있는 곳도 삼성그룹이나 현대자동차그룹 같은 대기업의 인하우스 에이전시(계열 광고회사)들이다. 제일기획은 글로벌 광고 물량이 전체 취급 물량의 절반 이상이 되고, 이노션은 한국 본사에서 해외로 광고하는 물량과 해외에서 발생하는 물량을 합쳐 2007년 기준으로 전체의 30퍼센트쯤 된다. 이노션의 경우, 해외 광고 물량의 비중이 점차 증가하는 추세다.

글로벌 광고는 국내 광고와는 조금 다른 특수성이 있다. 우선 글로벌 광고는 국내 광고보다 프로젝트 기간이 길다. 국내 광고의 경우는 제작과 미디어 집행 과정을 거쳐 소비자 반응 평가와 피드백을 얻기까지 3~4개월이면 가능하다. 기획 단계를 고려해도 길어야 6개월가량 소요되는 반면, 글로벌 광고는 광고 기획 과정을 제외하고도 제작부터 미디어 집행, 피드백까지 적어도 6~7개월은 족히 걸린다.

또한 광고 내용 면에서는 깊이보다 넓이를 추구하는 경향이 있다. 한정된 예산으로 아시아, 유럽, 아프리카, 중동, 남미에 이르기까지 광대한 지역에 집행할 광고를 제작하다 보니 아무래도 어디에서나 무난하게 쓸 수 있는 광고 안을 주로 개발할 수밖에 없다. A라는 지역에서는 적합한 메시지나 표현이 B라는 지역에서는 금기시되거나 맞지 않을 수 있기 때문이다. 국내 광고를 제작할 때에는 한국 소비자에게 날카로운 '임팩트'를 줄 수 있는 콘셉트와 표현이 뭘까 고민하지만 글로벌 광고, 특히 아웃바운드 광고를 기획할 때에는 먼저 '이 표현이 사우디아라비아 같은 곳에서 별 문제가 없을까?'라는 식으로 접근을 하게 된다. 아무리 기발하고 재미난 광고라도 현지에서 방송이 불가능하거나 문화적으로 받아들이기 힘든 표현이 들어 있다면 무용지물이 되고 만다.

따라서 글로벌 광고를 만들 때에는 문화 차이와 나라마다 다른 심의 규정을 염두에 두어야 한다. 예를 들어 중동 지역에 내보낼 광고라면 여성들의 노출 장면에 특히 주의를 기울여야 한다. 우리가 보기에는 과도한 노출이 아니더라도 그쪽의 정서는 다르기 때문이다. 목선이 드러나거나 어깨선만 드러나도 광고 방영이 불가능해질 수 있다. 또한 우리나라에서는 엄지손가락을 세우면 "최고야."라는 뜻이지만 국가에 따라서는 "넌 별거 아니야."라는 의미가 되거나 아예 비속한 몸짓으로 오인받을 수도 있다. 아동 보호에 관련된 광고 심의만 하더라도 어떤 곳에서는 어린아이가 상업적인 멘트를 하지 못하게 되어 있는가 하면, 또 어느 국가에서는 어린이용 제품을 제외하고 어린아이가 모델로 등장할 수 없게 규정해 놓고 있다. 특히 차량 광고의 경우, 서유럽의 일부 국가에서는 환경 관련 규정에 유념해야 한다. 역동적인 드라이빙 장면을 보여 주는 것도 좋지만, 자동차가 풀과 꽃을 밟고 달렸다가는 심의에서 문제를 일으킬 소지가 많다.

촬영지를 선정할 때에도 이 나라 저 나라 '월드와이드'하게 내보낼 브랜드 광고라면 지역 색이 드러나지 않는 장소를 택하고, 모델도 세계적으로 영향력 있는 빅스타를 내세울 게 아니라면 되도록 다양한 민족을 등장시키거나 특정 인종이 연상되지 않는 무난한 인물을 섭외한다.

'세계화(globalization)냐 현지화(localization)냐?'

이는 글로벌 마케팅의 본질적인 고민이기도 하다. 전 세계에 동일한 브랜드 이미지를 심기 위해 동일한 콘셉트, 동일한 크리에이티브, 심지어 동일한 모델을 고수할 것인가, 아니면 나라마다 지역마다 민족마다 문화와 법규가 다르다는 점을 감안해 해당 지역의 정서와 시장 특성에 맞게 전략을 추진할 것인가? 사실 세계화와 현지화 둘 중에서 어느 것이 좋다고 단정 짓기는 힘들다. 브랜드의 성격과 브랜드의 위상 변화 등에 따라 선택이 달라질 수 있기 때문이다. 코카콜라처럼 철저하게 글로벌 광고 전략을 쓰던 회사도 때로는 지역 특수성을 반영한 광고를 선보이기도 한다. 맥도날드는 지역에 따라 특화된 메뉴를 개발하는 것은 물론이고 매장마저도 변화를 주고 있을 정도다.

학자들이 제시하는 해법은 '글로컬(glocalization)'이다. 그렇다면 브랜드의 정체성을 해치지 않는 범위 내에서 해당 지역에 친숙한 접근 방법을 선택하는 것이 글로벌 광고의 '글로컬'한 전략이라고도 볼 수 있다. 이런 차원에서 우리나라 기업들의 글로벌 광고 전략도 글로벌한 브랜드 콘셉트는 유지하되 지역별로 선호도가 높은 표현 요소를 활용하거나, 특별한 경우에 특정 지역에서 특화된 캠페인을 진행하는 방향으로 나아가고 있다.

'최악의 광고'로 뽑히고 격려를 받다

슬픈 일이지만 사실 글로벌 AE에게는 '히트 광고'를 만드는 것보다 '광고 사고'를 내지 않는 것이 더 나을 때가 많다. 광고주와 제품의 이미지에 악영향을 미치지 않도록 사전에 검증하고 광고 사고를 방지하는 것도 글로벌 AE의 중요한 역할이다.

2003년 12월, 중국 잡지에 일본 도요타 자동차의 광고가 실렸다. 지프차가 다리를 지날 때 두 마리의 돌사자 상 가운데 한 마리가 앞발을 들어 경례를 하고, 다른 한 마리는 고개를 숙이며 절을 하는 장면이었다. 게다가 "당신에게 경의를 표하지 않을 수 없다."라는 광고 문구도 적혀 있었다. 문제는 다리 위에 나란히 서 있던 조각물이 노구교(蘆溝橋)의 돌사자 상을 연상시킨다는 데 있었다. 노구교는 북경 광안문 밖에 있는 돌다리로 중일전쟁의 발단이 되었던 역사적인 장소이다.

광고를 본 중국인들은 "노구교의 사자상이 일본 차에 경례하는 것은 중국에 대한 모독"이라며 거세게 항의했다. 중국인들의 분노가 들끓어 반일운동으로까지 번져 나가자, 결국 도요타는 그 광고를 접고 중국인들에게 정중히 사과해야 했다. 그 나라의 역사와 문화를 고려하지 않은 채 멋진 이미지와 메시지만 강조하려다가 홍역을 치른 사례였다.

다행히도 내겐 광고 때문에 그렇게 아찔했던 경험은 아직 없다. 다만 최악의 광고로 주목받게 되어 난감했던 적은 한 번 있다. 러시아로 파견 나가기 위해 연수를 받고 있을 때였다. 같이 일하던 직원에게서 연락이 왔다.

"차장님! 차장님하고 제가 만들었던 휴대전화 광고가 영국 잡지에서 선정한 '올해 최악의 캠페인'으로 뽑혔습니다. 그 사실을 광고주에게 보고하고 죄송하단 말씀을 드렸더니 임원 분께서 의외로 '비록 최악의 광고로 뽑히긴 했지만, 여하튼 사람들의 눈길을 끄는 데는 성공한 셈이니 나름대로 광고의 역할을 한 것 아니냐.'고 하시더라고요."

빛도 제대로 못 보고 주목도 못 받고 사라지는 광고가 1년에 수천 편. 해외 광고비로 1년에 몇 백만 달러, 몇 천만 달러를 써도 광고를 했는지 안 했는지 모를 판인데, 비록 좋은 일은 아니지만 수많은 광고들 가운데 눈에 띈 것만으로도 의미가 있다며 광고주가 긍정적으로 해석을 해 준 것이다. 후배가 전하는 말을 듣고 나는 광고주에게 겸연쩍고 미안한 마음과 한편으로는 감사한 마음이 교차했다. 여러모로 내게 기억에 남는 해외 광고였다.

시차 극복하며 남들 놀 때 일해야 하는 숙명

글로벌 AE는 국내 AE보다 신경 써야 할 잡일이 더 많다. 단적인 예로 국내 광고는 광고 집행 후 청구 절차가 명쾌하고 간단하다. 그러나 해외 광고는 그 지역에 광고가 나갔는지 증빙하는 서류를 일일이 다 챙기는 작업만도 만만치가 않다. 처리 과정이 복잡할 뿐만 아니라 그 서류들이 대부분 현지어나 영어로 쓰여 있기 때문에 이중으로 고생을 해야 한다.

또 시차 문제도 빠뜨릴 수 없다. 국내 AE는 낮에 일하고 종종 밤에 좀 더 일하다가 집에 가서 자면 된다. 그러나 글로벌 AE의 시계 바늘은 다르다. 예를 들어 한국 시간으로 저녁 6시가 영국 런던에서는 아침 9시다. 따라서 영국 법인 직원들과 커뮤니케이션을 하려면 한국에 있는 글로벌 AE는 여느 직장인들이 퇴근을 하는 저녁 6시에 전화기를 붙잡고 일해야 한다. 그쪽 사람들에게 업무를 부탁하고 결과를 받아 보려면 밤 12시를 넘기기 일쑤다. 그뿐인가. 한국은 토요일 아침인데 영국은 금요일 밤. 영국에서 금요일에 메일을 보내면, 토요일 오전에 회사에 나가서 확인을 하고 적절히 조치한 뒤 회신을 주어야 한다.

시차 문제 말고도 극복해야 할 게 또 하나 있다. 한국의 명절 연휴

:: 모스크바 모터쇼 현장의 현대자동차 부스.

나 국경일이 외국에서는 평일이거나, 반대로 한국은 평일이지만 외국
에서는 공휴일인 경우가 있다. 급한 일이 생겼는데 그쪽이 노는 날이라
면 여기서 발만 동동 굴러야 하는 상황이 벌어진다.

　게다가 업무 스타일이 달라 해외 광고를 진행하면서 겪는 고충도
있다. 한국 사람들은 급하고 빠르다. 한국 광고주는 "2~3일이면 되겠
지?" 하는데 정작 해외 프로덕션이나 미디어 회사 스태프들은 "일주일
정도 필요하다."라고 말한다. 광고 촬영을 할 때에도 한국 광고주는 융
통성 있게 알아서 더 찍어 오라고 주문하지만, 외국 스태프들은 "6시간
만 찍기로 약속해 놓고 왜 그 이상을 요구하느냐."라며 항의한다. 이럴
때 양쪽 모두를 설득하는 일이 정말 힘들다.

　해외에 자주 나가니까 좋을 거라는 막연한 환상을 갖고 글로벌 AE
를 동경하는 젊은이들도 있다. 물론 국내 AE보다 해외에 나갈 기회가
많은 것은 사실이다. 그러나 일과 여행은 엄연히 다르다. 해외 출장은
상상하는 것만큼 그리 환상적이지 않다.

:: 그랜저(수출명 아제라) 중국 신차 발표회 장면.

　무엇보다도 해외에 가서 뭔가를 해결해야 한다는 부담감이 엄청나게 크다. 10시간 넘게 비행기를 타고 외국에 내려서 머리가 뻗친 상태로 회의에 참석하는 경우가 부지기수이고, 입 냄새 풀풀 풍기며 또다시 비행기 타고 돌아와야 하는 경우도 다반사다. 심지어 아침에 중국 상해에 갔다가 밤에 한국에 돌아오기도 한다. 해외 출장이 잦아도 대개 명승지 구경은 고사하고 호텔과 공항, 사무실만 오락가락하다 귀국한다. 북경과 런던 출장을 여러 차례 갔다 왔건만 난 아직 그 유명한 천안문도, 빅벤도 보지 못했다. 이게 글로벌 AE의 현실이다.

　외국 관련 업무를 하며 나름대로 글로벌한 매너도 익히고, 해외 출장도 자주 가는 글로벌 AE가 겉으로 보기에는 부러움의 대상일 수도 있다. 그러나 호수에 우아하게 떠 있지만 물밑으로는 끊임없이 갈퀴질을 해야 하는 백조처럼 겉으로는 보이지 않는 고단함이 있다. 앞서도 말했듯이 남들 퇴근하는 시간에 퇴근하지 못하고, 남들 쉬는 날에 사나흘 계속 일해야 하고, 남들은 한국말로 한 번 문서 작성하면 될 일을 영

:: 현대자동차 해외 CF.

어로 다시 써야 하고, 또 영어로 된 건 한국말로 다시 적어야 하니 이래저래 힘들다. 15~20일 동안 이곳저곳 돌아다녀야 하는 장기 해외 출장도 보통 체력으로는 감당하기 힘들다. 실제로 스톱오버(Stop Over, 중간 기착지에서 24시간 이상 머무는 것) 두세 번 하고 나면 거의 실신할 지경이 된다.

굳이 관심 갖지 않아도 될 다른 나라의 문화적 특성이나 관습을 알아 둬야 하고, 평생 몰라도 무방한 중동 어느 국가의 광고 심의 규정까지 신경 써야 하는 사람이 글로벌 AE이다. 증빙 서류 한 장을 받기 위해 국제 전화를 대여섯 통씩 걸어야 하는가 하면 수많은 청구 서류를 꼼꼼히 검토할 줄도 알아야 한다. 글로벌 AE에게는 이 모든 일을 감내할 수 있는 체력과 정신력과 마음가짐이 필요하다. 글로벌 AE에게 순발력 못지않게 중요한 것이 지구력과 성실함이다.

해외에서 새삼 느끼는 브랜드 파워!

코카콜라 광고 대행을 하던 맥켄에릭슨이 1920년대에 브라질에 지사를 설립한 것이 글로벌 광고대행사의 첫 등장이다. 광고주가 글로벌

화되면서 광고대행사도 같이 세계 시장으로 영역을 넓히며 성장한 것이다. 글로벌 AE로 일하다 보면 브랜드의 위력이 얼마나 대단한지 확인할 수 있다.

삼희기획에서 근무할 때 외국에 워크숍을 갈 기회가 있었다. 다른 나라에서 온 사람들과 대화를 나누던 중 내가 'SamHee' 커뮤니케이션에서 일한다고 했더니 누군가 이렇게 되물었다.

"Who is 'he'?"

예기치 못한 반응. 하지만 웃을 수도 없는 노릇이었다. 그런데 내가 유니레버 담당 AE이며 클로즈업 캠페인을 진행했다고 하자 갑자기 나를 보는 사람들의 눈빛이 달라졌다.

2002년에 지역전문가 자격으로 러시아로 파견 나갔을 때에도 비슷한 경험을 했다. 러시아 도착 후 처음엔 모든 것이 낯설어 앞으로 지낼 일이 막막했다. 그런데 내가 삼성 직원이라고 밝히자 현지인들이 "아, 삼성 알죠. 우리 집에 있는 TV도 삼성이에요."라며 반색을 했다. 덕분에 집을 수월하게 구할 수 있었고, 사람들과도 스스럼없이 사귈 수 있었다. 이런 일을 겪으면서 '브랜드의 힘이 바로 이런 거구나.'라고 실감했다.

내가 지금 담당하고 있는 광고주는 현대자동차. 나는 글로벌 AE로 일하면서 현대자동차의 브랜드 가치를 높이는 데 일조하고 싶다. 2007년 인터브랜드(국제 브랜드 조사기관) 발표를 보면 삼성전자의 브랜드 가치는 169억 달러로 세계 20위권에 들어가는 반면, 현대자동차는 아직도 70위권에 머물러 있다. 짧게는 2~3년, 길게는 4~5년 뒤에 적어도 현대자동차가 세계 10위권에 육박하는 브랜드로 성장했으면 하는 게 내 바람이다.

:: 현대자동차 이미지 CF.

문화 차이를 이해하고 포용하는 정신이 필요하다

글로벌 AE가 되겠다고 이노션에 지원한 젊은이들의 이력서를 보면 내 초짜 AE 시절이 떠올라 격세지감을 느낀다. 흔히 말하는 '스펙'이 놀라울 정도다. 어학 연수, 배낭 여행은 필수이고 해외 거주나 체류 경험자도 70~80퍼센트나 된다. 토익 점수도 대부분 900점 이상이다.

그럼 글로벌 AE가 되려면 어떤 자질이 필요할까?

AE에게 요구되는 일반적인 속성은 다 갖춰야 한다. 일단 필요한 게 커뮤니케이션 능력이다. 말귀를 알아듣고, 남이 알아들을 수 있게 말을 잘 전달하는 능력이 있어야 한다. 이는 시쳇말로 '말발'이 세야 한다는 뜻일까? 아니다. 말만 번지르르한 사람보다는 진실한 콘텐츠를 갖고 광고주와 공감할 수 있는 사람이 AE로 적합하다. 마케팅이나 마케팅 커뮤니케이션에 대한 기본 소양과 지식도 물론 필요하다.

광고대행사에서 AE 혼자 할 수 있는 일은 거의 없다. 개성 강한 제작 팀 사람들과 AP, 미디어 팀원, 그 밖에 돈을 다루는 관리 부서의 스태프들과도 잘 융화하며 어울릴 수 있어야 한다. 일이 고되어도 참아 낼 수 있는 인내력과 광고주를 이끌어 갈 수 있는 추진력도 필요하다.

글로벌 AE는 이런 바탕 위에 추가로 다른 문화를 이해하고 활용하는 능력을 갖춰야 한다. 다른 문화에 대한 지식은 필수 선행조건. '다름'을 인정하는 정신과 관용이야말로 휴먼 비즈니스의 기본이 아닐까 생각한다.

스페인어나 포르투갈어, 아랍어, 러시아어 같은 제2외국어를 잘하면 더더욱 좋을 것이다. 그러나 '언어가 먼저냐, 자질이 먼저냐?'라고 묻는다면, 나는 단연코 10 대 90으로 자질이 더 중요하다고 강조하고 싶다. 아무리 외국어를 능통하게 구사해도 기본 자질이 부족하면 결국은 환영받지 못한다.

아울러 글로벌 AE는 국제 시사 문제나 환율 흐름에도 관심을 기울여야 한다. 글로벌 AE가 국내 연예계 뉴스만 보고 있어선 곤란하다. 하루에 한 번쯤 CNN이나 BBC의 헤드라인 뉴스라도 훑어보고, 해외 출장 나가기 전에 타임지나 뉴스위크지에서 흥미 있는 기사 하나쯤은 건져서 화젯거리를 준비해 두는 센스도 필요하다.

글로벌 AE는 다양한 경험을 하며 식견을 넓힐 수 있다. 내 판단으로는 국내 AE의 경험을 잘 쌓은 사람들이 글로벌 업무도 잘 하는 것 같다. 우리 팀만 보더라도 국내 AE 출신이 대부분이다. 반드시 글로벌 AE로 시작해서 글로벌 AE로 끝내겠다고 고집하기보다는 국내 AE에서 글로벌 AE로, 다시 국내 AE로 유연하게 변화를 꾀해 보는 것도 괜찮다.

아직 우리나라에는 글로벌 AE의 인력층이 두텁지 않다. 하지만 앞으로 수요가 많아질 것이 분명하므로 글로벌 AE의 직업 전망은 밝은 편이다. 국내에서 글로벌 AE로 경험을 잘 쌓다 보면 해외 주재원으로 나가서 능력을 발휘할 기회도 잡을 수 있을 것이다.

마지막으로 글로벌 AE를 꿈꾸는 젊은이들에게 꼭 하고 싶은 말이 있다.

"그대들은 문화의 차이, 시간의 차이, 그 모든 업무의 차이를 기꺼이 극복할 용의가 있는가? 그리고 그걸 받아들일 수 있는 관용의 마음을 갖고 있는가?"

(구술 정리 : 임진숙)

인터넷은 최고의 광고 마당

| 전삼 |

1972년생. 고려대학교 정보통계학과를 졸업한 뒤 동아오츠카, 헬로우아시아에서 마케팅 관련 업무를 담당하다가 2002년 3월에 온라인 광고대행사인 엠포스에 입사했다. 현재 마케팅사업부 팀장으로 근무하고 있으며, 그동안 르노삼성자동차, KBO, 캐논 등의 온라인 광고를 진행했다.

2008년 6월, 비슷한 시기에 N사의 라면과 S사의 라면에서 이물질이 나왔다. 한쪽에서는 바퀴벌레가, 다른 한쪽에서는 금속 너트가 나온 것이다. 그런데 네티즌의 반응은 극단적으로 엇갈렸다. "N사의 라면은 홍삼이 들어 있다 해도 싫다."라고 거부한 반면, S사의 라면에 대해서는 "철분을 보충하는 셈 치고 철근이 나와도 씹어 먹겠다."라고 한 것. 사건의 발단은 미국산 쇠고기 수입을 반대하는 여론이 들끓었을 때 보수 언론인 조선일보에 N사가 광고를 게재한 데 대해 항의하던 네티즌들이 N사 직원의 대응 태도를 문제 삼아 제품 불매운동으로 맞선 데에서 비롯되었다.

인터넷 사용자들은 모니터를 보며 필요한 정보를 얻어서 개별적으로 소비 활동을 하기도 하지만, 때로는 이렇게 넷심을 발휘해 단체로 특정 상품의 불매운동이나 구매운동을 펼치며 강력한 소비 주체로 나서기도 한다. 초고속 인터넷 통신망 보급률 세계 1위, 개인별 인터넷 사용 시간 세계 1위. 정보통신대국이라 불리는 대한민국에서 인터넷은 '정보의 바다'를 넘어서 중요한 '광고 마당'으로 자리 잡았다.

요즘엔 많은 사람들이 물건을 구매할 때 인터넷에서 가격 비교를 한 뒤 쇼핑몰로 들어가서 구매자 수와 이용 후기 등을 확인하고 구입을 결정한다. 이런 추세에 발맞춰 광고주들도 오프라인뿐 아니라 온라인 매체에도 관심을 갖고 적극적으로 마케팅 활동을 펼치고 있다. 인터넷 이용자의 증가와 다양한 온라인 홍보 기법에 힘입어 그동안 온라인 광고 시장은 급속도로 팽창해 왔다.

2001년부터 2006년까지 온라인 광고 시장은 연평균 48퍼센트의 성장률을 기록했는데, 이는 전체 광고 시장의 연평균 성장률 4.6퍼센트에 견주면 10배 이상 고속 성장한 셈이다. 금액 면에서도 온라인 광고 시장의 규모는 2007년에 1조 원대를 넘어섰고, 지난 10년 동안 무려 60배나 늘었다. 한국인터넷마케팅협회에 따르면, 2007년 국내 전체 광고 시장(7조 9772억 원 추산)의 매출 가운데 온라인 광고가 약 1조 2311억 원으로 15.4퍼센트를 차지했다.

아직까지 오프라인 광고 시장의 규모에 비하면 온라인 광고 시장의 비중이 미미한 편이고, 그간 고속 성장을 했다고는 하나 광고 단가가 올라간 것을 감안하면 사실상 정체 상태가 아닌가 싶지만, 아무튼 우리 나라에 인터넷이 상용화된 지 불과 10여 년 만에 인터넷은 무시하지 못할 마케팅 커뮤니케이션 매체로 자리매김했다.

온라인 광고대행사는 무슨 일을 하나요?

내 직업은 온라인 AE. 아직 우리나라에서 온라인 AE는 사람들에게 생소한 직종이다. 다른 업계에서 일하고 있는 친한 친구들조차 내게 "거기서 도대체 뭐하냐?"고 묻기도 한다. 그럴 때면 난 간단하게 대답한다. "네이버 알지? 거기 화면에 배너 같은 거 올리는 일을 하는 거야."

온라인 AE와 오프라인 AE의 업무는 크게 다르지 않다. 온라인 AE도 오프라인 AE와 마찬가지로 광고주를 상대하고 경쟁 PT에 참여하며 광고 전략을 짠다. 실제로 웹젠이나 엔씨소프트 같은 게임회사들은 오프라인 대행사와 온라인 대행사를 함께 불러 경쟁 PT를 시키기도 한다.

물론 광고를 싣는 매체가 다르기 때문에 오프라인 AE의 업무와 차별점도 분명히 있다. 매체 속성상 온라인 AE는 광고를 기획할 때 웹에서 구현할 수 있는지 없는지부터 고민한다. 오프라인 지면 광고의 경우에는 모델을 섭외해 비주얼을 멋지게 찍고 나서 신문 광고에 내면 작업이 끝나지만, 온라인 광고 작업은 촬영하고 나서부터 본격적으로 일이 시작된다. 아무리 멋진 그림이라도 아무런 포장 없이 인터넷에 올리면 사람들의 눈길을 끌기 어렵기 때문이다. TV 시청자들은 원하는 프로그램을 보려고 기다리다가 자연스럽게 광고를 접한다. 그러나 인터넷 사용자들은 굳이 광고를 클릭하지 않더라도 곧바로 원하는 화면을 띄워 필요한 작업을 할 수 있다.

갖가지 정보 속에 섞여 있는 인터넷 광고를 네티즌이 한 번이라도 쳐다보고 클릭하게 만들려면 번쩍번쩍 플래시 효과를 주거나 글자를 움직이게 해서 시선을 끄는 수밖에 없다. 물론 광고 콘텐츠도 단순히 제품을 홍보하는 차원이어서는 곤란하다. 임팩트를 주고 네티즌의 참여를 유도하기 위해서 대개 온라인 광고에는 스토리텔링 같은 이벤트를 첨가한다. 이렇듯 광고를 만들 때 웹으로 구현해야 한다는 점과 임팩트를 줄 수 있는 장치를 넣어야 한다는 점이 온라인 AE에겐 사고의 틀을 좁히는 요인으로 작용하기도 한다.

배너 광고로 출발해 키워드 광고로 성장

온라인 광고는 크게 배너 광고(디스플레이형 광고)와 키워드 광고(검색형 광고)로 나뉜다. TV에 상품 광고를 내보낸 뒤 바로 몇 개나 팔렸는지 묻는 광고주는 거의 없지만, 온라인 매체를 활용하는 광고주들은 대부분 '비용 대비 효과'에 관심을 갖는다. 이는 온라인이란 광고 매체의 태생 자체가 '퍼포먼스'에서 출발했기 때문이다.

실제로 인터넷에 배너 광고를 걸었을 때 노출 횟수가 얼마인지, 광고 클릭은 몇 번 했는지, 그 광고를 통해 제품이 얼마나 팔렸는지는 시스템으로 다 잡아낼 수 있다. 온라인 광고대행사들은 초창기에 바로 이런 점을 내세우며 광고주에게 접근했다. 광고주 쪽에서는 광고비를 쓰고 나서 상품이 얼마나 팔렸는지 확인할 수 있고, 온라인 매체가 효율적인지 아닌지 평가할 수 있다고 하니 온라인 광고를 외면할 이유가 없었다.

그러나 광고 시장에 처음 진입할 때에는 매우 효과적이던 이런 전략이 차츰 온라인 광고대행사의 발목을 잡는 족쇄로 작용했다. 온라인이 브랜딩 채널로 성장하는 데 걸림돌이 된 것이다. 그래서 배너 광고의 보완 수단으로 등장한 것이 키워드 광고다. 비록 출발이 늦기는 했지만 지금은 형세가 역전되어 배너 광고보다 키워드 광고가 온라인 시장을 주도하고 있는 상황이다.

배너 광고는 노출당 비용으로, 키워드 광고는 클릭당 비용으로 광고비를 계산한다. 신문이나 잡지 지면에 따라 광고 단가가 다르듯이 배너 광고도 노출 방식에 따라 단가가 다르다. 네이버 초기 화면을 보면 오른쪽 상단에 하루 종일 바뀌지 않고 고정적으로 나가는 배너 광고가 있다. 그 자리에 하루 동안 광고를 내보내는 비용이 1억 원. 인터넷 광고 가운데 가장 단가가 비싸다. TV 광고의 경우는 9시 뉴스 프로그램 앞뒤로 나가는 CF가 1회에 1천만 원쯤 한다. '1억 원 갖고 TV 광고 10번 하는 게 더 낫지 않을까?'라는 의문이 들 수도 있겠지만, 네이버의 페이지뷰 횟수가 하루에 자그마치 1억 4천만 번인 걸 감안한다면 그 파급력이 얼마나 큰지 짐작할 수 있을 것이다.

요즘에는 소비자가 직접 찾아오게 만드는 키워드 광고가 강세를 보인다. 쇼핑몰, 보험사, 대출업체, 병원(성형외과, 비뇨기과, 안과 등), 꽃 배달업체, 여행사 등 광고 효과를 바로바로 확인하려는 업체들이 키워드 광고를 많이 활용하는데, 다양한 아이템을 취급하는 오픈마켓을 보면 무려 7000~8000개의 키워드를 구매해서 온라인 쇼핑몰을 운영하고 있다.

다음이나 네이버 같은 포털사이트의 검색창에 단어를 입력했을 때 나타나는 스폰서링크, 파워링크, 플러스프로, 프리미엄링크, 스페셜링크 같은 곳이 바로 키워드 광고 영역이다. 키워드 광고는 실시간 입찰 방식으로 가격이 결정된다. 최초 입찰가는 90원이지만 '목'이 좋은 자리의 1순위 광고는 4~5만 원을 호가한다. 당연히 검색 후 화면 위쪽에 올라오는 것일수록 광고비가 비싸다. 만약 입찰가 2만 원으로 키워드 광고를 샀다면 광고주는 누군가 검색어 클릭을 한 번 할 때마다 2만 원의 광고비를 지불해야 한다. 온라인 매체들은 실수요자가 아닌 사람이 불순한 목적으로 클릭을 해서 광고주에게 부담을 주는 걸 방지하기 위해 부정 클릭을 걸러 내는 장치를 마련해 놓고 있다.

키워드 광고는 경매를 통해 시간 단위로 광고 단가가 바뀌므로, AE는 입찰 흐름을 살펴보면서 광고를 집행해야 한다. 경쟁이 갑자기 치열해져서 예산에 차질이 생길 만한 상황이 벌어지면 시간을 안배해서 광고를 내보내거나, 아니면 비용을 더 얹어서 계속 광고를 올리는 식으로 조정한다. 예컨대 대출 광고는 오전 9시~12시, 오후 2~4시 사이에 입찰가가 가장 비싼데, AE는 그런 상황 판단을 잘해서 키워드 광고의 담당 오퍼레이터에게 광고를 올리거나 빼도록 주문해야 한다.

브랜드 인지도를 높이려면 배너 광고를, 매출을 높이려면 키워드 광고를

노출형 배너 광고가 밀어내기(Push) 광고라면, 키워드 광고는 끌어당기는(Pull) 광고다. 광고에서 '아이드마(AIDMA, Attention, Interest, Desire, Memory, Action)' 원칙을 자주 언급하는데, 이를 온라인 광고 시장에 대입해 보면 A, I, D는 사람들의 주목을 끌고 흥미와 구매욕을 불러일으키는 것으로 배너 광고가 적합하고, M과 A는 그 상품을 기억했다가 뭔가 찾아보게 만드는 것으로 키워드 광고가 제격이다. 따라서 브랜드 이미지를 일관성 있게 유지하면서 인지도를 높일 목적이라면 배너 광고를 활용하는 게 좋고, 매출을 좀 더 높일 목적이라면 키워드 광고를 선택하는 게 낫다.

시간이 흐를수록 새로운 온라인 광고 기법이 속속 등장하고 있다.

배너 광고가 콘텐츠를 가려 사용자들에게 불편을 초래하는 것을 막고, 큰 화면으로 내용을 볼 수 있도록 클릭을 했을 때 화면이 아래로 툭 떨어지며 확장된다든가 옆에 있는 아이콘을 배너 광고 속으로 드래그하면 화면이 크게 펼쳐지는 식의 '동영상 확장 광고' 기법이 대표적인 예다. 예전에는 이메일도 광고 수단으로 쓰였으나 최근엔 광고 '약발'이 많이 떨어져서 주로 고객들을 관리하는 도구로 활용된다. 반면에 블로그나 카페를 통한 커뮤니티 마케팅은 온라인상에서 거점이 마땅치 않은 경우에 대안으로 쓰이곤 한다.

한때 검색창에 '○○○을 쳐 보세요.'라고 문장을 띄우는 '검색창 광고'가 주목을 받았다. 지금은 인터넷 사용자의 불만 제기로 거의 자취를 감추었지만, 검색창 광고에 키워드가 뜨면 그날 인기 검색어에 오를 정도로 광고 효과가 대단했다. 솔직히 AE 입장에서 보면 키워드 광고는 아직 풋내가 난다. 이젠 단순히 키워드를 걸어 두는 방식에서 벗어나 어떻게 하면 광고 효과를 끌어낼 수 있는지 마케팅 측면에서 접근하려는 시도가 있어야 한다.

엠포스를 비롯해 나인후르츠미디어, 코마스, 디킴스 등 배너 광고와 키워드 광고를 같이 다루는 온라인 광고 대행사들이 최근에 늘고 있다.

다음, 싸이월드, 네이버 그다음 강자는?

온라인 시장에 영원한 승자는 없다. 인터넷 포털사이트 또한 시대의 흐름에 따라 트렌드가 바뀌었다. 인터넷이 대중에게 보급된 초창기에는 한메일과 카페로 입지를 넓힌 '다음'이 국내 선두 주자였으며, 외국 사이트로는 '야후'가 가장 인기 있었다. 다음에 이어 2세대를 주도한 곳은 미니홈피 열풍을 일으킨 '싸이월드'이고, 그 후 1위로 앞서 간 주자가 '한게임'과 지식 검색으로 급성장한 '네이버'이다.

광고를 진행해 보면 온라인 매체마다 색깔이 드러난다. 이를테면 SM5나 SM7 자동차 광고는 초기에 국내 시장을 선점하여 40대 이상의 유저가 많은 야후 사이트에 걸었을 때 클릭률이 굉장히 높게 나타나는 반면, 키덜트(kidult, 어린이를 뜻하는 키드와 성인을 뜻하는 어덜트의 합성어로, 몸은 어른이지만 행동이나 취향에서 어린아이 같은 부분이 있는 사람들을 뜻함)를 타깃으로 하는 SM3의 경우 30대 초반의 여성 직장인이 많은 MSN에 올리면 광고 효과가 좋다.

1 대 1 타깃팅이 가능한 매체로 기대를 모았던 모바일의 경우, 광고 사업의 성장 가능성은 아직 불투명하다. 일본에서는 전체 온라인 광고의 10퍼센트를 차지할 정도로 모바일 광고가 발달해 있지만, 우리나라에서는 기대만큼 성장하지 못하고 있다. 영화 〈마이너리티 리포트〉를 보면 사람이 이동하는 대로 타깃 광고가 나가는 장면이 등장하는데, 위치 기반 서비스가 안정적이 되면 이런 '로케이션 광고'도 가능하다. 그러나 망(網) 사용 문제나 위치 정보의 부정확성, 개인 정보 보호 문제 등이 걸려 있어 우리나라에서 그런 모바일 광고가 활성화되기란 아직 요원하다. SMS나 MMS를 통한 모바일 광고 활동도 결실이 그리 좋지는 않다. 광고주들은 ARS나 인터넷 사이트로 소비자들을 끌어들이길 원하지만 통화료와 인터넷 접속료가 발생하는 데다 단말기의 작은 화면, 웹 환경과의 단절 등 현실적인 문제 때문에 기대만큼의 효과를 거두지 못하고 있다. SKT와 와이더댄이 공동 출자해서 만든 모바일 전문 광고대행사 '에어크로스'가 최근에 모바일 쪽을 거의 포기하고 미디어렙사로

방향 전환을 한 것만 보더라도 모바일 광고의 한계를 짐작할 수 있다.

개인적으로는 모바일보다 오히려 IP TV가 향후 2~3년 내에 온라인 시장의 판도를 바꿔 놓을 것이라 예상한다. 드라마를 보다가 여배우가 입고 있는 옷을 클릭했을 때 화면 옆에 쇼핑몰이 뜨는 걸 상상해 보라. 인터넷과 텔레비전이 결합된 IP TV가 양방향 커뮤니케이션의 장점을 살려 머지않은 장래에 차세대 매체로 떠오를 것이 틀림없다.

경쟁 PT부터 게시판 작업까지, 온라인 AE는 피곤하다

온라인 AE라고 해서 컴퓨터 모니터 앞에 앉아 있는 시간이 남들보다 많을 거라는 생각은 오해다. AE는 컴퓨터 프로그램 개발자가 아니므로 컴퓨터와 씨름하는 시간보다는 머릿속으로 고민하는 시간이 더 많다. 온라인 광고 하나를 기획하고 제작해서 인터넷에 올리는 데 보통 3주 이상 걸리는데, 뭔가 아이디어를 찾아야 할 때면 차 타고 가면서, 샤워하면서, 밥 먹으면서, 잠자리에 누워 있으면서도 계속 생각에 빠져 살아야 한다.

오프라인 AE가 전략적으로 광고를 기획하는 사람이라면, 온라인 AE는 코디네이터로서의 역할이 좀 더 크다. 온라인 AE는 자질구레하게 할 일이 참 많다. 단순히 광고 캠페인 작업만 하는 게 아니라 트래픽(traffic, 어떤 통신 장치나 시스템에 걸리는 부하)도 확인해야 하고, 인터넷 게시판에 일반 사용자가 올린 것처럼 Q&A를 작성하거나 재미있는 이미지 파일을 등록해서 다른 사람들이 퍼갈 수 있도록 '게시판 작업'도 해야 한다. 광고주와 관련해 좋지 않은 기사라도 뜨면 매체 쪽에

연락해 주요 뉴스 목록에 그 기사가 노출되지 않도록 조정하는 일도 해야 한다.

누군가 광고대행사 AE를 '매 맞는 아내'에 빗대어 우스갯소리를 하는 걸 들었다. 광고대행사 AE는 마치 전날 흠씬 맞고도 다음 날 일어나면 아무 일 없었다는 듯이 잊어버리고 결혼 생활을 이어가는 여자 같다는 것이다. 여자를 비하하려는 의도는 없지만, 어느 정도 수긍이 가는 표현이라고 생각한다. 고생 끝에 PT를 마치고 나올 때의 짜릿함처럼 스트레스를 많이 받고 힘이 들어도 광고계에 남아 있도록 잡아당기는 그 뭔가가 있기에 AE 생활을 견디는 게 아닐까.

지난해 엠포스에서 만든 캐논 광고가 한국인터넷마케팅협회 페스티벌에서 전략기획 부문 은상을 수상했다. 상을 받기 전에 광고주가 마음에 들었는지 딜러 초청 행사 때 무비 영상으로 쓰겠다며 달라고 했던 동영상이다. 어느 광고인이나 마찬가지겠지만, 힘들게 만든 제작물이 좋은 반응을 얻을 때 가장 보람을 느낀다.

광고회사 AE의 평판은 결국 광고주가 말해 준다. 르노삼성자동차 광고를 3년 동안 담당했고, 캐논 광고도 2년째 진행하고 있다는 건 내게 행운이다. 드라마를 보고 광고인에 대한 환상을 갖고 있는 사람들에게 광고회사는 백화점 같은 곳이라는 얘기를 해 주고 싶다. 겉모습은 깔끔하고 멋져 보이지만 그 안에 들어가면 다리가 퉁퉁 부은 채 일하고 있는 사람들을 볼 수 있는 곳.

온라인 AE의 일도 그리 녹록지는 않다. '피할 수 없으면 즐기라.'는 말이 있다. 결코 실천하기 쉽지 않지만 스트레스마저 즐길 줄 아는 사람이라면 온라인 AE에 도전해 봄 직하다.

(구술 정리 : 임진숙)

어느 미디어에
광고를 집행할 것인가

| 류주형 |

1965년생. 단국대학교 독어독문학과를 졸업한 뒤 1991년에 웰콤 AE로 입사하여 3년 동안 광고 기획을 담당했다. 1994년부터 매체 팀으로 옮겨 미디어 관련 업무를 하고 있으며, 현재는 국장으로 미디어 플래닝과 바잉을 총괄하고 있다.

D-3, D-2, D-1.

2003년 일본 도쿄 시내의 고층 빌딩 옥상 위에 이상한 철조 구조물이 들어섰다. 대형 구조물을 천으로 가려 놓은 채 카운트다운을 알리는 것을 보고 지나가던 사람들은 '저게 뭘까?'라며 궁금해했다. 마침내 D-데이. 베일에 가려 있던 내용물이 공개되었는데, 그것은 다름 아닌 아디다스의 옥외 광고! 거대한 빌보드 위쪽에는 아디다스 로고가, 아래쪽에는 미니 축구장이 그려져 있었다. 기발한 아이디어는 여기서 그치지 않았다. 유니폼을 입은 두 남자가 대형 옥외 광고판에 매달려 축구공을 차며 놀고 있는 게 아닌가.

이 광고를 기획한 대행사는 일본 덴츠사였다. 이 대행사는 아디다스의 상반기 광고비를 여러 매체에 쪼개어 쓰지 않고, 특별한 퍼포먼스를 곁들인 옥외 광고 하나에 전부 쏟아붓기로 했다. 이런 시도는 위험 부담이 크기 때문에 광고주와 대행사 사이에 상호 신뢰가 없으면 실행하기가 힘들다. 사실 도심 한복판에 그런 구조물을 올리는 것은 불법이었지만, 덴츠사는 벌금을 낼 각오를 하고 과감하게 옥외 광고 계획을 밀어붙였다.

결과는 대성공이었다. 이 희한한 광경을 보려고 사람들이 빌딩 주위로 구름같이 몰려들었다. 아디다스 옥외 광고는 한동안 일본 매스컴을 뜨겁게 달구었을 뿐만 아니라 재미있는 광고로 전 세계에 타전되었다. 처음부터 대행사에서 예측하고 기대했던 결과였다. 광고 담당자는 법적 제재의 위기에까지 몰렸지만 광고는 사람들의 입과 각종 미디어를 통해 세상에 알려졌고, 아디다스는 수천억 원의 광고 효과를 거두었다. 성공적인 마케팅에 힘입어 아디다스는 이듬해 후속편으로 번지 로프를 묶은 사람이 덩크슛 하는 장면을 옥외 광고로 연출했다.

미디어가 곧 메시지, 광고비의 80～90퍼센트를 매체비로 쓴다

저명한 언론학자 마셜 맥루한은 "미디어가 곧 메시지"라고 말했다. 이는 커뮤니케이션 과정에서 매체 선정이 얼마나 중요한지를 단적으로 나타내는 말이다. 어떤 매체를 통해 광고 메시지를 전달하느냐에 따라 커뮤니케이션 효과가 크게 달라질 수 있으며, 캠페인의 성패가 좌우되기도 한다.

실제 광고 예산의 80～90퍼센트를 매체비로 쓴다. 80억 원을 써도 매체 선정을 잘못해서 30억 원의 효과밖에 보지 못하는 경우도 있고, 아디다스의 옥외 광고처럼 전략적으로 매체를 활용하여 투자한 것 이상의 효과를 보는 경우도 있다. 그만큼 미디어 연구와 집행은 중요하다.

10년 전만 해도 미디어 계획을 짜고 집행하는 일이 비교적 쉬웠다. TV 광고 하나만 잘 해도 해당 소비자의 90퍼센트에게 원하는 메시지를 전달할 수 있었기 때문이다. 하지만 사람들의 라이프 스타일이 다양해지고 미디어 환경이 복잡하게 진화하면서 소비자의 주목을 끌 수 있는 광고 캠페인을 진행하기가 갈수록 어려워지고 있다.

주 5일제 근무의 확산과 여가 활동의 증가로 사람들이 집 밖에서 보내는 시간이 늘었고, 소비자는 단순히 앉아 있는 타깃이 아니라 끊임없이 움직이는 대상으로 바뀌었다. 미디어 환경도 과거와는 비교할 수 없을 정도로 복잡 다양해졌다. 기존 4대 매체 이외에 케이블 TV, 위성 TV, 온라인, IP TV, 모바일 등 미디어의 홍수라고 할 만큼 그 종류가 폭발적으로 증가하고 있는데, 사실 미디어의 영역은 거의 무한대라고 할 수 있다. 소비자가 레스토랑의 메뉴판에서 어떤 브랜드를 접했다면 그 메뉴판이 바로 미디어가 되는 것이고, 인터넷 카페의 동영상 속에서 어느 제품 광고를 접했다면 그 인터넷 카페가 바로 미디어가 되는 것이다. 다채널, 쌍방향, 디지털, 심지어 1인 미디어 시대로 탈바꿈하는 추세에 맞춰 요즘에는 미디어라는 용어 대신 '채널 커넥션(Channel Connection)', '콘택트 포인트(Contact Points)', '터치 포인트(Touch Points)'란 말을 사용하기도 한다.

광고회사에서 매체 관련 일을 하는 사람은 크게 미디어 플래너와 바이어로 구분된다. 플래너(Planner)는 복잡하게 얽혀 있는 미디어 시장에서 어떤 미디어를 사는 게 좋을지 가이드라인을 주는 사람이고, 바이어(Buyer)는 미디어를 효율적으로 구매하는 사람이다. 플래너와 바이어가 조화를 이루고 상호 보완 역할을 잘 해야 그 매체 팀이 강해진다.

기존에는 마케팅과 커뮤니케이션 목표를 정하면, 광고제작 팀에서는 크리에이티브를 개발하고 매체 팀에서는 플래닝 작업을 별도로 추진했다. 사실 예전에는 미디어 업무를 단지 기획이나 제작 지원, 또는 크리에이티브의 하위 개념으로 보던 시각도 있었다. 그러나 지금은 광고 제작에 앞서 미디어 플래닝 작업을 진행한다. 과거에는 미디어 플래너가 AE를 보조하는 수준에 머물렀으나 이제는 미디어와 관련해서 광고주와 접촉하는 빈도만 보더라도 AE와 플래너가 2 대 8일 정도로 그 위상이 달라졌다.

미디어 시장의 패러다임이 바뀌고 있다

전통 매체의 시청률과 열독률이 떨어지면서 최근 들어 소비자에게 직접 다가가는 방식, 이를테면 옥외 광고나 프로모션, 이벤트 쪽으로 광고주들이 이동하고 있다. 이런 현상을 반영하듯, 3대 국제광고제(칸, 클리오, 뉴욕 페스티벌)의 관심도 인쇄 광고에서 옥외 광고와 인터넷으로 옮겨 가고 있다.

광고주들은 4대 매체의 광고 효과가 예전만 못하다고 느낀다. TV 광고의 경우, 보통 소비자들이 세 번쯤 접하면 그 광고를 인지하게 된다고 한다. 그러나 TV 시청률 자체도 현저히 떨어진 데다가 리모컨으로 채널을 바로바로 돌리는 시청 패턴의 변화로 지금은 10억 원 이상을 써도 과거에 3~4억 원을 쓴 것보다 광고 효과가 떨어진다. 그러다 보니 대행사의 미디어 담당자들은 소비자의 행동 반경을 연구해 최적의 시간대를 잡아내는 한편, 방송 채널별로 거미줄처럼 광고를 배치해 시청자들이 채널을 돌리다가 한 번쯤 광고를 볼 수 있게 만드는 방법을 쓰기도 한다.

광고 비용 면에서는 아직 지상파 방송이 우세하기는 하지만 과거에 비해 KBS, MBC, SBS의 광고 비중은 점차 줄어들고 있다. 반면 케이블 TV의 광고 시장은 놀라울 만큼 커지고 있다. 우선 케이블 TV 방송에서는 지상파 방송과는 달리 프로그램 사이사이에 중CM(중간 광고)을 내보낼 수 있다. 그런가 하면 케이블 TV 방송사들은 프로그램과 광고 사이에 남는 시간을 '필러 광고'로 채우기도 한다. 단순한 TV CF가 아닌, 그렇다고 해서 단순한 프로그램 선전도 아닌 독특한 영상물을 선보이는데, 이를테면 〈섹스 앤 더 시티〉에 출연하는 배우들과 에스티로더 화장품을 결합해 광고 비슷하게 보여 주는 식이다.

채널마다 주요 시청자가 다르다는 것 또한 케이블 TV의 강점이다. 드라마 채널은 주부, 바둑 채널은 40~60대 남자, 투니버스는 만화를 좋아하는 어린이, 온스타일은 명품을 선호하는 여성 등 채널별로 타깃이 차별화되어 있기 때문에 광고주가 편안하게 채널을 골라서 광고하는 재미가 있다. 게다가 공중파보다 광고 단가가 훨씬 저렴하고 원하는 시간을 수월하게 잡을 수 있으니 경쟁력이 저절로 생기는 것이다. 요즘에 광고주들은 1500~2000만 원을 주고 공중파 방송에 15초 광고를 한 번 내보내느니 차라리 케이블 TV에 100~200만 원의 광고를 10번 하는 게 더 낫다고 생각한다.

이 같은 변화의 바람은 인쇄 매체 시장에도 불고 있다. 미디어의 다원화 흐름 속에서 위상이 흔들리는 기존 신문과는 달리, 「메트로」나 「포커스」 같은 무가지들이 성공적으로 시장에 안착한 점은 주목할 만하다.

사실 이들 무가지는 언론의 기능과 더불어 잘 만든 '광고 상품'이다. 동그란 광고, 세모난 광고, 자동차 모양의 광고 등 일간지에서 볼 수 없는 다양한 광고 기법을 동원해 광고주를 공략한 것이 무가지의 성공 비결이었다.

내가 일하는 웰콤에서도 무가지의 이점을 잘 활용하여 광고 효과를 톡톡히 본 적이 있다. 어떻게 하면 'HP(휴렛팩커드)' 광고를 좀 특별하게 할 수 있을까 고민하다가, 무가지 표지에 컴퓨터 모양의 아트지를 씌운 다음 '메트로' 타이틀을 박아서 신문을 별도로 찍었다. HP 광고를 마치 메트로 표지처럼 만들어서 주목을 받게 한 것이다. 그런 다음 도우미를 고용해 IT 관련 업체나 사무실이 밀집한 지역을 집중 공략해서 신문을 돌렸다. 이런 영업 활동은 기존 신문사에서는 감히 할 수 없는 것이다. 비용도 많이 들거니와 광고의 형태를 받아들이는 마인드 자체가 경직되어 있기 때문이다.

점점 더 똑똑해지는 소비자들에게 단순히 알리는 광고만으로는 더 이상 제품을 팔기가 힘들다. 우리나라 TV나 신문은 '정도 언론'이라는 고정관념에 빠져 광고 마케팅 기능을 등한시하고 무시하는 경향이 있는데, 프랑스의 유력 일간지인 「르몽드」가 무가지에 침몰당해 지금 경영 위기까지 몰린 것은 이런 점에서 시사하는 바가 크다.

온라인 시장의 광고 규모가 1조 원대로 성장하고 네이버에서만 연 7천억 원의 광고 물량이 발생하고 있지만, 국내 주요 일간지가 1년 광고 수입으로 벌어들이는 규모는 3000억 원가량으로 비교가 된다. 격변하는 시장 상황에 유연하게 대처하지 못하면 매체의 존립 기반까지 흔들릴 수 있다.

미디어 전문 대행사의 등장과 한계

미국을 비롯한 광고 선진국에서는 대개 광고주가 매체 대행사와 크리에이티브 대행사를 분리해서 업무를 의뢰한다. 이런 사실만 보더라도 광고를 집행할 때 미디어 플래닝(planning)과 바잉(buying) 업무가 얼마나 중요한지 알 수 있다. 세계의 유명한 종합 광고회사들은 미디어 부문을 따로 떼어 독립 법인 형태로 운영하고 있다.

세계적인 커뮤니케이션 그룹인 WPP 그룹 산하에는 '마인드쉐어(Mindshare)'와 'Mediaedge:cia'라는 미디어 전문 대행사가 있고 옴니콤(Omnicom) 그룹에는 OMD가, 퍼블리시스(Publicis) 그룹에는 제니스옵티미디어와 스타컴이 미디어 대행 업무를 담당하고 있다.

1990년대 후반부터 다국적 광고회사들이 국내에 활발하게 진출하면서 우리나라에도 미디어 전문 대행사들이 속속 생겨났다. 스타컴, 유니버셜 맥켄, PDS, 캐럿 같은 외국계 미디어 대행사들이 전문성을 내세우며 국내 광고 시장에 의욕적으로 발을 내디뎠으나, 우리나라 광고 시장의 특수성 때문에 이들 대행사의 사업은 곧 벽에 부딪혔다. 우리나라 광고 시장의 규모는 세계 8위다. 그런데 실상을 들여다보면 대기업 계열 광고회사들이 광고 물량의 60퍼센트를 독식하고 있는 체제여서 독립 대행사들의 입지가 좁을 수밖에 없다. 그러다 보니 전문 미디어 대행사들이 커미션을 낮추는 방식으로 광고주에게 접근하여 되레 광고 시장에 혼란을 가져오는 결과를 낳았다. 한때 미디어 전문 대행사들이 반짝 성장을 했다가 현재 주춤한 상태로 머물러 있기는 하지만, 광고회사의 한 부서에서 미디어 업무를 다루기보다는 독립 대행사 형태로 미디어 업무를 주관하는 것이 세계적인 트렌드다.

미디어 플래닝과 바잉을 효율성만으로 접근해서는 곤란하다. 루이비통, 펜디, 크리스찬 디오르, 겐조 등 11개의 명품 브랜드를 갖고 있는 LVMH 그룹은 브랜드 이미지를 매우 중요시해 매체의 신뢰도나 영향력, 심지어 지면의 질까지 고려해서 상품 광고를 내는 광고주다. 너무 대중적인 매체인 TV보다는 핵심 타깃을 노리는 전략을 쓰는데, 잡지 지면을 사더라도 첫 번째 페이지나 맨 뒷면을 고집할 만큼 이미지 관리에 철저하다.

한번은 LVMH 그룹의 광고 대행권을 놓고 다른 광고대행사와 경쟁 PT가 벌어졌다. 실제로 LVMH 그룹은 1년 광고비 100억 원 가운데 90억 원을 잡지에 투자한다. 그런데 명품 브랜드와 명품 시장에 대한 경험이 부족했던 상대 대행사 쪽에서는 광고주에게 그동안의 매체 집행 방식이 비효율적이었다고 지적했다. 경쟁 대행사 측에선 TV에 얼마, 신문에 얼마, 옥외 광고에 얼마를 쓰면 광고 효과를 훨씬 더 높일 수 있다고 자신 있게 말했지만, 광고주는 미련 없이 등을 돌렸다. 그 대행사의 미디어 플래너는 크리스찬 디오르가 럭셔리한 브랜드이며, 유통과 브랜드 이미지를 중시하면서 입지를 다져 왔다는 사실을 간과한 것이다.

미디어 전략도 크리에이티브해야 통한다

광고 제작 부문에만 창의성이 필요한 것은 아니다. 과거에는 대행사에서 있는 지면, 있는 시간, 있는 공간을 그저 돈 주고 사서 광고를 집행하면 그만이었지만, 이젠 미디어 전략도 크리에이티브해야 성공한다. '무엇을 보여 줄 것인가?'에 못지않게 중요한 것이 '어떻게 보여 주느냐?'이다.

Murphy's Stout Beer 광고는 독특한 미디어 전략으로 화제를 모았다. 영국은 펍(Pub) 문화가 발달한 나라인데 젊은이들이 바에서 맥주를 마실 때 거품이 꺼질 때까지 기다리는 시간을 참지 못한다는 것을 알고, 머피사는 25초 만에 맥주를 따라 빨리 마실 수 있는 신기술을 개발했다. 이 독특한 아이디어는 광고에까지 이어졌다. 3분짜리 TV 광고 시간대 전체를 구매해서 다른 광고는 하나도 없이 오로지 Murphy's Stout Beer 광고만 딱 10초 방영한 것이다. 좋아하는 프로그램을 보려고 3분이나 광고를 보지 않아도 되게끔 미디어 전략을 짜서 신제품의 특성을 자연스럽게 홍보하였다. 그 결과 이 맥주의 연간 매출은 17퍼센트나 증가했고, 영국 광고 역사상 TV 프로그램의 광고 시간대를 가장 짧게 단축시켜 엄청난 PR 효과를 거둔 사례로 기록되었다.

일본의 올림푸스 광학 카메라 광고도 이색적인 지면 배분으로 눈길을 끌었다. 신문 양 끝과 중앙 부분의 광고 지면을 사서 마치 신문을 보고 있는 사람이 놀라는 장면인 양 연출한 것이다. 단순히 전면 광고, 9단 광고 같은 개념이 아니라, 신문 양쪽 직사각형 지면에는 신문을 말아 쥔 사람의 손을 넣고, 가운데 정사각형 지면에는 동그랗게 뜬 사람의 눈을 넣어서 놀라운 신제품이라는 걸 표현한 것이다.

광고 캠페인은 기획 단계에서부터 미디어 전략과 크리에이티브 전략이 통합적으로 이루어져야 시너지 효과를 낼 수 있다. 미디어 담당자는 광고가 나간 뒤 언론에 그 광고가 오르내려 PR 효과가 극대화될 수 있도록 해야 한다. 실제로 광고가 나간 뒤 걸려 오는 전화가 100통이라면 광고 관련 기사가 나간 뒤에 걸려 오는 전화 건수는 그 두세 배가 넘는다.

10여 년 전 웰콤에서 만든 국제상사의 프로스펙스 광고가 뜨거운 논란을 불러일으킨 적이 있었다. 국민의 애국심을 고취하면서 국산 브랜드의 우수성을 알리고자 '정복당할 것인가, 정복할 것인가'로 강렬하게 카피를 뽑고 종군위안부와 학도병, 유관순 열사 같은 인물을 차례로 광고에 내보냈다. 기획할 때부터 언론사의 성향이 친일과 반일로 나눠져 있으니 광고가 나가면 긍정적이든 부정적이든 매체에 보도되는 것은 분명하다고 예상했다. 아니나 다를까 모 방송사에서 "아픈 역사를 상업적인 도구로 이용했다."라며 광고주를 호되게 비난하는 뉴스 보도를 내보냈다. 다음 날 광고주 회사에 모여 광고를 중단하는 게 좋겠다, 아니다 하고 갑론을박하고 있는데 국제상사를 성원하는 소비자들의 글이 팩스로 봇물처럼 밀려들기 시작했다.

매달리고 달래고 압박하고 때로는 싸우며

엄청난 비용을 들여서 광고를 했는데도 소비자가 보지 못했다면 그건 결국 헛돈을 썼다는 뜻이다. 광고주의 예산을 효과적이고 효율적으로 관리하기 위해서는 미디어 플래너와 바이어의 역할이 중요하다. 광고회사의 미디어 담당자들은 브랜드의 특성은 물론이고 시장 상황과 경쟁사의 상황까지 꿰뚫고 있어야 한다. 플래너는 소비자의 라이프 스타일, 활동 동선, 미디어 접촉 형태 등을 분석해서 언제 얼마나 어느 미디어에 광고를 집행할지 결정하고, 바이어는 플래너가 분석한 내용을 토대로 구매를 한다. 플래너와 바이어의 의견이 다를 때에는 서로 협의를 하면서 최상의 방안을 도출해 낸다.

언론사의 광고 구매 파트를 장악하고 경쟁사보다 좋은 조건으로 매체를 구매하는 것이 바이어의 경쟁력이고, 광고주가 시청률이 가장 높은 프로그램의 광고 시간을 꼭 잡아 달라고 하면 어떻게든 그걸 해내는 것이 바이어의 능력이다. 바이어는 언론사를 상대하면서 때로는 광고주의 힘을 빌려 압박하기도 하고, 사정하기도 하고, 광고주를 대신해 싸우기도 한다. 실제로 광고 물량을 무기로 실력 행사를 하는 일도 생기지만 기본적으로 바이어는 적을 만들지 않으면서 서로 윈윈하고 공생할 줄 알아야 한다. 내 생각에 다른 사업을 할 때 성공할 가능성이 가장 높은 광고계 종사자는 미디어 바이어일 것 같다.

바이어는 언론사 관계자뿐 아니라 광고주와도 좋은 관계를 유지해야 한다. 예전에 예기치 않게 방송 사고를 낸 적이 있었다. 국제상사 대행을 할 때 광고주가 뉴스데스크 광고를 무조건 사 달라고 하기에 난 한국방송광고공사의 MBC 팀 담당자를 찾아가서 옵션(묶어 파는 프로그램)도 없이 광고 시간을 빼 달라고 사정했다. 대답은 당연히 NO였다. 광고 콘셉트와 배경을 설명하고 그 담당자를 퇴근 시간까지 쫓아다니며 사흘을 설득한 끝에 결국 일을 성사시켰다.

그러나 사고는 그다음에 터졌다. 예산 문제로 광고를 두 달만 내보내야 했는데 실수로 한 달 더 광고가 나간 것이다. 3000만 원이 넘는 돈을 꼼짝없이 물어내야 할 상황이었지만, 광고주에게 자초지종을 설명하니까 흔쾌히 납득을 해 주었고 어렵게 방송 바잉을 한 데 대해 감동하기까지 했다. 사람과 사람이 하는 일에 문제가 생겼을 때는 이렇게 사람과의 관계로 문제가 풀리기도 한다. 일을 움직여 가는 건 결국 시스템이 아니라 사람이기 때문이다.

회의 중에도 내 휴대전화는 끊임없이 울린다. 아마 대한민국 광고회사의 미디어 담당자 가운데 나만큼 바쁜 사람도 없을 것이다. 하지만 항상 즐겁게 일하려고 노력한다. 왜냐하면 노력하면 안 되는 일은 없기 때문이다.

우리나라 광고업계의 미디어 플래너는 전부 합쳐 봐야 200여 명밖에 안 된다. 바이어는 400명 정도. 웰콤에는 플래닝 팀 인원이 15명, 바잉 팀 인원이 10명이다.

광고에 대한 동경을 안고 회사에 들어온 젊은이들 가운데 절반은 "으악, 이런 3D 직종이 있나." 하고 놀라서 나가떨어지곤 한다. 화려해 보이는 겉모습만 보고 들어왔다가—힘들 거라 짐작했어도 예상을 뛰어넘기 때문에—그만두고 나가는 경우가 많다. 열정이 없으면 견뎌 내기 힘든 곳이 바로 광고회사다. 난 우리 매체 팀 직원들에게 늘 열정을 갖고 일해 줄 것을 당부한다. 열정적으로 일하는 모습을 보면 광고주도 감화할 것이고, 자신이 먼저 마음을 열어 보이면 상대방도 마음을 열고 대해 줄 것이라고 항상 강조한다. 광고회사 사무실에는 1년 365일 불이 켜 있고, 항상 어딘가에서 누군가는 일하고 있다.

(구술 정리 : 임진숙)

소비자와 접촉하는
쌍방향 커뮤니케이션

| 김건표 |

1971년생. 계명대학교 신문방송학과를 거쳐 중앙대학교 신문방송대학원 석사 과정을 마치고, 1997년 농심기획 AE로 광고업계에 발을 들여놓았다. 2000년부터 HS애드(전 LG애드) 프로모션 팀에서 각종 이벤트, 전시회, 세일즈 프로모션 캠페인을 진행해 오고 있다. 현재 글로벌 프로모션 팀 부장으로 재직 중이다. 그동안 추진했던 프로젝트로는 LG전자 휘센 SP캠페인, 엑스캔버스 골프대회, 서울 모터쇼 및 부산 모터쇼, LG전자 싸이언 뷰티폰 론칭 행사, 우리은행 CI선포식 및 체육대회, KTX 개통식, 국제정보올림피아드, 천안-논산 간 고속도로 개통식 등이 있다.

　　2008년 4월 29일 중국 북경의 벤츠 왕푸징 매장에서 'LG-벤츠 중국현대예술전시회'가 열렸다. 석 달 동안 LG전자와 메르세데스 벤츠를 오가면서 준비했던 론칭쇼가 마침내 빛을 발하는 순간이었다.

　　메르세데스 벤츠는 웬만해서는 공동 마케팅을 하지 않는 명품 자동차 브랜드다. 그동안 중국 시장에서 타 제품에 비해 LG전자의 프리미엄 이미지가 약했던 터라, 우리 프로모션 팀에서는 LG전자의 브랜드 이미지를 높이기 위한 프로젝트의 일환으로 메르세데스 벤츠와 공동 마케팅을 기획했다. 일을 성사시키기 위해서 우선 메르세데스 벤츠가 관심을 가질 만한 미끼(?)를 찾는 것이 과제였다.

　　'어떤 프로모션 콘텐츠를 제시해야 할까.'를 고민하다가 중국에서는 지금 부동산이나 펀드보다 중국 현대 작가들의 작품들을 구입하는

:: 북경 LG전자와 벤츠가 공동 개최한 LG-벤츠 중국현대예술전시회.

게 부자들의 재테크 수단 1위라는 사실에 주목했다. 그런 점에 착안해 중국 문화부 산하 문화전람중심(한국의 문예진흥원과 비슷한 조직)과 협력해서 중국 현대 작가들의 작품을 27점 전시하는 방안을 메르세데스 벤츠에 제안했다.

다행히 벤츠 측에서 우리의 제안을 긍정적으로 받아들여 2008년 중국에 출시되는 LG전자의 아트 시리즈를 함께 마케팅하기로 했다. 행사한 달 전부터 중국에 들어가서 악전고투한 끝에 중국의 프리미엄 고객들에게 멋진 론칭쇼를 선보일 수 있었다.

망각은 에너지다

힘들게 행사를 마치고 나면 항상 설명하기 힘든 묘한 감정에 사로잡힌다. 행사를 멋지게 끝마쳤다는 자부심과 안도감, 프로젝트를 진행하면서 받은 크고 작은 스트레스, 그리고 직업에 대한 회의감… 행사를 마친 뒤 느끼는 이런 기분은 말로 표현하기 힘들다.

그럴 때마다 행사 담당자들끼리 술 한잔 하면서 나누는 대화.

김 부장 "이 직업 그만 때려치워야겠어. 너무 힘들어서 못 해 먹겠어. 하루 이틀도 아니고 정말."

서 부장 "이 직업이 원래 3D 업종이잖아. 정말 회사 그만둘 거야?"

김 부장 "도저히 못 하겠어. 몸도 상하고 마음도 상하고."

서 부장 "그래, 술 한잔 하고 내일 회사에 사표 쓰자, 사표 써."

이런 대화를 몇 시간째 한 뒤 헤어질 때 하는 말.

김 부장 "서 부장, 그나저나 다음 행사는 언제지?"

정말 이 직업은 망각하지 않으면 또 다른 일을 할 수 없다. 하지만 언제 힘들었냐는 듯이 망각해 버리는, 묘한 매력이 있다. 망각이 우리에겐 에너지인 셈이다.

첫 프로모션의 기억

농심기획에서 '새우깡', '양파링' 광고를 만들다가 더 큰 꿈을 위해 2000년 지금의 회사로 옮긴 후 담당한 첫 광고가 LG전자의 휘센이었다. 휘센은 LG전자의 야심작이라고 해도 과언이 아닌 제품이었고, 에어컨에

:: 휘센 청계천 걷기대회. 휘센 프로모션은 다양한 방식으로 진행되어 각종 프로모션 기법을 경험하는 좋은
기회가 되었다.

처음으로 회사명이 아닌 브랜드명을 달아 승부를 건 제품이었다.

AE로 광고 기획을 하다가 프로모션 분야로 직종을 바꾼 지 어느덧
8년. 마케팅을 하는 사람으로서 나는 억세게 운이 좋다. 광고업계에서
한 브랜드를 8년이나 담당해 오고 있다는 것, 더욱이 그 브랜드가 국내
최고를 넘어 세계 최고의 브랜드로 성장하는 데 한몫을 했다는 것은 브
랜드 마케팅을 하는 사람에게는 최고의 행운일 것이다.

2000년 3월 4일, LG애드로 회사를 옮기고 나서 이틀 후 엉겁결에
출장 갔던 기억이 아직도 생생하다. 보통 광고대행사에서 프로모션을
한다고 하면 엑스포나 대통령 행사, 론칭쇼 같은 대규모 이벤트를 떠올
리게 된다. 나 역시 그랬다. 그런데 막상 현장에 도착해 보니 '헉' 내가
생각하던 그런 이벤트가 아니라 길가에서 벌이는 그 흔한 제품 로드쇼
가 아닌가.

마음속에서 실망과 부끄러움이 교차했다. 대전 갤러리아 백화점 앞

의 한 패스트푸드점에서 제품 로드쇼가 시작되었는데, 난 무엇을 해야 할지 몰라 쭈뼛거리고 있었다. LG전자의 모 부장님께서 나에게 꼭 '휘센'이라고 얘기하면서 사람들에게 바람개비를 나누어 주라고 하셨다. 본인은 전단을 나누어 주겠다면서. (나중에 임원이 된 이분에 대해서는 존경심마저 생겼다.)

광고주가 나서서 전단지를 나누어 주는 마당에 대행사의 담당 사원이 가만히 있을 수는 없는 노릇이었다. 나는 그날 목소리가 갈라지도록 "휘센입니다"를 외쳐 댔다. 그날 이후 LG전자의 휘센 담당 팀과 현장에서는 치열하게 부딪치면서도, 전략과 아이디어를 고민할 때에는 최대한의 시너지 효과를 낼 수 있도록 조율하면서 8년 동안 관계를 이어 왔다. 정말 열성적인 광고주였다. 광고주의 브랜드에 대한 애착과 노력은 대행사 직원인 내게 도전 의식을 심어 주었고 해마다 내가 제안한 프로모션에 따라 휘센의 브랜드가 커 가는 모습을 지켜보면서 큰 보람을 느꼈다.

휘센 프로모션은 다양한 방식으로 진행되었다. 매년 새로운 콘셉트를 가지고 연출하는 신제품 발표회, 서울 시민과 함께하는 휘센 청계천 걷기대회, 아파트 부녀회장을 대상으로 한 휘센 나들이, 벌써 5회를 넘기고 전국 최고 권위를 지니게 된 휘센 주부 합창제, 프리미엄 이미지를 심어 주기 위한 MBK(메르세데스 벤츠 코리아) 공동 마케팅, 휘센 눈꽃축제, 기상 이슈를 제기한 글로벌 기상 심포지엄, 뮤지컬 〈오페라의 유령〉을 포함한 각종 프로그램 후원 등 나는 브랜드 마케팅을 하는 사람이라면 누구나 하고 싶어 하는 각종 프로모션의 기법들을 골고루 경험하는 행운을 누렸다.

휘센의 성공으로 인해 나 역시 어디를 가든 담당 광고주를 이야기할 때 휘센을 제일 먼저 언급한다. 한 브랜드와 8년이란 시간을 함께했다는 것과 그 브랜드가 세계 최고의 브랜드로 성장했다는 것이 내게는 최고의 자랑거리다. 가끔씩 대학교에서 특강을 할 때 휘센의 성공 스토리를 들려 주며 꼭 덧붙이는 말이 있다.

"1등 하는 브랜드는 뭔가 다른 게 있다."

세일즈 프로모션은 멀티탭이다

나는 SP(Sales Promotion)의 특성을 멀티탭이라고 생각한다. 멀티탭은 우리가 행사장에서도 많이 쓰는 도구로, 여러 개의 플러그를 꽂을 수 있는 콘센트다. 멀티탭 하나로 여러 개의 전기 기구를 연결해 사용할 수 있듯이, 세일즈 프로모션에 접목할 수 있는 것들은 매우 다양하다.

내가 그동안 했던 프로모션을 살펴보면 전시회 스타일로는 세계 일류 상품 전시회, 대통령 행사로는 부시 도라산 방문 이벤트 및 LG 필립스 디스플레이 제2공장 준공식, 기업 이벤트로는 LG전자의 기업 이벤트를 비롯해 우리투자증권과 하나은행의 체육대회, 심지어 LS그룹의 네이밍 작업과 CI(기업통합이미지) 개발, 학술대회의 심포지엄, PR 이벤트 등 전 방위적으로 업무가 얽혀 있다.

보통 광고장이들은 잡학 다식하다고들 하지만, 솔직히 SP를 업으로 하는 광고장이만큼 전 방위적으로 많은 것을 알고 있는 사람도 없을 것이다. 누가 내 전공 분야를 물으면 나는 감동 깊게 읽었던 스티브 도나휴의 『사막을 건너는 여섯 가지 방법』이라는 책에 나온 글을 자주 인용한다. "지도를 따라가지 말고 나침반을 따라가라."

난 세일즈 프로모션을 하는 사람이 아니라 마케팅을 하는 사람이다. 마트에서 흔히 볼 수 있는 경품 행사, 시식 행사, 1+1 행사부터 테마파크를 조성하거나 도시를 디자인하는 작업까지 프로모션의 범위는 광대하다. 프로모션 전문가는 냉장고, TV, 컴퓨터 등 갖가지 전자 기기의 플러그를 꽂아 쓸 수 있는 멀티탭처럼 역할을 다양하게 가지치기할 수 있는 사람인 것이다.

내가 강남의 큰손이라고?

열정과 땀은 항상 새로움을 창조한다. 2008년 LG 싸이언의 야심작 뷰티폰 출시를 앞두고 우리 팀에게 주어진 시간은 단 3주였다. 절대적으로 시간이 부족한 가운데 어떤 론칭쇼를 할 것인가에 대한 회의가 계속되었다. 밤샘 회의 끝에 미래의 제품을 현실에서 만나는 것을 축하하는 론칭 파티로 결정했다.

단순히 보고 즐기는 론칭 파티가 아니라 'Viewty-Ful Creators'를 메인 행사의 주제로 삼아 이 시대의 문화와 트렌드를 선도하는 분들에게 뷰티폰을 드리고, 그 뷰티폰으로 일상의 모습들을 찍어 행사장의 갤러리존에 사진 전시를 하고, 경매를 통해 얻은 수익금은 컴패션코리아(아동구호단체)에 기증하는 행사를 추진하기로 했다.

그런 론칭쇼를 하려면 무엇보다도 새로움과 고급스러움을 갖춘 대규모 파티 공간이 필요했다. 난 여러 장소들을 후보에 올려놓고 직접 현장을 찾아 뛰어다녔다. 파주 운정 지구의 유비파크, 강남의 공터, 홍대와 남산의 카페나 갤러리 등 사흘 동안 열심히 장소 헌팅을 다녔다.

나중에 알게 된 사실인데, 강남 부동산업계에서는 큰손이 땅을 보러 다닌다고 소문이 났을 정도였다.

그러던 중 행사하기에 적합한 장소를 발견했다. 청담동의 피엔폴루스 빌딩. 청담동은 대한민국의 트렌드를 이끄는 상징성이 있는 데다, 피엔폴루스 빌딩은 청담동의 새로운 랜드마크로 떠오르고 있어 행사 장소로는 더할 나위 없이 안성맞춤이었다. 하지만 건물주가 루이비통 같은 최고 제품의 론칭쇼만 허락하고 일반 제품들의 론칭쇼는 거부한다는 것이 문제였다. 뜻이 있으면 길이 있다고 했던가? 열의를 갖고 건물주를 십여 차례 만난 결과, 건물 1층에서 뷰티폰 론칭 파티를 개최해도 좋다는 허락을 받아 냈다. 난 오피스텔의 입주자들에게도 행사 초청장과 케이크를 돌렸다.

그다음엔 '어떻게 무엇을 채울 것인가?'라는 문제로 고민했다. 처음 피엔폴루스를 답사했을 때는 인테리어가 전혀 되어 있지 않은 2975제곱미터 남짓한 공간을 보고 눈앞이 깜깜했다. 입주가 완전히 이루어지기 전이라 그야말로 공사판 같은 상태였다. 이런 곳을 무엇으로 채운단 말인가.

나는 공간 디자이너인 김치호 씨와 협의해 소금을 바닥재로 활용해서 조명이나 레이저 빛이 반사될 수 있도록 하고, 행사장 중앙의 거대한 에스컬레이터는 김치호 디자이너의 오브제 작품으로 꾸몄다. 나흘간의 세팅 작업 끝에 드디어 놀라운 'Viewty-Ful World'가 완성되었다.

뷰티폰 론칭쇼가 있던 날, 유명 연예인과 연예 전문 기자, 영화 감독, 사진작가, 스타일리스트 등 이 시대의 트렌드를 창조하는 사람들과 통신사 관계자, 각계각층의 전문직 종사자들 1000여 명이 파티에 참석하기 위해 피엔폴루스에 모여들었다. 저녁 7시 30분, 뷰티폰의 탄생을 알리는 퍼포먼스와 함께 뷰티폰을 테마로 한 패션쇼가 펼쳐졌다. 그 다음 임원들의 인사말이 끝난 뒤 원더걸스와 박진영의 축하공연, DJ 파티가 계속 이어졌다. 흥겹고 열광적인 분위기 속에서 파티는 2시간가량 진행되었고, 10시가 넘어 행사는 무사히 막을 내렸다.

불가능할 것 같았던 모든 일을 가능하게 한 것은 결국 열정과 땀이었다. 프로모션은 머리로만 하는 게 아니다. 열정(마음)과 땀(몸)을 동반하지 않고 새로움을 창조한다는 건 불가능한 일이다.

어렵지만 항상 길은 있다

내 인생에서 가장 힘들었던 행사는 2007년 여름에 진행한 GM대우 '패션 투어'였다. GM대우 역사상 가장 큰 이벤트로, 100억 원의 예산이 투입된 국내 자동차업계 최대의 고객 서비스형 무료 시승, 숙박 행사였다. 현장 응모와 인터넷 응모(80만 명)로 고객들을 선정해 휴가 시즌에 강원도 설악 한화콘도와 제주도로 여행을 보내 주고, 이동할 때에는 GM대우의 대표 차종인 젠트라, 토스카, 윈스톰을 직접 운전하며 테스트해 보는 체험 프로그램이었다.

일단 여름 휴가철에 한곳의 콘도에서 100개 방 이상을 예약하는 일부터 만만치 않았다. 솔직히 7월부터 8월까지는 여행 성수기라서 한화 임원도 콘도를 예약하는 게 힘들 정도다. 한화리조트 본사와 설악 한화리조트에서는 난색을 표했지만, 우리는 방을 확보하기 위해 수십 차례 본사와 설악 한화리조트를 왔다 갔다 하면서 밀고 당기기를 계속했다. 행사 준비 단계에서 맞닥뜨린 문제는 그것뿐만이 아니었다. 설악 한화

:: LG 싸이언의 뷰티폰 론칭쇼는 트렌드를 주도하는 서울 청담동의 새로운 랜드마크 피엔폴루스 빌딩에서 열렸다(왼쪽). 유명 연예인과 연예 전문 기자, 영화 감독, 사진작가, 스타일리스트 등 각계 전문직 종사자 1000여 명이 파티에 참석했다. 오른쪽은 뷰티폰을 테마로 한 패션쇼 사진.

리조트 주차장에 전시관을 건립하는 일도 난관에 부딪혔는데, 시청 직원을 설득하고 각종 관련 서류를 구비해 결국 임시 구조물을 설치하는 데 성공했다.

2006년 7월 15일, 총 26번의 행사 가운데 아홉 번째 행사에 참여할 고객들이 출발하기로 한 날, 태풍 애위니아가 한반도를 덮쳤다. 집중호우로 전국에서 산사태가 나고 도로가 유실되는 상황에서 리조트로 향하던 100여 대의 차들이 강원도로 들어가지도 못하고 중간에서 고립되는 일이 발생했다. 강원도 국도에서 갇혀 버렸다는 고객의 전화, 출발해야 할지 말아야 할지 묻는 전화 등 각종 어려움을 호소하는 전화가 쉴 새 없이 걸려 왔다. 난 사무실에서 고객들과 통화를 하면서 밤새 해결책을 모색했다. 갑작스런 기상 악화에 대처하느라 꼬박 사흘 밤을 지새워야 했다.

난 3개월의 행사 기간 내내 거의 밤잠을 설쳤고, 신경성 위염까지 걸릴 만큼 스트레스가 이만저만이 아니었다. 교통사고 같은 큰 사건도 처리해야 했고, 차문이 잠겼으니 열어 달라는 고객의 요청도 해결해야 했다. 고객들이 직접 자동차를 운전하며 여행하는 프로그램 성격상 사고 위험성이 있어 조마조마한 마음으로 힘들게 진행했던 행사였다. 하지만 고생 끝에 낙이 온다는 말처럼 예기치 못했던 비상 사태를 슬기롭게 헤쳐 나간 덕분에 광고주에게 더 큰 신뢰를 얻을 수 있었다. 그리고 "프로젝트 이후 GM대우의 이미지가 개선되었다."는 광고주의 칭찬을 들었을 때, 나는 망각이라는 에너지가 다시 한 번 충전되는 걸 느꼈다.

이젠 BTL이다

광고대행사에 따라서 프로모션 부서를 BTL 팀이라 부르는 곳도 있다. 광고에 종사하는 사람이면 ATL, BTL이라는 용어를 자주 접할 것이다. ATL(Above The Line)은 4대 매체(TV, 신문, 잡지, 라디오)와 뉴미디어(인터넷, 케이블 TV) 등을 통한 커뮤니케이션 활동을 말하며, BTL(Below The Line)은 미디어를 매개로 하지 않고 주로 소비자와 접촉을 통해 쌍방향으로 이루어지는 커뮤니케이션 활동을 말한다.

BTL 분야로는 이벤트, 전시 & 컨벤션, 스포츠마케팅, CI, PR, TM(TeleMarketing), PPL(Product Placement), CRM(Customer Relationship Management), PRM(Partner Relationship Management) 등이 있다. 그러나 최근 트렌드의 대세는 '컨버전스(융합)'다. ATL과 BTL이 서로 영역을 넘나들고 마케팅의 큰 틀 안에서 조화를 이루며 패키지화되는 추세다.

20세기 국내 광고업계가 ATL 광고와 국내 경쟁 위주로 움직였다면, 21세기에는 BTL 광고와 글로벌 경쟁의 중요성이 커지고 있다. 막강한 정보력을 지니고 적극적으로 체험을 해 보려는 '호모 컨슈머(homo consumer)'의 등장도 BTL이 부각되는 배경으로 작용한다. 또 매체가 다양해지면서 전통 4대 매체의 영향력이 줄어들고, 유통 매장의 대형화로 매장에서 이루어지는 마케팅 활동이 강화되면서 BTL의 영향력도 더욱 커지고 있다. 아울러 데이터베이스 시스템의 발달 덕분에 고객들을 대상으로 더욱 세분화된 마케팅 활동이 가능해지면서 BTL 선택이 빈번하게 이루어지고 있는 상황이다.

사실 프로모션은 정말 힘든 분야다. 많은 것을 알아야 하고, 많은 것을 체험해야 하며, 열정과 땀방울 없이는 절대로 할 수 없는 일이다. 그러나 분명히 비전 있고 도전할 만한 가치가 있는 분야라고 말하고 싶다.

피(P)할 것은 피하고
알(R)릴 것은 알려라

| 김영숙 |

1976년생. 중앙대학교를 졸업하고 고려대학교 언론대학원에서 광고홍보학과 석사 과정을 수료했다. 올해로
PR 업무 경력만 8년째다. PR 전문대행사 드림커뮤니케이션즈에서 IT제품 PR과 사회공헌 PR을 맡았으며,
현재는 광고대행사 웰콤 PR 팀에서 PR 컨설팅과 브랜드 MPR(마케팅 PR), 기업 PR 등을 담당하고 있다.

마케팅 관련 일을 하는 사람들은 항상 시대를, 계절을 앞서 살아
야 한다. PR인도 여기서 예외는 아니다. 특히 PR인의 하루는 대개 전날
저녁에 시작된다. 지금은 가판이 폐지된 신문들이 많아 예전보다 덜하
지만, 그래도 저녁에 다음 날 신문 기사를 먼저 확인해야 하므로 보통
사람들보다 하루 먼저 내일을 시작하게 된다.

■ 저녁 6시경: 내일자 신문 확인

관련된 기사(광고주, 자사, 경쟁사 등)의 흐름과 사실이 아닌 사항,
오탈자를 체크한다.

■ 다음 날 아침 8시경: 오늘자 뉴스 확인

신문으로 확인하기 전에 먼저 인터넷을 통해 체크한다. 언론 PR을

하는 사람은 적어도 언론사에서 어떤 기사를 우선 순위로 배치했는지 정도는 알고 있어야 하므로, 관련 뉴스 외에도 오늘의 주요 뉴스를 확인해야 한다. PR할 것만 아는 PR인은 그야말로 우물 안 개구리나 마찬가지다.

- **■ 아침 8시 30분경: 오늘자 뉴스 재확인**

어제 확인하지 못한 기사나, 인터넷만으로는 분량이나 편집 배치를 확인할 수 없는 기사들을 체크한다.

- **■ 아침 9시경: 관련 뉴스 정리 및 스크랩**

관련 뉴스를 잘 정리하는 일도 중요한 PR 업무 중 하나다. 기사 자체가 PR 팀의 업무 성과이자 광고회사의 실적이 되기 때문이다. 이렇듯 매일 반복되는 뉴스 체크와 정리 작업이 끝난 뒤 비로소 PR인의 하루를 본격적으로 시작한다.

PR인들은 언론사별로 가판이 나오는 시간대를 파악해 놓아야 한다. 그래야 혹시라도 잘못된 기사가 있을 때 수정 요청을 할 수 있다. 조간과 석간, 경제 지면과 주말 지면은 마감이 다 다르다. 이미 신문을 모두 인쇄한 뒤, 또는 방송 내용이 모두 편집된 뒤에 수정 요청을 하는 것은 버스가 떠난 후 손 흔드는 격이다.

광고회사는 광고만 만드나?

흔히들 광고회사 하면 광고만 만드는 걸로 알기 십상인데, 이는 과거의 이야기다. 한 브랜드에 전 방위적인 통합 마케팅 커뮤니케이션(IMC, Integrated Marketing Communications) 전략이 필수가 된 시대에 광

:: PR인의 필수품인 다이어리와 펜, 휴대전화, 커피 잔. 다이어리와 펜은 수많은 커뮤니케이션 정리와 아이디어 메모를 위해, 휴대전화는 광고주와 기자들과의 유연한 커뮤니케이션을 위해, 커피 잔은 아무리 바빠도 5초간의 여유를 가질 수 있는 여백을 두기 위해 꼭 필요하다.

고 하나만 가지고는 반쪽 마케팅이 될 수밖에 없다. 따라서 광고와 더불어 언론 PR, 프로모션, 온라인을 통한 입소문 등 여러 방식으로 브랜드를 알리는 것이 최근의 마케팅 기본 전략이다.

그렇다면 광고회사 PR 팀에서는 구체적으로 어떤 일을 할까? 보통 기업 홍보실에서 하는 기능과 전문 PR대행사에서 하는 기능을 합친 곳이라 생각하면 된다. 광고 전략이나 콘셉트, 에피소드를 곁들여 광고 자체를 PR하기도 하고, 광고회사 자체를 PR하기도 한다. 이는 일반 기업 홍보실에서 자사와 자사 제품을 홍보하는 일과 같다. 왜냐하면 광고는 광고회사의 제품이니까. 하지만 최근에는 이보다도 광고주 브랜드에 대한 '마케팅PR(MPR)' 활동이 더 많아졌다. 하나의 브랜드 콘셉트 아래 광고와 언론 PR, 프로모션 등의 업무를 일관성 있게 진행해 투자 대비 효과(ROI, Return On Investment)를 높이는 활동이 필요하기 때문이다.

　종합광고회사는 광고만 만드는 것이 아니라 다른 마케팅 툴(tool)도 함께 진행하고, 그에 따른 맨 파워와 전담 팀을 회사 내부에 갖추고 있다. 하지만 이러한 인력 구조와 팀 체제는 현재 국내 10위권 안에 드는 대규모 광고회사에서나 가능한 일이다. 중소 규모의 광고회사는 아직 통합 마케팅보다는 광고 제작에 주력하고 있으며, 프로모션이나 PR을 진행하더라도 내부 인력이 아닌 외부 업체에 위탁하는 경우가 대부분이다.

꿈을 심어 주는 광고, 꿈을 깨는 PR

　광고는 아름답다. 광고는 모두 좋은 말만 한다. 광고는 브랜드의 장점을 예쁘게 포장하는 일을 한다. 다시 말해서 브랜드에 대한 꿈을 심어 준다. 하지만 언론 PR은 이와는 정반대다. 언론을 통해 뉴스로 나가는 기사는 정확해야 한다. 꿈보다는 현실에 초점을 맞춘다. 무턱대고 업계 최고, 세계 판매 1위를 외칠 수는 없는 것이다. 정확한 매출이나 실적에 대한 숫자(fact)가 뒷받침되어야 한다. 언론 PR을 하려면 이렇게 사실에 대한 정확한 인지가 있어야 한다. 뭉뚱그려 말하거나 두루뭉술한 대화는 모든 언론 PR의 적이다.

　PR 대상에 대해서는 육하원칙에 따라 사실 중심으로 술술 말할 수 있을 정도로 반(半)전문가가 되는 것이 PR인의 기본적인 소양이자 덕목이다. 기자나 제3자가 어떤 질문을 해도 대답하거나 받아칠 준비가 되어 있어야 한다. 질문에 대해 '다음에' 또는 '확인 후'를 반복하는 PR

인은 매력 없다. 아니 자격이 없다. PR인은 남의 것을 PR하는 게 아니라 내 제품, 내 브랜드를 PR한다는 마음으로 일해야 한다. 주인이 제물건에 대해 잘 모른다는 건 말도 안 되는 소리다.

몇 십 년 전까지만 해도 광고비를 5억 원만 써도 10억, 20억의 효과를 봤다. 하지만 세상이 변했다. 소비자가 브랜드나 정보를 접할 수 있는 매체가 매우 다양해졌다. TV, 라디오, 신문, 잡지 등의 매체를 통해서도 정보를 얻지만 그 외에도 미니홈피, 휴대전화, 버스 등 생활 곳곳에서 브랜드를 접할 수 있다. 광고의 도구가 이렇게 다양해지는 동안 소비자들도 참 똑똑해졌다. 웬만해서는 광고를 그냥 연출된 상황, 즉 광고로만 받아들이기 때문이다. 그래서 부각되는 마케팅 방법 중 하나가 언론 PR이다.

그러나 언론 PR은 목표를 가지고 전략과 전술을 기획할 수는 있지만 완벽한 팩트를 중심으로 언론사 편집국을 통해 철저한 검증이 이루어진 다음에야 기사화된다. 즉 누가 봐도 반론의 여지가 없어야 한다. 언론 매체는 광고처럼 돈을 주고 신문 지면이나 방송 시간대를 마음대로 살 수 있는 메커니즘이 아니기 때문이다. 하지만 기사화되기가 어려운 만큼 게재된 기사에 대한 신뢰도는 높다고 할 수 있다.

이런 이유로 미국 굴지의 광고대행사인 오길비 앤 매더사는 *Ogilvy On Advertising*이란 책을 통해 "기사는 광고보다 약 6배의 광고 효과가 있다."라고 했다. 즉 뉴스가 시작되기 전에 나오는 광고보다 뉴스 시간에 소개되는 보도 내용이 소비자들에게 더 효력이 있다는 말이다. 사람들은 보통 광고는 포장되고 과장된 상황으로 받아들이는 반면, 뉴스는 사실로 받아들인다. 이렇듯 신뢰도가 높은 기사의 속성 때문에 언론 PR이 각광을 받고 있으며, 그 중요성이나 영향력이 계속 커지고 있다.

PR인은 앵무새가 아니다

　PR인은 기업 내부의 이슈나 사건, 또는 일정 브랜드에 대한 소식을 외부로 알리는 사람이다. 외부로 알릴 때 가장 기본적인 자료가 바로 보도 자료다. 보도 자료는 그야말로 외부로 드러내는 출사표인 셈이다. 그런데 PR인들 중에는 A4 몇 장으로 구성된 보도 자료 내용만 파악하고 있는 경우가 더러 있다. 그래서 보도 자료 이외의 업계 이야기나 시장 상황, 과거 이슈에 대해 질문하면 전혀 대답을 하지 못한다. 이렇듯 해당 보도 자료만을 달달 외워서 전하는 것은 앵무새나 다름없다.

　한편 PR대행사에 PR을 맡겨 놓고도 대외비라며 내부의 이슈나 정보를 PR대행사와 공유하지 않는 기업들이 간혹 있다. 꼭 필요한 대외비는 어쩔 수 없더라도 기자나 제3자가 알려고 하면 알 수 있을 법한 정보는 서로 공유해야 PR대행사도 대처가 가능한데 그 같은 협조가 제대로 이뤄지지 않는 것이다. 이런 기업들은 PR대행사와 같이 일해도 PR 효과를 얻기 힘들다.

　보도 자료를 작성할 때에는 단 몇 장이라도 기획을 해야 한다. 광고 제작 팀이나 브랜드 개발 팀에서 설명해 주는 정보를 그대로 글로 옮기는 것이 아니라 기획 마인드를 갖고 작성해야 한다. 제대로 된 보도 자료를 만들기 위해서는 최근의 트렌드와 부합하는지, 최근의 업계 상황은 어떠한지 등을 파악하고 있어야 한다. 이와 더불어 기사로서 가치를 느낄 수 있도록 차별성이 있어야 한다. 바꿔 말하면 PR도 창조적이어야 한다. 창조적이지 않은 보도 자료는 재미가 없고 그러면 기사화되는 것은 요원하다.

　결국 PR인은 끊임없이 공부해야 한다. 언론 뉴스를 공부하고, PR할

대상의 전반적인 정보를 공부하고, 대중의 여론이나 트렌드를 공부해야 한다. 아울러 베스트셀러 책과 흥행 영화, 연극, 뮤지컬을 챙겨서 보려고 노력하고, 매일은 힘들더라도 최소한 점심시간만큼은 새로운 사람과 같이 보낼 수 있도록 해야 한다. 새로운 사람을 만나는 것도 공부이기 때문이다. 나와 다른 일을 하는 사람, 나보다 나이가 많거나 적은 사람들과의 만남을 통해 정보를 얻고, 발상을 전환할 실마리를 찾을 수 있기 때문이다.

피할 것은 피하고, 알릴 것은 알려라

언론 PR은 모두 사람이 하는 일이다. PR도 사람이 하고, 기사도 사람이 쓴다. 이 말은 그만큼 PR인의 인간관계가 중요하다는 뜻이다. 여기서 인간관계란 단순히 밥을 먹고 술을 마시고 인간 대 인간으로 친해지는 것만이 아니라, 서로 좋은 비즈니스 파트너가 되라는 얘기다.

모 언론사의 차장님이 미국 연수를 다녀와서 인상적인 얘기를 해주셨다. 미국은 홍보대변인과 기자의 관계가 서로 돕고 도와주는 대등한 관계로 확실히 자리 잡았다고 한다. 누가 누구에게 부탁을 하는 갑과 을의 관계가 아니라는 것이다. 어찌 보면 너무 당연한 이야기다. 기자는 대변인이나 PR인들을 통해 원하는 정보를 얻어 기사를 작성하고, PR인은 기사를 통해 홍보 활동을 하기 때문이다.

그렇다면 PR인은 어떻게 해야 기자와 돈독한 관계를 유지할 수 있을까? 대답은 간단하다. 좋은 PR거리를 제공하는 훌륭한 PR인이 되는 것이다.

훌륭한 PR인은 우선 진실해야 한다. 보도 자료에서는 물론이고 말 한마디에서도 진실해야 한다. PR인의 이미지는 곧 그 회사의 이미지이 기도 하므로. 또 개인적인 대화 외에는 PR인은 자신의 생각보다는 회 사나 기업의 상황을 고려해 기자에게 전해야 한다. 회사의 동의 없이 개인의 생각을 구구절절 늘어놓았다가는 나중에 혼란을 초래할 가능성 이 높다. 진실하게 정보를 전하되 그야말로 피(P)할 것은 피하고 알(R) 릴 것은 알려야 한다.

아울러 PR인은 정보가 풍부해야 한다. 단편적인 정보를 알려 주기 보다는 큰 그림(시장 상황, 업계 상황, 향후 계획 등)을 전해야 한다. 그 러려면 앞에서도 얘기했듯이 공부를 많이 해야 한다. 두루 아는 PR인 이 기사가 될 만한 거리도 많이 기획할 수 있다. 기자들도 질문에 상세 하게 대답해 주는 PR인이 반가울 수밖에 없다.

또 PR인은 신속해야 한다. 모든 조직의 일이 그렇겠지만, 특히 PR 업무는 기자들과 호흡을 맞춰야 하므로 발빠르게 대응해야 한다. 어제 요청이 들어온 자료를 사나흘 후에 제공하는 사람은 PR인으로서 자격 이 없다. 부득이한 경우를 제외하고는 그날 요청받은 자료는 그날 제공 하는 것을 원칙으로 해야 한다. 따라서 PR인은 눈과 손이 빨라야 한다.

그 밖에도 훌륭한 PR인이 되려면 보도 자료를 잘 써야 한다. 보도 자료는 읽기 쉽고 이해하기 쉬워야 한다. 보도 자료 작성법을 배우러 멀리 갈 필요도 없다. 기자들의 기사를 찾아 많이 읽으면 된다. 기사를 보면서 육하원칙과 부연 설명, 단락 구성을 어떻게 했는지 익히는 것이 가장 좋은 훈련법이다.

만리장성을 쌓는 광고인, 만리장성을 오르는 PR인

최근에 진행했던 PR 업무 중에서 기억에 남는 것을 꼽으라면 '2008 베이징 올림픽'을 맞아 패션 브랜드 홍보를 위해 세계 최초로 개최한 '만리장성 패션쇼'를 들 수 있다. 언론 PR 준비 기간만 약 8개월이 걸렸고, 개인적으로는 둘째 아이를 가진 채 겪은 일이라 더욱 의미가 깊은지도 모르겠다.

PR할 곳이 중국인 만큼 중국 주재 특파원들을 섭외해야 했는데, 특파원을 섭외하기 전에 서울에 있는 언론사 본사와의 조율도 무척 스릴 넘치는 과정이었다. 기사가 나가는 시점까지 그 누구도(기사를 쓴 기자마저도) 보도가 되리라는 확언을 할 수 없는 메커니즘 때문에 한시도 마음을 놓을 수가 없었다.

행사가 열리던 날, 세계의 수많은 취재진과 패션 관계자들이 만리장성에 올랐다. 만리장성을 비추던 해가 뉘엿뉘엿 질 무렵 독특한 비트의 음악이 만리장성에 울려 퍼지는 가운데 멋진 의상을 입은 패션 모델들의 런웨이 워킹이 시작되었다. 업무를 떠나 처음 만리장성에 올라서 그곳에서 펼쳐진 패션쇼를 접하게 된 감동은 이루 말로 표현할 수가 없었다. 만리장성의 10월은 우리나라의 한겨울 날씨였다. 하지만 추위에도 불구하고 패션쇼가 끝나는 것이 아쉬울 정도의 장관이었다.

패션쇼뿐만 아니라 각 언론사의 특파원들도 인상 깊었다. 중국어가 능통한 데다 한국에서 온 사람들을 보고 반가워하던 모습이 돌아와서도 눈에 선하다. 쇼를 마친 다음 날 비행기를 타고 인천공항에 내렸는데, 어제 치른 패션쇼 장면과 며칠을 함께한 특파원들의 모습이 TV 뉴스에 나오고 있었다. 마중 나온 남편보다 더 반가워서 떨리는 마음으로 꼼짝하지 않고 뉴스를 지켜보았다. 아마 PR인들이라면 이런 심정에 공감할 것이다.

공항을 나오면서 "광고인이라면 촬영을 위해 만리장성 세트를 지었겠지만, 팩트를 따라가는 PR인이라 만리장성을 오르고 왔다."라는 어느 관계자의 농담이 생각났다.

PR 전문가를 꿈꾸는 후배들에게

광고회사는 강도 높은 업무 때문에 인력 이동이 잦은 편이다. 하지만 광고회사 PR 팀은 AE나 카피라이터, 디자이너보다는 인력 이동이 심하지 않은 편이다. PR 팀에는 대개 3~6명의 PR 인원이 있으며, 공채보다는 결원이 생길 때마다 수시로 채용하는 경우가 대부분이다.

광고회사 PR 팀은 상대적으로 채용 기회가 적은 만큼 결원이 생기기만을 기다리지 말고 PR을 배울 수 있는 다른 문도 두드려 볼 것을 권한다. 솔직히 광고회사 PR 팀뿐만 아니라 일반 기업의 홍보실도 결원이 생기는 일은 그리 흔치 않다. 그러므로 채용 기회가 상대적으로 많은 전문 PR대행사에 입사해 PR 일을 배우는 것도 괜찮다. 기업 홍보실이든 광고회사 PR 팀이든 전문 PR대행사든 조직의 문화가 다를 뿐이지 PR 업무는 거의 비슷하기 때문에 일단 경력을 쌓는 것이 중요하다. 신입보다는 경력직이 채용 기회도 훨씬 많고 유리하기 때문이다.

또 고급 영어를 원어민처럼 잘할 자신이 있다면 해외 PR에 도전하는 것도 좋다. 아직 국내에는 이렇다 할 해외 PR 전문가가 많지 않다. 요즘 웬만한 대기업들은 해외 언론을 상대로 해외 PR을 진행하기 때문에 해외 PR을 하는 PR대행사나 홍보실에 들어가 업무를 배워 보는 것도 매력적인 일이다.

PR인이 되고자 하는 후배들에게 한 번 더 강조하고 싶다.

"항상 공부하라, 많은 사람들을 만나라, 진실해라, 신속해라."

이 말은 어느 직종에나 해당되는 말이지만, PR인에게는 없어서는 안 될 꼭 필요한 덕목이다.

"그 광고에 나온 음악이 뭐죠?"

| 이지영 |

중앙대학교에서 불어불문학을 전공했지만 재학 시절 내내 학교 방송국 PD로 몸 바쳐 일하다가 1993년 제
일기획 오디오 크리에이티브 팀에 입사해 오디오 PD가 되었다. 2001년부터는 프리랜서로 독립해 국내 유
일의 여성 프리랜서 오디오 PD로 활약하고 있다. 1년에 150편 이상의 광고를 만들며 좀 더 재미있고 멋진
소리를 찾아 헤매는 중이다.

8:30 AM. 녹음실로 가는 길. 이 시간대의 도로는 주차장이나
다름없다. 내가 가지 않으면 녹음은 시작되지 않는다. 오늘 쓸 BGM도
내 외장하드에 들어 있고, 4명이나 되는 성우들의 배역을 잡아 주는 것
도 내가 해야 할 일이다. 앗, 저 차는 왜 갑자기 끼어드는 거야!

10:50 AM. 어제 광고주 시사가 끝나고 TV CM의 버전이 결정되었
다고 한다. 내가 밀던 음악이 선정되었다. 휴! 이젠 저작권을 풀어야 한
다. 예산이 빠듯하다는데, 아티스트가 저작권료를 비싸게 부르면 대략
난감.

2:00 PM. "지금 어디세요?" 다급한 목소리의 조감독 전화. 내일이
광고주 PPM(사전제작회의)인데 제시할 음악을 찾아야 한단다. "내일?
너무 급하잖아?" 하지만 난 어느새 회의에 참석하러 프로덕션 쪽으로

핸들을 꺾고 있다.

6:00 PM. 스케줄이 꽉 차서 점심을 걸렀더니 배고프다. 정신없는 월요일. 오늘도 자장면을 시켜 먹어야 하나? BGM 결정이 어렵다. 광고주가 원하는 건 멋지고 고급스럽고 쿨하여 단번에 귀에 남으면서 컬러링 차트 1위를 할 만한 노래라니….

11:00 PM. 오늘 하는 마지막 녹음이다. 내일 아침 9시에 광고주 사장님께서 보셔야 한단다. 아침 9시에 '주님'이 보셔야 한다면 밤 작업은 당연한 일. 게다가 편집이 늦어져서 그림이 늦게 넘어왔다. 성우들은 제시간에 와서 기다리고 있는데, 초조하다.

1:30 AM. 버전이 워낙 많아서 믹싱을 하고 각종 버전 오디오를 뜨는 데에만 1시간이 걸렸다. "수고하셨습니다!" 인사를 하고 집으로 향한다. 하지만 이게 끝이 아니다. 집에 가서 내일, 아니 오늘 PPM과 녹음을 위해 선곡을 해야 하니까. 아, 잠은 몇 시에 잘 수 있을까.

내가 도대체 뭐하는 사람이냐고? 난 오디오 PD다. 한국에서 10명 남짓한 사람만 갖고 있는 독특한 직업. 그리고 난 프리랜서 오디오 PD 중 유일한 여성이다.

듣고 나서도 머리를 갸웃하게 되는 직업

광고업계에서 오디오 PD란 전파 광고(TV CM과 라디오 CM)의 오디오 부분을 총괄하는 프로듀서다. 쉽게 말해서 광고에 들어가는 모든 소리를 요리하는 사람이다. 프로듀서가 그림을 책임진다면, 오디오 프로듀서는 소리를 책임진다. TV CM에서는 콘티를 바탕으로 오디오 구성을 어떻게 할 것인지 기획하고 감독, 대행사(CD, PD)와 함께 오디오 작업을 이끈다. 라디오 CM의 경우엔 카피라이터와 함께 일하게 된다.

사람은 듣. 고. 본. 다. 그리고 소리는 많은 것을 담고 있다. 연인과 헤어지던 날 버스 안에서 흘러나오던 음악, 엄마가 청소할 때마다 부르던 노래, 우산 속에서 들리는 기분 좋은 빗소리…. 소리는 그림보다 더 많은 것을 전달할 수도 있다. 그래서 15초의 예술인 광고에서 오디오가 차지하는 비중은 50퍼센트, 아니 어쩌면 그 이상일지도 모른다.

오디오 PD의 작업 과정

오디오 PD의 일은 콘티 단계에서부터 시작된다. TV CM을 예로 들어 볼까. 광고주와 대행사에서 만들기로 합의한 콘티가 나오면, 오디오 PD가 따라붙는다. 오디오 PD는 감독, 대행사와 함께 TV CM의 소리를 어떻게 만들지 고민한다. 음악은 기존 곡 가운데 선곡해서 쓸지 CM송을 제작할지, 음악을 전체적으로 깔지 뒷부분만 깔지, 또는 앞뒤로 두 종류의 음악을 붙일지를 결정한다. 이때 로고송(징글이라고도 한다) 제작과 동시녹음 여부도 체크한다. 이런 전체적인 계획을 감독과 협의하고, 대행사와 함께 광고주 PPM(사전제작회의)을 준비한다. 요즘엔 PPM에서 음악을 미리 들어 보는 경우도 흔하기 때문에 그전까지 선곡 작업을 끝낸다. CM송을 제작해야 하는 경우에는 이 단계에서 CM송 프로덕션에 제작 발주를 한다.

PPM이 끝나면 촬영과 편집이 이루어진다. 요즘은 편집 작업할 때 음악이 반드시 필요하다. 편집의 리듬감을 위해서이기도 하고, 미리 준

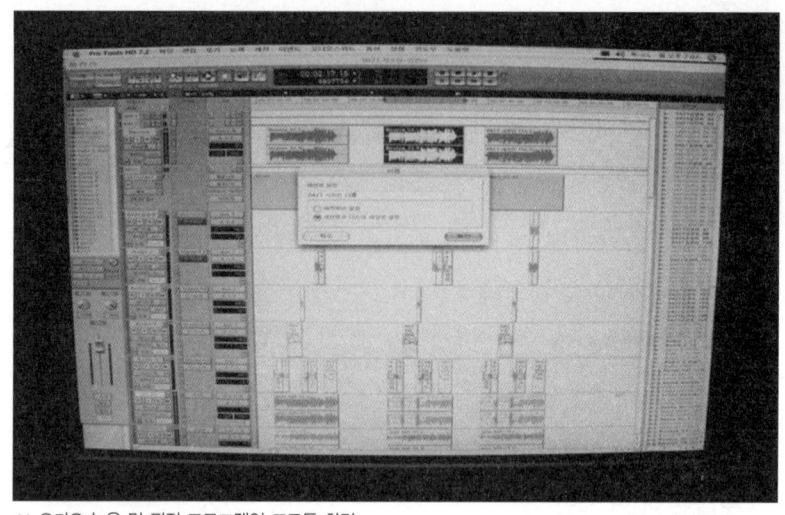

:: 오디오 녹음 및 편집 프로그램인 프로툴 화면.

비한 음악을 붙여 봤을 때 잘 맞는지도 판단해야 하기 때문이다. 물론 편집실에서 음악이 결정되진 않는다.

편집된 그림이 녹음실로 넘어오면 본격적인 오디오 작업을 시작한다. 오디오 PD는 녹음실의 사운드 엔지니어와 함께 사운드 작업을 한다. 아직 날것인 상태의 그림에 음악을 입히고 적절한 음향효과(Sound Effect)를 넣는다. 동시녹음 업체가 녹음실로 동시녹음한 음원 CD를 보내오면 각 OK 컷에 맞는 소리를 찾아 넣는다. 그다음에 제작된 로고송을 적절한 자리에 넣는다. 녹음실에서는 프로툴(Pro Tools)이라는 디지털 녹음 편집 프로그램을 이용하는데, 오디오 PD도 사운드의 특성이나 프로툴의 기능 정도는 당연히 알고 있어야 한다.

어느 정도 사운드 작업이 이루어지면 카피를 녹음하는 작업에 들어간다. 이때 대행사의 CD, PD, 카피라이터와 프로덕션 감독이 녹음실에 같이 모여 협의하는 경우가 많으며, 가끔은 광고주가 동석할 때도 있다.

녹음실에서는 오디오 PD가 녹음을 총지휘한다. 카피를 목소리로 전달하는 역할은 대부분 직업 성우가 맡지만 모델이 하는 경우도 적지 않다. 광고는 짧다. 우리가 TV에서 주로 보는 광고는 겨우 15초다. 15초 안에 들어갈 수 있는 카피는 한정되어 있고 전달하고 싶은 메시지는 많다. 녹음하면서 카피의 뉘앙스, 분량, 내용을 조절하는 작업은 꽤나 까다로운 일이다. 카피라이터와 CD, 감독 모두의 재치가 필요한 대목. 녹음 전에 미리 정해진 카피라도 실제로 읽어 보면 느낌이 많이 다르기 때문에 몇 번이고 녹음하고 편집하면서 조정한다.

일반인들이 녹음 작업 과정을 구경한다면 굉장히 놀랄지도 모른다. 단 한 줄의 카피를 100번 넘게 녹음할 때도 있으니까. 예를 들어 '당신 곁에'라는 네 글자의 카피가 있다고 하자. 톤이 높은지 낮은지, 속도는 빠른지 느린지, 네 글자에 들어가는 감정이 사랑인지 우정인지 망설임인지, 목소리는 경쾌한지 우울한지, 말끝은 단호하게 자를 것인지 모호하게 흐릴 것인지를 점검하며 몇 십 번, 몇 백 번씩 녹음한다. 원하는 소리가 나올 때까지. 보통 사람들은 들어도 알아챌 수 없는 0.01퍼센트의 뉘앙스 차이에도 민감해야 하는 것이 바로 광고 녹음이다.

이런 고난도의 작업을 마치면 밍밍하던 그림도 메이크업을 끝낸 모델처럼 근사하게 변신한다. 원래 그림이 멋졌다면 완성도 높은 오디오를 붙여 놓았을 때는 더 근사해진다.

믹싱을 마친 뒤 오디오 마스터본 파일을 편집실로 다시 넘긴다. 더빙이 완성된 그림을 동영상 CD나 테이프에 담아 대행사 내부 시사와 광고주 시사를 거치는데, 그 과정에서 많은 수정 사항이 나오기도 한다. 때로는 열 번 넘게 수정 녹음을 할 때도 있다. "카피가 잘 안 들려요." "성우가 맘에 안 들어요." "음악을 더 찾아 주세요." 등 그 이유 또

한 다양하다.

최종 마스터 테이프가 방송국으로 넘어가기 전, 오디오 PD에겐 큰 일이 하나 남아 있다. 바로 저작권을 풀어야 하는 과정. 모든 음악에는 주인이 있고, 그들에겐 당연한 권리가 있다. 광고에 나갈 음악의 저작권 관리회사를 찾아서 금액을 협의하는 일도 오디오 PD의 몫이다. 사실 오디오 PD는 음악을 제시할 때부터 저작권료에서 자유로울 수 없는 사람이다. 우리나라는 최종 시사가 끝난 뒤부터 광고가 방송으로 나갈 때까지의 기간이 유난히 짧기 때문에 문제가 생기기도 한다. 저작권료가 미리 책정한 예산보다 높거나 음악 사용 불가라는 답변을 받는다면? 으악! 악몽이 따로 없다. 그럼 재빨리 대안을 찾아야 한다. 다른 음악을 선곡하거나 원곡 비슷하게 음악을 제작해서 대체하는 식으로 문제를 해결한다.

고생스러운 선곡 작업과 수많은 전화 통화, 다량의 커피, 지긋지긋한 메일질, 반복되는 수정 녹음 작업에서 벗어나면 언젠가 내가 만든 CM이 TV에 나오는 걸 볼 수 있다. 기쁜 마음에 앞서 귀가 먼저 쫑긋거린다. 소리 크기가 작진 않은지, 카피가 잘 들리는지, 음악 편집한 게 티 나지는 않는지…. 아, 역시 직업병이다.

3초 만에 당신을 유혹하는 광고 음악

인터넷 서핑을 하다 보면 가끔 '무슨 광고에 나온 음악이 궁금해요.'라든가 '그 광고 CM송 완전 중독이에요.'라는 글을 보게 된다. 광고의 배경음악이야말로 3초 만에 소비자의 마음을 흔들 수 있는 가장 강력한 도구가 아닐까? 우리는 광고에 들어가는 배경음악을 'Background Music', 줄여서 BGM이라고 한다. 그렇다면 광고의 BGM에는 어떤 특성이 있을까?

우선 BGM은 짧은 시간에 느낌을 전해야 한다. 메인 매체의 광고에 BGM이 15초 동안 계속 깔릴 때도 있지만 5초밖에 안 깔릴 때도 있다. 요즘 대중음악이 보통 3~4분이 넘는다는 걸 감안하면 얼마나 짧은지 알 수 있다. '30초 안에 채널이 돌아간다.'는 게 방송계의 규칙이라지만, 우리는 5초 안에 승부를 내야 한다. 멋지다, 아름답다, 슬프다, 힘들다 등 표현하고 싶은 감정들을 그 안에 표현해야 하고 얇다, 새롭다, 멋지다 같은 메시지도 그 안에 드러나야 한다.

몇 분 되는 원곡을 15초로 편집하자니 어려움도 많다. 라디오에서 들었을 때 좋은 노래라고 해서 광고에도 좋으란 법은 없다. 편집한 그림과 함께 틀어 보면 힘이 없거나, 한없이 늘어져서 첫 소절이 지나고 나면 15초가 다 흘러 버리는 경우도 있다. 반면 소비자들에겐 이런 불만도 들린다. "광고에서 듣고 너무 좋아서 샀는데, 전곡을 들어 보니 지루하고 별로예요." 하하, 죄송할 따름이다. 제일 좋은 부분만 기가 막히게 편집해야 하는 게 우리 직업인지라.

현재 우리나라 광고의 BGM은 영어 팝송이나 연주 음악이 태반이다. 물론 한글 가사를 넣어 만든 CM송도 쓰이긴 하지만. 왜 그럴까? 이는 팝 음악에서 다양한 시도가 이루어지기 때문이기도 하고 가사 때문이기도 하다. 아무래도 우리말로 된 음악이 나오면 가사에 주의가 분산되기 때문에 카피와 부딪히는 경우가 많다. 하지만 잘 선곡된 가요는 팝송보다 더 큰 위력을 발휘할 수 있다. 전지현이 등장했던 올림푸스 광고의 삽입곡 〈너에게 난, 나에게 넌(자전거 탄 풍경)〉처럼 노래의 느낌은 물론이고 가사까지 CM 내용과 딱 맞아떨어지면 그야말로 금상첨화.

멋진 영상과 죽이는 음악 결혼시키기

TV 광고를 보다 보면 그 그림에 맞춰서 만들기라도 한 듯 기가 막히게 잘 어울리는 훌륭한 음악을 접할 수 있다. 천생연분 같은 그런 선곡이 분명 존재한다. 하지만 그런 곡을 찾아내기 위해 오디오 PD가 치러야 하는 고통은 이루 말할 수가 없다.

우선 당연한 말이지만 광고 음악은 그림과 잘 맞아야 한다. 그림의 분위기와 편집감을 살려 내는 음악! 짧은 시간 안에 스토리를 설명할 수 있는 음악을 선곡해야 할 때도 있지만, 반대로 그림을 받쳐 주기만 하고 압도하지 않는 미니멀한 곡을 찾아야 할 때도 있다.

둘째, 3초 만에 귀를 자극하고 기억에 남는 음악적 요소가 있어야 한다. 1분을 들어야 느낌이 오는 음악은 광고 음악으로 자격이 없다. 그리고 놀랍게도 15초 길이 안에 기승전결이 있는 음악이라야 한다. 같은 리듬이 15초 동안 반복된다든가, 전주는 괜찮은데 후렴은 지루하게 흐르는 음악은 탈락되기 일쑤다.

셋째, 적절한 대중성과 적절한 낯섦을 지니고 있어야 한다. 처음 접했는데 어디선가 들어 본 듯한 음악, 한 번 들었는데 자꾸 듣고 싶은 음악이라야 한다. 누구나 알고 있는 음악은 쓰지 않는 게 보통이다. (하지만 연인의 애틋한 사랑 장면이 나올 때, 영화 〈러브스토리〉의 주제가가 흐르면 보는 사람이 그 감정을 이해하기 쉽겠지? 그런 경우에는 유명한 음악이 효과적이다.) 또 너무 난해한 음악도 제외된다. '저 음악은 뭐지? 처음 들어 보는데 너무 좋다!' 싶은 음악이어야 한다. 물론 짚더미에서 바늘 찾기처럼 힘든 일이지만.

넷째, 광고 관계자들이 만족할 수 있는 음악을 찾아야 한다. 오디오 PD 자신뿐만 아니라 감독, 프로듀서, CD, 그리고 최종적으로는 광고주까지 만족할 만한 음악이어야 한다. 그러다 보니 정말 어이없는 상황이 벌어질 때도 있다. 아주 좋은 음악인데도 특정인의 취향 때문에 쓸 수 없다든지, 반대로 광고주 측의 취향에 따라 특정 곡을 쓴다든지 하는 상황 말이다. 실제로 광고주 사장님이나 회장님들은 대개 어느 정도 연배가 있기 때문에 그분들이 젊은 시절에 들었던 옛날 노래를 사용하면 좋아하신다. 후일담이지만, 내가 고른 옛날 노래 한 곡을 들으시고 어떤 사장님이 "이 노래 너무 좋네!" 하시더니만 창가로 가서 촉촉한 눈으로 옛 추억을 떠올리시더란다.

다섯째, 적당한 저작권료로 쓸 수 있어야 한다. 비주얼과 어울려 환상적인 시너지 효과를 내고 감독부터 광고주까지 좋아하는 곡이라도 예산을 초과하는 저작권료를 지불해야 한다면 그 노래는 과감히 포기해야 한다. 최근 광고 음악의 중요성이 대두되면서 많은 광고주들이 몇 년 전보다는 광고 음악에 많은 예산을 배정하고 있지만, 모든 작품을 풍족한 예산으로 작업할 수는 없는 일. SK 텔레콤 광고에 나오는 비틀즈의 〈Let it be〉 같은 노래는 저작권료가 3개월 기준으로 몇 천만 원씩 한다. 개인적으로는 삼성 기업 PR에 쓰였던 엘튼 존의 〈Your song〉, KT 기업 PR에 쓰였던 린든 데이비드 홀의 〈All you need is love〉(영화 〈Love Actually〉의 OST) 같은 곡들을 선곡할 수 있었던 건 행운이다. 그런 음악에 아낌없이 투자할 수 있는 광고주를 만나는 건 쉬운 일이 아니기 때문이다.

오디오 PD로서 감각을 유지하기 위해서는 부지런해야 한다. 새로 쏟아져 나오는 수많은 음악을 모니터하고, 빌보드차트도 기웃거리고, 좋은 음악이 나오면 운전하다가도 메모한다. 외국에 나가서도 레코드숍을 찾아 한국에선 구하기 어려운 앨범들을 한아름 산다. 누군가에게 전화했을 때 컬러링에 좋은 음악이 나오면 꼭 물어본다. 이렇듯 오디오 PD의 삶은 고달프다. 밤도 샌다. 선곡이 잘 안 풀리면 밥도 안 넘어 간다. 하지만 묻혀 있던 좋은 음악을 찾아내서 최고의 그림과 결혼시키는 기쁨을 말로 표현할 수 있을까?

한 번 들으면 하루 종일 따라 부르는 CM송

그렇다면 독자들은 궁금할 것이다. CF에 깔리는 노래 한 곡을 고르기 위해서 오디오 PD들은 대체 몇 곡이나 들어 볼까? 글쎄, 통계를 낼 수는 없지만 개인적으로는 CF 한 작품을 할 때 최초로 제시하는 곡이 10곡 정도니까 들어 보는 곡은 그 열 배는 되지 않을까? 하지만 한 번에 선곡이 끝나는 법은 거의 없다. 내 최고 기록은 세븐과 박정아가 버스 안에서 신나게 춤을 추는 애니콜 TV CM 버스 편이었는데, 선곡을 11번 이상 했다. 그렇다면 1000곡은 족히 들어 보았다는 얘기다. 그런 과정을 거쳐서 최종 결정된 음악이 베이스먼트 잭스의 〈Hot'n Cold〉라는 노래였는데, 얼핏 들으면 "하~ 애니콜"로 들린다고 해서 큰 화제가 되기도 했다. 아직도 방송 프로그램에서 그 노래를 들으면 감회가 깊다.

콘티와 예산에 따라서 기존 곡에서 선곡하지 않고 CM송을 제작할 때도 많다. "결혼 말 나오면 웃으면 되고, 잔주름 늘면 작게 웃으면 되

고~ ♬"처럼 가사가 있는 CM송만을 광고 음악이라고 생각하지 말길. 광고 현장에서는 가사가 없는 연주 음악을 만드는 게 더 흔하다. 또 "닦지 말고 씻으세요 룰루~ ♬"처럼 광고주명이나 브랜드명이 쉽게 기억되도록 하기 위해 징글(Jingle) 또는 로고송(Logo Song)이라고 불리는 짧은 코드 음악도 많이 만든다.

　CM송을 제작할 때에도 오디오 PD는 중요한 역할을 한다. 어떤 장르의 노래여야 할까? 관현악이 들어가야 할까? 재즈로 만들면 어떨까? 가수는 어떤 사람이 좋을까? 음악 감독과 함께 이런 얼개를 잡아 나간다. 요즘엔 제작을 하더라도 자료 음악을 찾아 작업에 활용하기도 한다. 오차를 줄이기 위한 참고서라고나 할까? (그렇다고 해서 자료 곡과 비슷하게 만드는 건 아니다. 음악을 말로 설명하려면 한계가 있기 때문에 실제 음악을 가지고 토론해 보는 것이다.) 시사를 마치고 수정 사항이 나왔을 때 음악을 잘 모르는 광고주나 감독의 언어("사운드가 좀 더 힘이 있으면 좋겠어!")를 음악을 만드는 사람의 언어("현악 파트의 볼륨을 강화하고 가수의 목소리를 더 힘차게 키우면 어떨까?")로 바꾸는 것도 오디오 PD의 몫이다.

난 오디오 PD다

직업이 특이하다 보니 많은 사람들이 음대 출신이냐고 묻는다. 답은 No! 제일기획 최종 면접 시험에서도 같은 질문을 받았다.

"음악을 전공한 다른 경쟁자보다 본인이 더 우수한 이유가 뭐라고 생각합니까?"

그때 난 이렇게 대답했다.

"클래식을 전공하는 사람처럼 음악을 깊이 있게 아는 것도 중요하겠지만, 더 많은 종류의 음악을 알고 감각을 지니는 것이 훨씬 중요하다고 생각합니다."

지금도 그 생각엔 변함이 없다. 실제로 오디오 PD들의 전공은 음악과는 별 관련이 없으며 불문과, 경제학과, 경영학과 등 아주 다양하다.

현재 우리나라에는 10여 명의 프리랜서 오디오 PD들이 활약하고 있다. 대부분 광고대행사의 오디오 팀 출신이지만, 지금은 광고대행사에서 오디오 PD를 찾아보기가 힘들어졌다. 광고대행사에서 체계적인 교육을 받을 수 있었던 나는 정말 행운아였다고 생각하는데, 지금 오디오 PD를 희망하는 지원자들에게는 안타까운 현실이다. 꼭 오디오 PD가 아니더라도 광고 오디오 쪽에서 일하고 싶은 사람은 사운드 엔지니어, CM송 감독 등의 직업을 꿈꿔 보는 것도 좋을 듯하다.

광고업에 종사하는 모든 사람들이 그렇겠지만, 오디오 PD도 결코 만만한 직업은 아니다. 스트레스 '만빵', 생활은 불규칙, 바쁠 땐 여기저기 하루에 100통씩은 전화를 해야 하고, 내가 만든 광고를 TV에서 볼 시간적 여유조차 없다. 가끔은 딱 맞는 음악이 나오질 않아서 너무 괴롭고, 제작 시간은 늘 턱없이 부족하고, 시사 후 수정 사항은 넘쳐날

만큼 많다. 하지만 이 직업은 아주 매력적이다. 늘 곁에 있어 내 인생에서 빼놓을 수 없던 음악이 이제 내 직업의 일부가 되었다. (부작용이라면 음악을 들을 때마다 자꾸만 그림에 붙여 보는 상상을 하는 버릇 정도?)

또 오디오 PD는 매우 전문적인 직업이다. 소리에 관한 것들은 무엇이든지 오디오 PD의 영역에 속한다. 음악, 음향효과, 저작권, 광고주가 요구하는 음반 제작 등 오디오 부문의 컨설턴트라 할 수 있다. 그리고 결과에 대한 만족감도 크다. 내가 만든 CM의 반응이 좋을 때나, 내가 선곡한 BGM 덕분에 실력은 있지만 잘 알려져 있지 않던 아티스트의 노래가 차트에 오르는 걸 보면 정말 뿌듯하다.

지루한 출근길에 요절복통 재미있는 라디오 CM이 나와서 10초 정도 미소를 짓게 될 때, 걸음마를 시작한 당신의 아이가 CM송에 맞추어 귀여운 춤을 출 때, TV CM에 나오는 음악이 뭔지 너무 궁금해서 인터넷 검색을 할 때, 그런 소리를 만들기 위해서 쉴 새 없이 노력하는 사람들의 존재를 한 번쯤 생각해 주길. 새로운 것과 낯선 것들 사이에서 당신의 귀를 잡아끌기 위해 정신없이 뛰어다니는 사람들의 존재를 말이다.

● CM송 감독(또는 음악 감독)

광고에 들어가는 CM송을 만드는 사람이다. 작곡과 편곡 능력, 컴퓨터 시퀀싱과 에디팅 실력을 갖추고 있어야 하며, 프로툴도 자유자재로 다룰 줄 알아야 한다. 광고 음악은 모든 장르를 망라하므로 음악에 대한 폭넓은 이해도 필요하다. 대중가요를 만드는 작곡가와는 달리, 짧은 시간과 촉박한 제작 기간에 맞춰 음악을 만들어 내야 한다. 따라서 순발력은 필수. 1990년대까지만 해도 몇 명의 음악 감독들이 모여 프로덕션 체제(서울 오디오, CM LINE 등)로 움직였으나, 최근엔 녹음실의 음악 팀이나 1~2인으로 구성된 회사에서 활동하는 식으로 재편되었다.

● 사운드 엔지니어

각종 디지털 장비를 이용해서 실제 녹음을 하는 기술자다. 오디오 작업에서 중요한 멤버 중 한 사람이다. 사운드 관련 하드웨어와 소프트웨어를 능숙하게 다룰 줄 알아야 하며, 광고에 대한 감각도 있어야 한다. 수정 작업이 많기 때문에 자주 바뀌는 상황에 대처하는 순발력과 밤을 새도 끄떡 없는 막강 체력까지 갖춰야 하므로 정신적, 육체적으로 꽤나 힘든 직업이라 할 수 있다. 우리나라의 녹음실은 도제 체제로 이루어져 있으므로 인턴이나 보조로 시작하는 경우가 대부분이고, 충원해야 할 인원이 생길 때 개별 면접을 통해 채용하는 경우가 많다. 사운드 관련학을 전공하고 인턴 생활을 하다가 일을 시작하기도 한다.

● 성우

카피를 전달하는 성우의 역량은 매우 중요하다. 평범했던 카피가 성우의 명연기로 살아나는 경우는 아주 흔하다. 짧은 시간에 캐릭터가 분명해야 하는 라디오 광고 쪽에선 좋은 목소리보다 독특한 목소리를 더 선호한다. 목소리가 평범하다면 상황에 따라 카멜레온처럼 변화를 꾀할 수 있어야 한다. 또 TV 방송과 달리 0.01퍼센트의 뉘앙스 차이도 표현할 수 있어야 하고, 짧은 카피의 깊고 숨은 뜻까지 잡아내는 감각도 필요하다. 바로 이런 조건 때문에 방송국에서 더빙이나 내레이션을 담당하는 성우들이 잘 적응하지 못하는 경우도 있다. 물론 양쪽 모두 뛰어난 성우들도 많다. 대개 공채로 방송사에 들어가 전속 기간이 지나면 프리랜서 성우로 활동하게 되는데, 요즘은 정형화된 성우들보다 연극배우나 재능 있는 일반인들을 섭외해 광고 오디오 작업을 하는 경우도 많다.

연필 끝에서 태어나는 광고 콘셉트

| 박성환 |

1972년생. 일러스트 작업을 하다가 1996년 CF 프로덕션인 IFD에 입사하여 광고 콘티 작업을 병행하기 시작했다. 1997년 8월부터 지금까지 프리랜서로 활동하며 수많은 광고 콘티를 그렸다. 현재 국내 광고계에서 실력 있는 콘티라이터로 인정받고 있다.

'우와, 이렇게 그려도 돈을 주는구나.'

극사실주의 일러스트만 하다가 맨 처음 광고 콘티를 그렸을 때, 난 간단히 스케치만 하고도 돈을 벌 수 있다는 게 마냥 신기했다. 솔직히 그때는 콘티 작업이 참으로 만만하게만 보였다.

콘티라이터는 다른 사람의 머릿속에 있는 아이디어를 이미지로 표현해 주는 일을 한다. 제작에 들어가기 전, 종이 위에 설계도를 그리는 사람이라고나 할까? 콘티라이터들은 광고와 영화, 만화, 애니메이션 분야에서 활동하고 있으며, '스토리보드 아티스트'라고도 불린다. 만화와는 달리 광고 콘티는 한 컷, 한 컷 그림이 넘어갈 때 동영상이 떠오르도록 그려야 한다. 호흡이 길다는 점을 빼면 영화 콘티 작업이 광고 쪽과 가장 흡사하다.

콘티라이터로 일한 지 올해로 13년째. 광고계에 첫발을 내디뎠을 때의 호기가 무색하게도 난 갈수록 콘티 작업이 어렵다는 걸 절감하고 있다. 언뜻 쉬워 보이면서도 어려운 게 광고 콘티를 그리는 일이지 싶다. 아무것도 모르고 덤빌 때와 알고 나서 그 일을 할 때는 마음가짐부터가 다른 법. 〈생활의 달인〉이라는 TV 프로그램을 보니 거기 소개되는 달인들은 한 업계에서 평균 10년 이상 수련한 사람들이었다. 혀를 내두를 만큼 노련한 달인들의 갖가지 묘기(?)를 지켜보면서 엉뚱하게도 '콘티라이터로서 진정한 달인 소리를 들으려면 롤러코스터를 탄 채 콘티를 그리는 수준이 되어야 하나?'라는 생각이 스쳤다. 10년 넘게 콘티를 그렸지만, 솔직히 난 아직 달인의 경지에 이르지 못했다.

석고 데생이 아니라 초상화를 그렸네?

원래 내 꿈은 만화가였다. 아주 어렸을 때부터 난 그림을 잘 그린다는 소리를 들으면서 자랐고, 중학교 때에는 어설프게나마 스토리가 있는 만화를 직접 그리기도 했다.

"네가 만화를 잘 그리니까 일러스트레이션을 해 보면 어떨까?"

고등학교 때 미술 선생님은 내게 이런 말을 하시며 책 한 권을 보여주셨다. 일본 일러스트레이터들이 극사실로 그린 세밀화가 내 눈앞에 펼쳐졌다. 카메라로도 담아 낼 수 없는 생생하고 선명한 선들이 신선한 충격으로 다가왔다. 그때는 우연히 일본 만화를 접하고 나서 우리나라 만화 시장의 현실을 깨닫고 만화가의 꿈을 접은 터였다. (지금은 상황이 어떤지 모르겠지만 그때 내 판단은 그랬다.)

'그래, 우리나라 최고의 일러스트레이터가 되자.'

난 당차게 목표를 세우고 책을 사서 독학으로 일러스트 공부를 시작했다. 남들보다 잘 그리고 싶어서 참 열심히 연습했다. 그러다 주위 사람들이 미대에 진학하라고 권해서 미술 학원을 찾아간 날, 난 창피만 당했다.

"아그리파 데생을 하라고 했더니 초상화를 그렸네."

사람들이 내 그림을 보고 웃는 통에 난 적잖이 상처를 입었다. 틀에 박힌 주입식 입시 교육이 내겐 맞지 않았는지 결국 대학 진학에 실패하고 말았다. 난 실력으로 승부하고 싶었다. 집안 형편상 재수를 할 수도 없었거니와 테크니컬 일러스트 시장에서는 학력에 상관없이 무조건 잘 그리는 사람이 인정받는다는 걸 알고 있었기에 진학을 포기하고 디자인 학원에 등록했다. 그림 실력 향상에는 별 도움이 되지 않았지만, 그곳에서 인맥을 쌓은 덕분에 사회로 쉽게 진출할 수 있었다.

난 충무로의 잡지사와 편집 대행사들을 돌아다니며 만화책 표지나 기업 홍보물에 일러스트를 그렸다. 그런데 1996년 군대를 제대하고 오니 어느새 시장 판도가 달라져 있었다. 매킨토시로 사진을 합성할 수 있게 되자, 일러스트레이터의 존재 가치가 떨어진 것이다. 새로운 일자리를 알아보던 내게 마침 그래픽 디자이너인 친구가 광고 콘티를 그려 보지 않겠느냐며 일을 맡겼다. 그렇게 해서 난 광고와 인연을 맺었다.

얼마 후 IFD라는 CF 프로덕션에 입사했다. CF 감독과 영화감독들이 모여 있던 그 회사에서 나는 일러스트와 콘티 작업을 병행했다. 그런데 손은 참 정직하다. 세밀화와 러프스케치(rough sketch)를 넘나들며 그림을 그리다 보니 내 손이 헷갈린다고 신호를 보냈다. 1년 반 동안 직장 생활을 하다가 회사를 나온 뒤 어느 쪽으로 가닥을 잡아야 할지 갈등했다. 결혼해서 부양가족이 있던 터라 난 어쩔 수 없이 배고픈 일러스트레이터의 길을 접고 콘티 그리는 일에 '올인'하기로 결심했다.

박지성에게 왼발이 있다면 내겐 오른손이 있다

난 요즘 한 달에 200편 정도의 광고 콘티를 그린다. 콘티라이터의 작업 도구는 간단하다. 종이와 연필, 지우개가 전부. 내 자동차 트렁크에는 종이가 잔뜩 실려 있다. 광고대행사나 프로덕션에서 주는 종이를 써도 되지만, 난 직접 인쇄소에 맡겨 제작한 콘티 용지를 사용한다. 내가 가방 속에 갖고 다니는 화구 상자에는 두께와 질감, 색상이 다른 콘티 용지들과 펜슬, 매직펜, 붓펜, 찰필, 흑연, 전동 지우개 같은 소품들이 빼곡하다. 그때그때 광고 성격에 걸맞은 느낌을 표현하고 싶어서 다양한 도구들을 챙겨 갖고 다니는 것이다. 일 때문에 접촉하는 사람들은 주로 광고대행사의 아트 디렉터와 프로덕션 감독이다. 작업은 거의 광고대행사 회의실이나 프로덕션 사무실에서 이루어지지만, 저녁에 급하게 수정 요청이 들어오면 집에서 일을 할 때도 있다.

광고 콘티는 용도에 따라 크게 회의용 콘티와 촬영용 콘티로 구분한다. 기획 단계에서 필요한 섬네일(thumbnail, 사진의 축소판으로 사진을 탐색할 때 알아보기 쉽게 만들어 줌)과 프레젠테이션을 할 때 쓰는 스토리보드용 그림이 회의용 콘티에 속하며, 광고를 찍기 전 감독의 연출 아이디어를 눈에 보이는 장면으로 나열해 놓은 그림이 촬영용 콘티다. 간단한 섬네일은 금세 작업이 끝나지만 촬영 콘티를 그리려면 1시간이 넘게 걸린다.

:: 언젠가 인터넷에 박지성의 발 사진이 올라왔을 때 난 내 손을 들여다보았다. '박지성에게 왼발이 있다면 내겐 오른손이 있다.' 나는 자만심이 아니라 그런 자부심으로 그림을 그린다.

난 아날로그적인 표현 방식을 고집하는 편이다. 광고주에게 보여줄 스토리보드용 그림엔 대개 색을 입히는데 컴퓨터 시스템이 도입된 뒤로 컬러 콘티 작업은 하지 않는다. 디지털 페인팅의 계산적이고 인위적인 느낌이 싫어서다. 사실 웹으로 능숙하게 작업하지도 못하지만…. 정말 절실하게 필요하다고 느끼면 나도 배우게 되지 않을까? 하지만 그런 날이 오지 않았으면 좋겠다. 난 수작업을 할 때 손에 닿는 종이의 감촉과 우연하게 나오는 채색 효과가 더 마음에 든다.

TV 광고는 짧으면 15초, 길어 봤자 30초 안에 휙 지나간다. 촬영 콘티는 30초 기준으로 A4 용지로 2장, 10컷 정도 그리는 게 보통이다. 콘티에 들어가는 한 컷의 사이즈는 가로 세로 6×4.5센티미터 정도. (물론 작가마다 다르다.) 처음엔 명함 크기만한 사각형 안에 여러 가지를 표현하는 작업이 익숙하지 않아서 콘티 한 편 그리는 데 2시간이나 걸렸다.

그렇다면 콘티라이터는 콘디에 광고 모델을 그릴 때 실물과 흡사하게 인물 묘사를 해야 할까? 초창기엔 나도 가능하면 모델과 비슷하게 그리려고 노력했다. 그러나 굳이 그럴 필요는 없다. 다만 광고 모델이 개성 강한 얼굴이거나 특정인이라면 그 사람의 특징 정도는 살려 주는 것도 나쁘지 않다. 그림을 그리는 일을 업으로 삼고 있지만 난 가까운 사람의 초상화는 그리지 않는다. 한번은 아내가 물었다. "왜 애들 얼굴은 안 그려 줘요?" 나라고 왜 사랑하는 쌍둥이 아들의 얼굴을 큼지막하게 그려서 액자에 걸어 두고 싶지 않겠는가? 하지만 예전에 내가 좋아했던 사람들의 초상화나 캐리커처를 그리고 난 후 그 사람들과 관계가 나빠지는 일을 겪고 나서부터는 그 징크스를 피하고 싶어 업무가 아닌 한 그런 그림은 그리지 않는다.

"정말 대단하다. 도대체 얼마나 그림을 많이 그렸으면…."

사람들이 못생긴 내 손을 보면 한마디씩 한다. 내 오른손은 투박하고 거칠다. 연필을 지탱해 주는 가운뎃손가락에는 이미 오래전에 굳은살이 박혔고, 지면과 닿는 새끼손가락에도 볼록하게 굳은살이 올라와 있다. 더군다나 힘을 주고 그림을 그리다 보니 가운뎃손가락은 약간 틀어졌다. 5년 전에는 오른손 엄지손가락 밑에 혹 같은 것이 생겨 정형외과에서 엑스레이를 찍어 보기까지 했다. 만지면 동그란 덩어리가 요리조리 움직여 신경이 쓰였는데, 의사가 검사 결과를 보더니 특별한 이상이 없다며 직업병이란 진단을 내렸다.

연필 한 자루 갖고 쓱쓱 그림 그리는 일이 남들 눈에는 쉬워 보일지 모른다. 그러나 테이블 앞에 앉아 고개를 숙인 채 작업을 하다 보면 뒷목이 뻣뻣하고 허리도 아프다. 운동을 거르면 어깨에 근육이 뭉쳐 마사

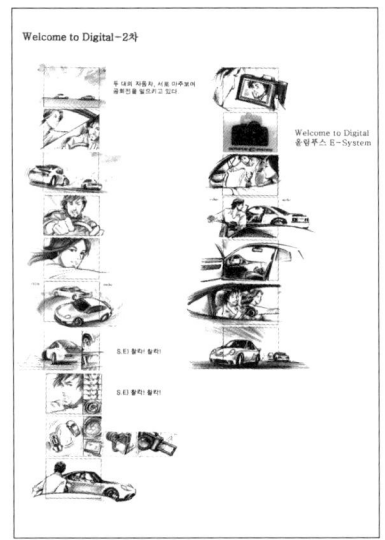
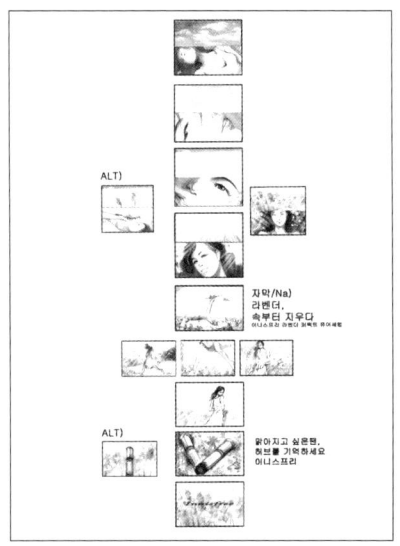

:: 김태희가 모델로 등장한 올림푸스 DSLR 카메라 CF 촬영 콘티(왼쪽). 김태희와 파파라치가 곡예 운전을 하며 사진 찍는 장면을 컷에 담았다. 오른쪽은 태평양 이니스프리 광고 콘티로, 송혜교가 청순한 자연 미인으로 등장했다. 따사로운 햇살과 살랑이는 바람, 라벤더 꽃으로 자연주의 화장품의 이미지를 표현했다.

지로 풀어 줘야 한다. 일이 몰려서 20시간 동안 연달아 콘티를 그려 본 적도 있고, 사흘 동안 철야 작업을 한 적도 있다. 언젠가 인터넷에 박지성의 발 사진이 올라왔을 때 난 내 손을 들여다보았다. '박지성에게 왼발이 있다면 내겐 오른손이 있다.' 난 자만심이 아니라 그런 자부심으로 그림을 그린다.

황야의 무법자, 광고계의 YTN

콘티라이터에게 필요한 능력이 뭐냐고 묻는다면 난 가장 먼저 이렇게 말하고 싶다. "스피드." 웬만큼 손재주가 있는 사람들은 내가 그린 콘티를 보고서 '나도 얼마든지 그릴 수 있겠다.'고 생각할 수 있다. "내일까지 그려 오시오."라고 주문하면 아마 다들 잘해 낼 것이다. 그러나 "5분 안에 그려 주세요."라고 하면 결과가 달라진다. 광고 작업은 시간 다툼이다. 따라서 콘티라이터는 그 자리에서 빠른 속도로 잘 그릴 줄 알아야 한다.

또한 '뻔뻔함'도 필수. 누가 그림 그리는 모습을 쳐다보는 게 부담스럽고, 완성하지 않은 그림을 남에게 보이기 싫다면 콘티라이터로서 자격이 없다. 콘티라이터는 회의를 하는 사람들 틈에 앉아 그림을 그릴 수 있어야 하고, 손으로는 그림을 그리면서도 머릿속으로는 회의 내용을 들으며 구상하는 '멀티 플레이어'가 되어야 한다. 실제로 뻔뻔하지 못해 콘티 작업을 못 하겠다고 말하는 만화가들도 꽤 있다.

콘티라이터는 그림도 잘 그려야 하지만 광고 콘셉트를 잘 이해하는 것도 중요하다. 아울러 상대방이 어떻게 표현해 주길 원하는지 파악하는 능력도 있어야 한다. 촬영이나 편집 기법을 알고 있으면 광고 제작자들과 의사소통에도 도움이 되고 연출 방향을 간파하기도 쉽다. 그래서 예전에는 나도 틈틈이 촬영장에 나가서 현장 분위기를 익히고 궁금한 사항은 스태프들에게 물어보며 귀동냥으로 산지식을 쌓았다. 훌륭한 콘티라이터라면 촬영할 때 사용할 카메라와 렌즈가 어떤 것인지, 앵글은 어떻게 잡을 것인지도 반영해서 그릴 줄 알아야 한다. 아무리 그림 실력이 좋아도 말귀가 어두우면, 다시 말해서 커뮤니케이션 능력이 떨어지면 훌륭한 콘티라이터가 될 수 없다. 광고 안을 비주얼로 구현하는 일을 하던 콘티라이터가 CF 감독으로 전업하는 경우도 간혹 있는데, 유명한 김규환 감독이나 김영배 감독이 바로 콘티라이터 출신이다.

3년 전쯤 그림 실력도 늘지 않고, 내 그림이 영 마음에 들지 않아 무척 고민하던 때가 있었다. 난 아트 디렉터와 감독들에게 문제점이 뭔지 물어보았다. 힘을 빼라거나 그림이 좀 더 간결했으면 좋겠다는 것이 그들의 조언이었다. 난 작업을 할 때 '끝을 파는(계속 파고드는)' 스타일이다. 촬영 콘티라면 정교하고 치밀하게 그리는 게 효과적일 수 있다. 그러나 기획 콘티, 즉 광고 안을 팔기 위해서라면 이런 스타일은 오히려 득보다 실이 많다. 너무 세세하게 묘사하면 보는 사람의 상상력을 제한할 수 있기 때문이다. 광고주가 콘티만 보고 '이렇게 찍겠군.' 하고 단정을 짓거나 "헤어스타일이 그게 아닌데?"라는 식으로 개입하는 상황은 바람직하지 않다. 그보다는 콘티를 그릴 때 나중에 설명으로 보충할 수 있는 여운을 남겨 두는 편이 더 낫다.

사람을 예쁘게만 그리려고 하는 것도 내 단점이다. 언젠가 한 선배가 이런 말을 한 적이 있다.

"얼굴이 각진 여자도 있는데 넌 계란형 얼굴만 그리냐?"

그때 난 이렇게 대답했다.

"형 말이 맞아요. 하지만 개성을 살려서 콘티를 그리면 광고주가 마음에 안 들어 하는데 어떡해요?"

다행히도 영화와는 달리 광고는 등장인물 수가 적기 때문에 사람을 예쁘게 그려도 별 문제가 되지 않는다.

콘티에는 입체감과 원근감이 표현되어야 한다. 실제 촬영할 때 그 콘티를 보고 카메라 앵글을 어떻게 잡을지 가늠하기 때문에 원근감은 특히 중요하다. 남녀 콘티라이터를 비교해 보면, 남성에 비해 여성이 공간 지각력이 좀 떨어지는 경향이 있다. 예를 들어 자동차 앞에 사람이 서 있는 장면인데, 여성 콘티라이터가 그린 그림을 보면 그 자동차 안에 사람이 탈 수 없을 성싶은 구도가 눈에 띄곤 한다. 그래서 자동차 광고는 대개 남성 콘티라이터에게 맡긴다. 물론 여성 콘티라이터의 장점도 있다. 여성 콘티라이터들은 섬세하고 아름답고 동화적인 터치에 강하다.

나는 토요일과 일요일, 공휴일에는 일하지 않는다는 원칙을 고수하고 있다. 대신 평일에는 최선을 다해 열심히 일한다. 주말도 없이 밥 먹듯이 야근을 하는 게 광고인들의 현실인데, 예외 없이 원칙을 고수하는 나를 찾아주는 분들에게 감사할 따름이다. 나와 작업을 하는 광고인들은 나를 '박 작가' 또는 '박 실장'이라고 부른다. 과거 내 별명은 '광고계의 YTN'이었다. 프리랜서로 광고대행사와 프로덕션들을 바쁘게 돌아다니며 일하다 보니 자연스레 광고계의 소식통이 된 것이다. 이 사람 저 사람을 만나면서, 똑같이 광고 일을 하더라도 처지에 따라 고충이 다른 것도 알게 되었다. 그래서 난 광고대행사에 가면 광고대행사 편을 들어 주고 프로덕션에 가면 프로덕션의 편을 들어 준다.

사실 소속도 없는 프리랜서인 데다가 틈새에서 일하는 존재감 없는 광고인인 듯싶어 자존심이 상한 적도 많다. 사무실에 나타나 바로 작업하고 바람처럼 사라지는 '황야의 무법자' 같은 느낌이랄까. 그런 면에서 콘티라이터는 외로운 직업 가운데 하나다. 외국과는 달리 우리나라에서는 콘티라이터가 제대로 대접을 못 받고 있다. 광고가 완성되면 비주얼 부문은 아트 디렉터나 감독의 공으로 돌아가게 마련이고, 스태프 명단만 보더라도 하다못해 메이크업 아티스트, 헤어 디자이너, 스타일리스트의 이름은 들어가도 콘티라이터 이름은 대부분 빠져 있다. 더욱이 내가 그린 그림은 내 손에 남아 있지도 않다. 소모품처럼 소비되고 사라지는 그림, 늘 시간에 쫓겨 그리는 그림인지라 남에게 자신 있게 내보일 만한 작품도 내 손엔 없다.

패션 잡지 보며 인물 포즈 그리는 연습을 하라

현재 우리나라 광고계에서 일하는 콘티라이터는 40명 안팎이다. 자기 사무실을 갖고 제자를 키우는 작가도 있지만 대부분 나처럼 프리랜서로 혼자 활동한다. 콘티료는 작업을 의뢰한 광고대행사나 프로덕션에서 지급하는데, 실력 있는 콘티라이터의 경우에는 대기업의 월급쟁이보다 수입이 훨씬 많다고 볼 수 있다.

콘티라이터가 되는 길에 왕도는 없다. 콘티라이터를 별도로 채용하는 회사가 없으므로 실력을 쌓아서 직접 부딪히고 두드려 보는 수밖에 없다. 기존 작가 밑에서 도제 방식으로 배우는 것도 한 가지 방법이다. 콘티라이터가 되려면 디자인 쪽보다는 순수 미술, 특히 서양화를 전공하는 편이 유리하다. 광고를 교과서로 삼아야 하는 것은 물론이요, 평소에 카메라를 갖고 다니면서 사진을 많이 찍고, 사진을 보며 그림 그리는 연습을 꾸준히 하는 것도 괜찮다. 사람을 빠르게 그리고 싶다면 패션 잡지를 활용해서 크로키 연습을 자주 하자. 트렌드를 앞서 가는 사진이 많고 인물 포즈를 연구하는 데도 도움이 된다. 체계적으로 기초부터 한 걸음씩 실력을 쌓는 것이 중요하다. 참고로 난 예전에 발가락부터 시작해서 머리끝까지 역순으로 사람 그리는 연습을 했다.

나는 앞으로 콘티라이터가 광고인들과 함께 고민하고 좋은 아이디어를 내는 협력자로 자리매김하길 희망한다. 손가락이 움직일 때까지 현장에서 콘티라이터로 활동하면서 후배들에게 일하기 좋은 환경을 마련해 주는 것이 내 바람이다. 나중에 내 아들이 콘티라이터가 되겠다고 하면 적극 밀어줄 생각이다.

(구술 정리 : 임진숙)

광고인 24시

4장

쇼를 하라, SHOW!

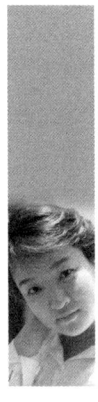

| 민수라 |

1998년 이화여자대학교 국어국문학과를 졸업하고 제일기획에 카피라이터로 입사했다. 2002년 MBC 선거방송 캠페인 '대한민국의 역사는 재방송되지 않습니다', 2006년 제일모직 갤럭시 '슈트의 법칙', 2007년 KTF '쇼를 하라, SHOW!' 등의 카피를 썼고, 삼성전자, 삼성생명, KT, KTF, CJ엔프라니, 동서식품, 대교 등의 광고를 만들었다.

2007년 10월부터 각 신문사에서 수여하는 상을 받기 시작했다. 사람들이 올해는 'SHOW'가 광고대상을 받을 거라고 했다. 어쩌면 수상을 당연시하는 주변 사람들의 기대 때문에 더 초조했는지도 모른다. 시상식 바로 직전까지 수상작 발표가 나지 않았고, 사무실에서 회의를 끝내고 조금 늦게 시상식장으로 향하던 길에 먼저 가 있던 후배의 전화를 받았다.

"차장님, 우리가 대상이래요. 우리가 대상 맞대요."

상을 받았다는 기쁨보다는 "휴." 하고 안도감이 먼저 들었다. 2007년의 'SHOW'는 그렇게 기분 좋게 마무리되었다.

'SHOW' 캠페인을 어떻게 기획했는지, 어떻게 만들었는지, 어려운 점은 없었는지 그 과정을 공유했으면 좋겠다는 제안을 받았다. 최근에 가장 주목받은 캠페인이니 비하인드 스토리가 궁금하기도 하거니와 그 경험을 나눌 수 있다면 광고에 뜻을 둔 사람들에게 도움이 되지 않겠느냐는 이야기였다. 요즘은 광고인이라는 직업에 대한 환상도 많이 사라진 데다가, 키보드를 조금만 두드리면 알 만한 광고장이들의 블로그로 연결되는 터라 이 글이 정말 필요한 건지 제안을 받고도 고민이 되었다.

하지만 결국 난 글을 쓰고 있다. 이 글이 광고라는 일에 손을 담글까 발을 담글까 고민 중인 누군가에게 작은 가이드라인이 되길 바라면서. 내 이야기는 2006년 7월로 거슬러 올라간다. 불과 얼마 전의 일인데 무척 오래된 것처럼 느껴지는 그때로 돌아가 보자.

2006년 9월, 경쟁 PT

9월 1일. 광고주인 KTF가 건네준 'KTF 3G 서비스의 성공적인 론칭을 위한 경쟁 PT' 날짜. 단순히 광고 안 몇 가지를 들고 가는 게 아니라 서비스의 콘셉트, 네이밍, 슬로건까지 담긴 설계도를 들고 가야 하는 프레젠테이션. 제일기획은 물론 휘닉스 커뮤니케이션즈와 웰콤도 총력전을 펼칠, 예상 광고비 800억 원 이상의 대형 프레젠테이션.

내가 어쩌다가 이런 일에 엮이게 되었는지…. 나중에 '쇼를 하라, SHOW!'라는 카피가 뜬 걸 보면 이 일에 엮인 게 행운이었다고 말할 수도 있겠지만, 사실 하루하루가 고통스러웠다. 모든 경쟁 PT가 다 그렇지만, 다른 어떤 경우보다도 꼭 따내야 하는 PT라는 부담감 때문에 담당 AE와 AD 플래너, 제작 팀 모두가 신경이 예민해져 있었다. 회의 때마다 신경이 곤두서 있던 기억이 나는데, 매일 마라톤 회의에 끌려

다니다 보니 지치는 게 당연했는지도 모른다.

풀어 가야 할 마케팅 숙제 중에서도 가장 큰 숙제는 KTF의 경쟁사인 SKT가 3G 서비스를 먼저 론칭했다는 사실이었다. 대개 시장에서는 먼저 나온 브랜드를 이길 방법이 거의 없다. 앞서 시작했다는 건 먼저 소비자의 인식에 각인됐다는 건데, 소비자의 인식에 자리 잡은 브랜드를 지우고 새 브랜드가 우위를 차지하려면 몇 배의 노력을 쏟아부어야 하기 때문이다. 그런데 SKT는 이미 '꿈꾸는 자의 특권, T' 캠페인을 시작했고, KTF는 지금 PT를 하고 있으니 내년 3월을 론칭 시점으로 잡는다고 해도, 출발이 9개월이나 늦은 게임이었다.

그런데 재미있게도 일의 실마리는 SKT보다 한발 늦었다는, 그 불리함에서부터 풀리기 시작했다. 이론적으론 선도자의 원칙이라고 해서 먼저 출발한 자를 당해 낼 방법이 없는데, 이상하게도 선도자가 던지는 메시지가 소비자들에게 별 반응이 없었다. 광고하는 사람들의 눈에는 괜찮은 캠페인이었는데도 말이다. 시작은 빠른데 소비자가 반응이 없는 것은 왜일까? 이 풀리지 않는 의문에 대한 답을 얻으면 캠페인의 길이 보일 것 같았다.

조금 딱딱한 이야기를 하면, 3G 서비스가 시작된다는 말은 그전에 2G 서비스의 시대가 있었다는 뜻이다. 휴대전화가 곧 2G다. 유선 전화가 아닌 무선 전화, 즉 이동통신 서비스가 바로 2G다. 2G 서비스의 핵심이 '전화선으로부터의 자유'였다면, 3G 서비스의 핵심은 엄청난 양의 정보를 빠른 속도로 보낸다는 데 있다. 그래서 음성 통화보다 훨씬 정보량이 큰 영상 통화가 가능한 것이다.

SKT에 선수를 뺏긴 게 가장 큰 문제라고 생각했는데, SKT 광고에 대한 소비자의 반응이 생각보다 신통치 않은 데에서 우리가 발견한 것은 소비자들에게 3G, 즉 영상 통화에 대한 욕구가 거의 없다는 점이었다. 우리가 넘어야 할 산은 SKT가 아니라, 3G 서비스에 대한 호기심이나 욕구 자체가 없는 소비자 마인드라는 사실을 깨닫기까지는 그리 오랜 시간이 걸리지 않았다.

결론은 이랬다. 거대 이동통신사 두 곳이 시작하는 3G, 지금까지의 2G와는 완전히 다른 'Something New'한 서비스, 그런데 소비자는 그 서비스에 대한 욕구가 별로 없다. 소비자의 욕구를 끌어올려라. 그러려면 크리에이티브의 숙제는 한 가지. 소비자의 마음을 얻기 위해선 눈길을 먼저 붙들어야 한다. 지금까지의 이동통신 광고와는 확연히, 완전히 달라 보이게 하라.

9월 1일, 경쟁 PT를 통해, 제일기획은 그해 광고 시장에서 초미의 관심사였던 KTF의 3G 서비스 캠페인 광고대행권을 따냈다. 나중에 네이밍을 다시 정하고, 콘셉트를 재정리하면서 다른 안을 집행하는 바람에 제일기획이 최초에 제안했던 크리에이티브는 광고로 실현되지 못했다. 하지만 나는 그 PT 원고를 지금도 갖고 있고, 맨 처음 안들에 대한 애정도 여전하다. PT 전날, 최종 카피를 넘기고 결국 쓰러져 버렸던 웃지 못할 추억도 떠오른다. 지금은 웃으며 말하지만, 그때는 이렇게까지 해야 하나 싶은 생각이 수시로 들었던, 여러 사람들의 진을 뺀 PT였다.

2006년 12월, 드디어 전쟁

경쟁 PT에서 멋지게 승리한 그날 하루는 좋았다. 800억 원을 가져왔으니 회사로서는 크나큰 경사였다. 하지만 실무자로서는 어쨌거나 없던 일이 생긴 셈이고 그 일이 결코 만만치 않을 것 같다는 조짐이 슬슬 눈에 들어오기 시작했다. 특히 십수 년간 이동통신업계 2위의 자리에 만족해야 했던 KTF는 이번 3G 서비스에서 우위를 차지하여 가입자 수를 기필코 역전시키겠다는 의지를 불태우고 있었다. 최소한 몇 달은 '죽었구나!' 생각하며 스스로 마음의 준비를 하고 있었다.

하지만 예상과 달리 9월과 10월이 조용히 지나갔다. 나중에 알았지만 그건 폭풍 전야였다. 제작 팀이 조용히 지내는 동안 기획 팀과 광고주는 기획을 다시 하여, 이 서비스의 네이밍 작업을 처음부터 다시 하고 있었다. 600개의 이름 중에서 선별하고, 사전 조사를 거듭하여 최종적으로 결정한 이름이 바로 'SHOW'였다.

11월 중순쯤, AE가 회의를 소집하고 새로 정한 이름이 'SHOW'라는 걸 알려 주었을 때, 그리고 이 'SHOW'를 가지고 크리에이티브를 펼쳐야 한다는 가이드라인을 받았을 때, 제작 팀은 조금 실망스러운 기색을 내비치지 않을 수 없었다. 'SHOW'라는 이름에서 느껴지는 왠지 경박스러운 느낌 때문에 첫인상이 좋다고만은 할 수 없었던 것이다. 그리고 이번에도 그 지점에서 크리에이티브의 고민은 시작되었다. 그저 웃고 까부는 그런 단편적인 'SHOW'가 아니라, KTF의 3G 서비스에 'SHOW'라는 이름을 부여할 때 함께 정한 콘셉트, 이노베이티브와 엔터테인먼트가 충분히 전달되는 안, 과거와는 전혀 다른 3G 서비스에 대한 기대감을 줄 수 있는 아이디어들을 생각해 내야 했기 때문이다. 새로움과 재미, 유쾌함을 기준으로 안을 내고, 세 가지 요소를 모두 충족하는 안을 고르는 동안에 크리스마스가 지나고 신정 연휴가 날아갔다.

2006년 2월 15일, 그리고 3월 1일

광고 안을 정하기는 쉽지 않았다. 반드시 히트를 시켜야 한다는 부담감 때문이었을까? 안을 내는 우리도 뭔가 빠진 건 없는지 몇 번을 다시 생각했고, 안을 결정해야 하는 광고주도 선뜻 '이거다' 하는 확신을 가지지 못했다. 그러다 '우물쭈물하다가 내 이렇게 될 줄 알았지.'라는 버나드 쇼의 묘비명을 내세운 티저 광고가 2월 15일부터 전파를 타기 시작했다. 3G의 시작을 제대로 하기 위해선 2G의 마무리를 잘 해야겠다는 계산이 들어간 아이디어였다. 그 복잡한 뜻이 잘 전달되었는지는 모르겠지만, 사람들로 하여금 '도대체 뭐가 시작하는 거야, 뭔가 시작하긴 하는군'이라는 호기심을 불러일으키기엔 충분했던 것 같다.

곧 3월, 4편의 CF가 거의 동시에 온에어 되었다. 이때 '쇼를 하라, SHOW!'라는 카피가 결정되었다. 이에 대한 비하인드 스토리를 말하면, 원래는 '세상에 없던, 세상이 기다리는 SHOW'까지가 정해진 슬로건이었다. 원래 약속했던 브랜드의 정체성, 이노베이티브와 엔터테인먼트의 의미가 들어간 슬로건이다. 하지만 '브랜드의 성격을 알리기엔 손색이 없다.

그러나 풀어 가야 할 마케팅 숙제를 과연 해결한 건가?'라는 질문이 머릿속에서 떠나지 않았다. PT 과정에서 가장 중요했던 질문, 소비자의 욕구를 불러일으키고 있는지 확신이 서지 않았던 것이다. 하지만 이 서비스, 이 캠페인의 성공은 소비자들이 'SHOW'를 빨리 알고, 빨리 쓰게 하는 데 있으므로 예쁘게 잘 보이려 하지 말고 강하게 밀어붙여야 하는 결론에 이르렀다. 강력하고도 위험천만한 '쇼를 하라, SHOW'가 세상의 빛을 보는 순간이었다.

2006년 3월, 5월, 6월, 7월, 9월… 연속 히트 치다!

　'백남준' 편과 '이상한 발명품', '사랑해', '영상로밍' 편이 론칭 광고로 온에어된 지 한 달. '빠밤, 빠밤, 빠빠빠빠빠빠빠 빠빠빠빠빠빠 빠~' 하고 시작하는 마키즈의 〈Last Night〉이 BGM으로 쓰인 'SHOW' 광고는 순식간에 세상에 알려졌다. 사람들은 TV만 틀면 'SHOW' 광고만 보인다고 했다. 예산을 많이 쓰기는 했지만 이 정도일 줄은 몰랐고, 무엇보다 경쟁사 T의 광고보다 반응이 좋아서 기뻤다. 여기저기서 좋은 소식이 들려올 때, 팀장님이 한 이야기가 지금도 기억난다. "이건 어떻게 론칭 한 달 됐는데, 한 일 년은 지난 거 같네." 그만큼 진통이 컸던 것이다.

　이후 4월, '아저씨, 우리 집에 코끼리가 있어요.' 편이 히트했고, 5월엔 무명의 서단비를 하루아침에 스타로 만든 '쇼녀' 편이 또 한 번 히트를 쳤다. 6월엔 '쇼 곱하기 쇼는 쇼'가 전국을 강타했다. 7월엔 협찬 광고 캠페인으로 진행된 '아니다' 편이 좋은 반응을 얻었고, 9월엔 노부부의 열연에 힘입은 '아들아' 편이 화제가 됐다. 단 한 편을 히트시키기도 힘든데 거의 매달 히트 CF가 나올 수 있었던 것은 많은 사람들이 밤을 꼬박 새워 가며 아이디어를 낸 공이 가장 크다고 생각한다. 몇 번에 걸쳐서 안을 내야 하는 것은 기본이고, 그렇게 결정된 안으로 또 한 번의 조사를 거쳐 커트라인 점수를 넘길 때에만 제작이 가능한 그 녹록지 않은 과정에서 가장 고생하는 이들이 아이디어를 만드는 사람들이기 때문이다.

3G, 가입자 천만 명을 넘어서다

해를 넘기고 내가 이 글을 쓰고 있는 2008년 현재, 3G는 SHOW와 T
를 합쳐 가입자 천만 명을 훌쩍 넘어섰다. KTF는 SHOW로 이동통신시
장의 판세를 뒤엎는 데 성공했고, 그토록 원했던 통신업계 리더의 자리
를 차지할 수 있었다. 많은 사람들이 SHOW 광고를 보고 웃었고, 다음
편이 기대된다고 격려해 주지만 부담감은 그때나 지금이나 여전하다.

이 캠페인이 진행되는 동안 여러 사람들이 참여했고, 또 바뀌기도
했다. 난 성공적인 출발을 보여 준 브랜드, 아니 지금까지 무럭무럭 자
라온 이 브랜드가 앞으로도 멋진 캠페인을 펼쳐 나가길 기대한다.

'쇼를 하라, SHOW!'는 누가 만들었을까?

난 이 캠페인을 한 사람이 만들었다고는 생각하지 않는다. 모든 사
람들이 최선을 다해 만든 캠페인이라고 하는 게 맞는 말일 것이다. 내
가 제작 팀에 소속돼 있어서 그런지 제작에 더 큰 공을 돌리고 싶은 마
음이 있는 게 사실이지만, 엄밀히 따지자면 광고주는 물론 프로덕션,
녹음실, 편집실 어느 하나 그 공을 빼놓을 수가 없다. 다들 최선을 다해
주었고, 지금 이 순간에도 비지땀을 흘리고 있다. 그러나 누구보다도
이 광고를 보고 웃어 준 소비자들에게 감사드린다. 소비자의 기대가 더
나은 아이디어를 내게 하는 원동력이기 때문에.

카피라이터, 그 경계가 모호한 일

끝으로 내가 하고 있는 일에 대해 잠깐 이야기해 보자.

지금도 카피라이터가 무슨 일을 하는지 말하려면, 똑 떨어지게 '이러이러한 일을 합니다.'라고 설명하기가 쉽지 않다. 광고에 나오는 카피를 쓰는 일이라고만 말하기에는 아쉬운 점이 많다. 연차가 낮을 경우에는 그 일이 전부고, 그것만 제대로 해도 칭찬받을 수 있지만 연차가 올라가면 상황이 달라진다. 시장 상황을 파악하고, 브랜드가 가진 파급 효과도 읽으며, 광고주의 생각도 간파해야 하기에 깊은 고민에 빠질 수밖에 없다. 무엇이 좋을지를 계속 따지며 고민하는 일, 그게 바로 카피라이터의 일이다.

그런 고민의 끝에 요지부동하던 마케팅 지수가 변하기 시작하고, 우리가 제작한 CF가 나간 후 매출이 올랐다는 이야기를 듣고, 그래서 깐깐한 광고주들의 신뢰를 얻을 때 기쁨을 맛본다.

세상에는 멋들어진 직업이 많다. 광고도, 카피라이터라는 일도 그 중에 하나로 보일지 모른다. 그러나 보이는 게 전부는 아니라는 사실은 이미 알고 있으리라 생각한다. 나는 그저 광고 일이 힘들다는 말을 하려는 게 아니다. 힘든 만큼 그 결과가 나오고 보람 있고 값지다는 이야기를 하고 싶다.

지금도 밤을 새며 아이디어를 내고, 그 아이디어가 태어나도록 또다시 밤을 새는 크리에이터들. 광고의 힘을 믿고 있는 그들에게 부족하나마 이 글을 바친다.

경쟁 프레젠테이션, 그 성공의 키워드 5

| 김영인 |

1976년생. 1999년 웰콤에서 광고인으로 첫발을 뗀 후 야근과 주말 근무, 플래닝과 PT로 무장한 AE가 되었고, 2003년 TBWA KOREA로 옮겨 지금까지 기업 및 브랜드, 제품 광고의 전략 수립 및 기획 업무를 담당하고 있다. 현재 SK텔레콤의 '사람을 향합니다' 캠페인과, LG생활건강 '더 히스토리 오브 후' 등 많은 성공 캠페인을 이끌어 가고 있다.

'Winner Takes All'의 생존 게임

'PT'는 프레젠테이션(Presentation)의 약자로, PT가 잦은 광고인들은 '피튀기는 경쟁'의 줄임말이 '피티'라는 우스갯소리도 한다. 경쟁 프레젠테이션은 한 광고주의 광고대행권을 놓고 수많은 회사들과 경합해서 광고주를 영입하는 치열한 게임으로, 한 회사와 경쟁하든 열 회사와 경쟁하든 승률은 언제나 '이기거나 혹은 지거나'의 50퍼센트이다. 아까운 2등도 아무 소용없는 'Winner takes all'의 세계. 절반의 승률에서 이기기 위해 우리는 하루를 한 달처럼 쪼개 쓰고, 치열하게 토론하고 투쟁하고 또 의기투합하며 밤을 지새운다. 이때만큼은 처녀총각들도 연애를 접고, 여자들은 귀가를 포기하며, 아버지들은 아내와 자식도 잊은 채 '승리'라는 하나의 목표에만 매달린다.

경쟁 프레젠테이션 진행 과정

경쟁 프레젠테이션을 위한 준비 기간은 대개 광고주로부터 과제 오리엔테이션을 받은 날로부터 짧게는 2주, 길게는 한 달 정도 주어진다. AE가 정리한 Fact Book으로 광고주에 대한 전반적인 환경 분석 및 프레젠테이션 과제를 숙지하는 킥오프(kick off) 미팅을 시작으로 본격 아이데이션(아이디어 발상회의)에 들어간다.

과제 오리엔테이션 → Fact Book 작성 → 킥오프 미팅 → 커뮤니케이션 전략 수립 → 제작 팀과 미팅 → 아이디어 회의 → 최종 아이디어 결정 → 전략 기획 서 및 광고 시안 제작 → 프레젠테이션 → 결과 발표

이기는 프레젠테이션 대 지는 프레젠테이션

그동안 여러 차례 경쟁 프레젠테이션에 참여하고 지켜보면서, 성공하거나 실패하는 프레젠테이션은 어떤 것이고, 그 이유가 무엇인지 곰곰이 생각해 보았다. 그런데 경쟁 프레젠테이션에서 떨어진 기획서를 다시 한 번 꼼꼼히 살펴보며 내린 결론은 아주 심플했다. 떨어진 데에는 그 나름대로 이유가 있다는 것!

광고주의 과제를 명확하게 짚어 내지 못해 결론이 두루뭉술하게 나

버렸다거나, 프로젝트의 특성에 맞는 인원 구성을 하지 못해 팀워크가 좋지 못했다거나, 현장에서 프레젠테이션 스킬이 부족해서 광고주를 설득하지 못했다거나 하는 다 제 나름의 이유가 분명했다.

반대로 이겼던 프레젠테이션은 우선 광고주의 과제를 명확하게 분석하여 딱 맞는 전략을 세웠고, 둘째로 타깃이 이해하기 쉬우면서도 독창적인 광고물을 선보였으며, 마지막으로 노련한 프레젠테이션 스킬로 짧은 시간 동안 광고주를 매료시켰다. 이 3박자를 잘 갖춘 프레젠테이션은 불공정한 외적 이유가 있었던 경우를 제외하고는 모두 승리했다.

좋은 프레젠테이션의 세 가지 조건을 이론적으로 설명하는 것은 쉽다. 하지만 실제로 프레젠테이션을 진행하다 보면 여러 가지 이유로 이 원칙들에서 벗어나 참담한 실패를 경험하는 경우도 있다

지금부터 소개하는 프레젠테이션 성공 비결은 필자와 광고업계의 베테랑 선배들이 현장에서 경험한 수많은 성공과 실패 사례를 바탕으로 정리한 것이다. 비단 경쟁 프레젠테이션에서의 성공을 위해서뿐만 아니라 이를 통해 경쟁 프레젠테이션을 준비하거나 광고를 만드는 사람으로서 가져야 할 태도와 신념에 대한 원칙을 마음 속에 새겨보는 계기가 되었으면 한다.

프레젠테이션 성공의 다섯 가지 키워드

1. 경쟁 프레젠테이션의 핵심은 'problem solving'

제품 혹은 브랜드의 문제점을 명확히 진단하면 일단 절반은 성공한 것이다. 앞서 얘기한 것처럼 프레젠테이션의 출발점은 과제를 명확하

게 파악하는 것이다. AE가 과제와 광고주의 의도를 명확하게 파악하지 못하거나 핵심을 제대로 짚어 내지 못하면, 제작 팀을 비롯한 모든 스태프들이 길을 잃고 헤매게 된다. 그러나 한정된 시간과 인력, 정보 속에서 제품, 브랜드, 혹은 기업 자체의 문제를 명확히 파악하는 것은 생각처럼 쉬운 일이 아니다. "프레젠테이션 시작 후 5분만 들어보면 승패를 바로 알 수 있다."라는 어느 광고주의 말에서도 알 수 있듯이, 가장 선행되어야 하는 것이 냉철한 과제 파악이다.

2. '남들보다 조금 더 재미있게'가 아니라 '전략부터 완전히 다르게'

경쟁 프레젠테이션은 경쟁사와의 경합에서 반드시 '이겨야만' 하는 게임이다. 그런 점에서 잊지 말아야 할 기본 원칙이 바로 '남들보다 조금 더 재미있게'가 아니라 '전략부터 완전히 다르게' 시작부터 차별화하는 것이다. 광고는 감각과 재미의 요소를 갖고 있기 때문에 다분히 보는 사람의 취향이 작용한다. 조금 더 코믹한 에피소드, 조금 더 화려한 그림, 조금 더 감동적인 시놉이라는 소극적인 수위의 '크리에이티브 차별화'는 심사자의 취향에 따라 선택에서 논란만 야기할 뿐 승패를 가르지는 못한다. 그래서 전략의 차별화(ex 타깃을 분리하기) 혹은 접근의 차별화(ex 완전히 다른 매체를 쓰기), 말하기의 차별화(ex 티징 후 터트리기), 표현 장치의 차별화(ex 패러디하기) 등 '경쟁자들과 완전히 달라보이기 위한' 발상이 필요하다.

3. 용기 있는 전략이 광고주를 부른다

광고회사를 새로 선정하는 경쟁 프레젠테이션 현장에서 가장 빛을 발하는 덕목은 '용기'다.

프레젠테이션의 과제는 주로 신제품 출시나 새로운 이슈 출현, 업계나 경쟁 환경의 변화 등 기존의 광고 전략에 변화를 꾀하려는 것들이 많다. 광고회사 쪽에서도 지금까지 해 오던 것과는 다른 전략과 차별된 크리에이티브를 제시해야 광고주를 매료시키는 데 훨씬 유리하다는 사실을 잘 알고 있다.

그런데 얼마 전 금융 관련 광고주의 2차 기업 광고 캠페인을 제안하는 경쟁 프레젠테이션에서 대형 광고주를 영입한 선배의 용기 있는 전략은 바로 "아무것도 바꾸지 마십시오."였다. 광고주의 과제를 밀도 있게 점검하고 연구한 결과, 1차 광고를 집행하면서 쌓아 온 자산을 지켜가는 것이 최선이라고 판단한 그는, "지금까지 해 온 전략 그대로, 슬로건도 그대로 유지하십시오."라고 강단 있게 주장하며 광고주를 설득했다. 새로운 전략과 크리에이티브가 유리하게 작용한다는 경쟁 프레젠테이션의 관습을 깬 또 다른 전략적 발상이며 용기 있는 선택이었다.

4. 경쟁 프레젠테이션 = 직소 퍼즐 게임, 팀워크를 위해 끝까지 고민한다

나는 가끔 경쟁 프레젠테이션이 하나의 직소 퍼즐 게임 같다는 생각을 한다. 하나의 퍼즐을 완성하기 위해서는 수십, 수백 개의 퍼즐 조각이 필요하다. 한 조각이라도 없으면 퍼즐은 미완성으로 남게 된다.

완전 백지 상태에서 퍼즐 조각을 하나씩 맞춰 나가기 시작할 때에는 언제쯤 이 퍼즐이 모양새를 갖출까 막막하기만 하다. 하지만 퍼즐 맞추기에 빠져 있다 보면, 어느새 빈칸이 메워지면서 그림이 완성되는 모습이 신기해서 더 신이 나고 가속도가 붙는다.

짧은 시간 안에 호흡을 맞춰 프로젝트를 완수해야 하는 경쟁 프레젠테이션 역시, 가장 중요한 것은 바로 퍼즐 조각에 해당하는 팀원 한 사람 한 사람의 역량이다. 모두가 백지 상태에서 시작하다 보면, 첫 브레인스토밍 미팅은 난상토론이 되기 십상이다. 하지만 의외로 이런 과정에서 나오는 갖가지 소소한 의견에서 빅 아이디어가 탄생한다. 이제껏 내가 참여한 많은 프로젝트에서도 파릇파릇한 신입 사원이 낸 신선한 아이디어에서 해결의 실마리를 찾은 경우가 있었으며, 우연히 던진 농담 속에 놀라운 발견이 숨어 있기도 했다. 퍼즐 조각을 맞추어 가는 것처럼 팀의 다양한 생각과 그에 대한 경청, 발견과 그 발견을 발전시키는 '팀워크'가 어느 프로젝트보다 절실히 요구되는 것이 바로 경쟁 프레젠테이션이다.

5. 광고주를 감동시켜야 하는 한 편의 드라마

앞서 얘기했듯이 프레젠테이션의 전략과 제작물이 아무리 좋아도 그것이 현장에서 제대로 전달되지 못하면 경쟁 프레젠테이션 준비 과정에서의 모든 노력이 물거품이 된다.

최고의 프레젠터라 불리는 애플의 최고경영자 스티브 잡스는 프레젠테이션을 할 때마다 한 편의 드라마, 한 편의 멋진 쇼를 선보이며 전 세계적으로 화제를 모은다. 핵심만 뽑아 극적으로 구성하여 대중을 열광시키는 그의 프레젠테이션 스킬은 얼마 전 아이팟 나노를 출시하는 현장에서도 유감없이 발휘되었다.

장소에 어울리지 않는 너무 캐주얼한 티셔츠에 청바지 차림으로 나타난 그는, 대뜸 청바지 호주머니 안에 달린 또 다른 작은 주머니를 가리키며 청중을 향해 질문을 던졌다.

"대체 이 작은 주머니는 무엇을 위해 있는 걸까요? 저는 항상 그게 궁금했습니다."

그러면서 슬며시 주머니에 두 손가락을 넣어 그 속에 감춰져 있던 너비 40밀리미터, 길이 90밀리미터, 두께 6.9밀리미터의 초소형 아이팟 나노를 쏙 꺼냈다. 그 작은 주머니에 들어갈 정도로 획기적인 작고 얇은 신제품을 소개하기 위해 스티브 잡스다운 재치를 담아 드라마틱한 프레젠테이션을 준비했던 것이다.

그런데 이처럼 재능과 카리스마를 타고난 최고의 프레젠터 스티브 잡스도 사전에 문구 하나에서부터 세부적인 무대 장치까지 꼼꼼히 검토하고, 스스로 만족할 때까지 수없이 연습을 반복하고 나서야 비로소 무대에 오른다고 한다.

광고계에서 프레젠테이션의 대가로 칭송받는 경력 20년의 대선배 역시 지금까지도 프레젠테이션을 앞두고 리허설을 반복한다. 그는 "내가 연습이 부족해서 제대로 광고주를 설득시키지 못하면 수십 명 스태프의 고생이 물거품이 된다."라는 생각으로 연습하고 또 연습한다고 한다.

평범한 듯 들리겠지만 프레젠테이션 스킬을 키우는 가장 좋은, 혹은 유일한 방법은 바로 연습 또 연습이다.

져도 이기는 흥미로운 게임

나는 경쟁 프레젠테이션을 이렇게 정의하고 싶다. 피 튀기는 게임, 그러나 이겨도 이기고, 져도 이기는 흥미로운 게임이라고.

피 말리는 압박감과 고통이 따르지만, 새로운 브랜드를 밀도 있게 탐구하여 관련된 지식을 쌓을 수 있는 소중한 기회이자, 그간 배운 내용을 현장에서 실험해 보고 실력을 110퍼센트 발휘해 볼 수 있는 시간이기 때문이다. 그리고 모든 스텝들이 한 가지 목표로 똘똘 뭉쳐 영혼에서 땀이 흐를 만큼 전력질주해 볼 수 있는 흔치 않은 일이기도 하다. 그러므로 설령 경쟁 프레젠테이션에서 이기지 못했다 하더라도 그 과정에서 얻는 것을 생각하면 그것은 결코 진 게임만은 아니다.

이 글을 쓰면서 광고인으로서 모든 걸 처음 배우기 시작했던 지난 시간을 돌아보게 되었고, 앞으로 10년을 준비하는 새로운 다짐의 계기로 삼을 수 있었다. 광고에 대한 무한한 열정으로 가득 찼던 신입 사원 시절의 나처럼, 광고를 천직으로 삼고 싶어 하는 미래의 후배들에게 이 글이 설렘의 시작이 된다면, 먼 여행의 첫발자국이 된다면 더 바랄 것이 없겠다.

갑, 을, 병의 눈으로 본
광고인의 삼각함수

| 정태성 |

1966년생. 1992년 성균관대학교 신문방송학과를 졸업했다. 1992년부터 1999년까지 현대자동차 홍보 팀과 광고 팀에서 근무하다가 AE로 전업해 2000년부터 2005년까지 금강기획, 휘닉스컴, 화이트컴, 에이블리에서 광고 기획 업무를 담당했다. 2005년에 (주)엔써애드라는 광고기획사를 차려 현재 대표이사로 재직 중이다.

'갑(甲), 을(乙), 병(丙)'

소위 비즈니스 좀 하시는 분들은 많이 들어 본 말일 것이다. 아니, 많이 듣다 못해 스트레스로 다가오는 단어일지도 모르겠다. 일을 수주해서 제품이나 기술 등을 제공하는 업무에 종사한다면 아무리 싫어도 헤어 나올 수 없는 것이 갑을병의 매트릭스가 아닐까.

광고업도 마찬가지다. 아무리 좋은 아이디어, 훌륭한 크리에이티브가 있다고 해도 갑을 위해 '수청'을 들어야 한다. 그래서 광고인들은 "무슨 일이 있더라도 '갑' 한번 하고야 말겠다."라는 오기 어린 넋두리를 하곤 한다.

그렇다면 과연 갑은 그렇게 좋기만 한 걸까? 을과 병은 늘 재미없는 걸까?

'갑, 을, 병 위치에서 바라본 광고인의 생활.' 17년 동안 갑, 을, 병의 처지를 두루 겪어 본 내 경험을 바탕으로 여기에 그 삶과 애환을 풀어 볼까 한다.

갑: 모든 것을 시킬 수 있는 자유, 모든 것에 참여할 수 있는 권리

'아무것도 안 할 수 있는 자유, 모든 것을 할 수 있는 권리'라는 어느 리조트의 광고 문구처럼 갑(甲)이란 본인이 마음먹기에 따라 일의 양과 질이 크게 달라지는 자리다. 광고인들이 흔히 말하는 '주님'이란 별칭답게 광고주는 광고업계에서 가장 대우받는 자리다. 그도 그럴 것이 광고업계의 모든 돈줄이 바로 '광고주님'에게서 나오기 때문이다. 그래서 을과 병의 처지에서 보면 광고주는 상당히 어려우면서 선망의 대상일 수밖에 없는 자리다. 우스갯소리로 "대행사 직원들의 월급은 광고주가 준다."라는 말이 있다. (월급을 주는 사람은 사장인데 그렇다면 광고주가 대행사의 사장?)

겉으로 보기엔 화려하지만, 사실 내부를 들여다보면 광고주 자리도 그리 녹록지만은 않다. 어디나 그렇듯이 사원은 기업 조직의 일원이다. 광고대행사의 경우 조직이나 회사 문화가 좀 자유로운 편이지만, 우리나라의 일반 기업들 상당수는 여전히 보수적이고 엄격하다. 그래서 광고주 회사에서 일하노라면 광고대행사 직원들이 부러울 때가 종종 있다. 우선 조금은 화려하고 세련된 옷차림새부터 자유로운 사고에 이르기까지 광고인은 왠지 젊은이들에게 가장 잘 어울리는 직업인 듯 보이기도 한다. (이런 걸 가리켜 남의 떡이 더 커 보인다고 한다.)

광고주 위치에 있는 사람이 어떤 마음가짐을 가지느냐에 따라 업무 방식은 상당히 달라질 수 있다. 호기심과 열정을 가지고 광고 오리엔테이션부터 제작물의 방영에 이르기까지 전 과정에 참여해서 활동적으로 일할 수 있는가 하면, 그냥 대행사에 미주알고주알 일임하는 것으로 업무를 대신할 수도 있다. 후자의 경우는 AE들 사이에선 속칭 '진상과'로 '입만 갖고 일하는 광고주'로 통한다.

광고주 측 실무자로 있다 보면, 대행사와 가장 첨예하게 부딪치는 것이 역시 돈 문제다. 광고주의 힘이 돈에서 나온다고 하지만 광고주 쪽에서 보면 경제 원칙에 따라 가장 저렴한 비용으로 질 좋은 광고를 뽑아내는 것이 지상 과제다. 그래서 대행사와 정산 시기가 되면 항상 민감하게 밀고 당기기를 하게 된다. (지나고 생각해 보면 사실 '내 돈도 아닌데 너무 까칠했던 게 아닌가?'라는 반성도 한다.)

그래서 난 최근에 광고주 회사에 있는 후배들을 만나면 돈 가지고 너무 까칠하게 굴지 말고, 덜 깎는 대신 더 많은 것을 요구하라고 이야기해 준다. 따지고 보면 그것이 회사에 더 큰 이익을 가져다주기 때문이다.

내가 광고주 측 전파 매체를 담당할 때에 있었던 일이다. 당시 자동차업계에서는 MBC 뉴스데스크와 그 앞의 2059SB(프로그램 공지하기 전 30초 광고 시간)를 잡기 위해 혈안이 되어 있었는데, 그 이유는 아무래도 결재권을 가진 분들이 그 시간에 TV를 보고 우리 광고가 잘 보이네, 안 보이네 하며 평가하셨기 때문이다. 프로그램은 하루에 한 번 방영되는 반면, 그 시간대에 광고를 노출하려는 광고주는 수백 군데나 되다 보니 당연히 뉴스데스크 광고 잡기란 하늘의 별 따기였다.

그런데 때는 바야흐로 IMF 시절, 갑작스런 경제 위기에 모든 광고주들이 광고비를 줄여 광고 시장이 급격히 위축되었다. 항상 뉴스데스크 때문에 고민하던 난 '기회는 이때다.'라고 생각하고 대행사의 매체국 직원들에게 예비비를 더 줄 테니 뉴스데스크 일주일분을 다 잡자고 했다. 처음에는 반신반의하며 설마 했던 것이 대략 3개월에 걸친 작업 끝에 현실이 되었다. 게다가 뉴스데스크 7개에 2059SB 2개, 월화 드라마, 주말 드라마까지….

H 자동차의 매체 스케줄은 환상 그 자체였다. 그 이후 광고가 잘 안 보인다는 말이 절대 안 나온 것은 물론이요, 경쟁사들과의 큐시트(매체 스케줄을 표로 작성한 것) 전쟁에서도 압도적인 승리를 거둘 수 있었다. 경쟁사뿐만 아니라 국내 최대 광고주인 S 전자에서도 H 자동차의 큐시트와 비교하며 방송광고공사를 압박할 정도였으니까.

그냥 편하게 대행사에서 차려 주는 밥상을 받고 반찬 투정하는 식으로 제 역할을 할 수도 있지만, 의욕적으로 전 과정을 정확히 파악해서 대행사와 함께 뛰며 무언가 만들어 나간다면 광고주는 정말 좋은 자리다. 그렇게 일하다 보면 아무래도 나무보다 숲 전체를 볼 수 있고, 스스로 리더가 되어 자신의 작품을 만들어 간다는 느낌이 들게 된다.

프로야구에 비교하자면 단장이라고나 할까? 대행사라는 감독과 선수를 거느린 단장 말이다. 잘나가는 메이저리그의 야구를 단장 야구라고 하지 않는가. "좋은 광고는 광고주가 만든다."라는 말이 있다. 그렇다. 이는 메이저리그 야구처럼 광고주도 단장으로서 광고주의 책임과 역할을 충실히 해야 한다는 말의 또 다른 표현일 것이다.

갑에게 필요한 덕목, 리더십

갑을 단장이라고 한다면, 갑의 가장 중요한 덕목이자 힘은 리더십이란 생각이 든다. 많은 사람들과 일을 하는 데다가 갑의 한마디 한마디가 중요하기 때문이다. 업무 추진력과 책임감이 있으며 인간적인 소양을 갖춘 광고주라면 을의 존경을 받게 된다.

일을 하다 보면 남는 것은 광고물과 사람이다. 특히 기획과 크리에이티브가 생명인 광고 분야는 더욱 그렇다. 꼭 을이 갑을 접대한다는 원칙이 어디 있는가? 갑이 을에게 생각지도 못한 접대를 한다면 을은 갑의 팬이 될 것이다. 지금은 CF업계의 전설이 된 한 감독님과 일을 하고서 감사의 인사말을 적어 크리스마스카드를 보냈던 적이 있다. 그런데 그 카드를 받자마자 감독님이 전화를 하셨다. 광고 생활 20여 년 만에 광고주한테 먼저 카드를 받은 것은 처음이라고. 그 후 그 감독님과 몇 번 같이 일을 할 기회가 있었는데 그때마다 카드 얘기를 꺼내는 걸 듣고 '여간 인상이 깊지 않으셨나 보다.'라고 생각했다.

흔히 영원한 갑도 영원한 을도 없다고 한다. 갑과 을로 만났지만 그런 것을 떠나서 동시대를 살며 같은 업종에 종사하는 사람으로서 서로 존경하고 존중받는 진정한 파트너십이 자리 잡았으면 한다. 수직적인 갑을 관계가 아니라 파트너십을 나누는 관계로 점차 바뀌어 가는 것은 바람직한 변화다. 이런 변화의 중심에는 언제나 새로운 바람을 일으키는 리더십이 있다. 좀 더 높은 자리에 있는 분들이 리더십이 무엇인지에 대해 항상 고민한다면 정말 훌륭한 갑이 되지 않을까 싶다.

을: 주 5일 근무도, 9 to 5도 없는 5분 대기조

"왜 왔어, 그냥 있지?"

그 좋다는 주님의 생활을 그만두고 광고대행사로 옮긴 후 사람들에게 가장 많이 들었던 이야기다. 그때마다 나는 그저 "따분해서요."라고 답했다. 사실이다.

광고주 생활이 좋은 면도 있었지만 아무래도 난 광고를 직접 만드는 일을 하고 싶었다. 아울러 대기업의 조직 문화보다는 광고회사의 자유로운 분위기가 더 좋아 보였다. 정말 열심히 살아 보고 싶다는 단순한 생각으로 이직을 감행했다. 그것도 대리 말년차인 늦은 나이에. 거래처였던 을로 옮길 때 갑의 경력이 든든한 '빽'이 되었음은 두말할 나위도 없다.

하지만 하루아침에 을(乙)로 바뀐 내 위치, 그것도 직접 갑을 상대해야 하는 AE의 업무는 상당히 낯설었다. 사실 이직 초기 3개월간 내 모습은 낙제점에 가까웠다. 오죽하면 광고주가 AE 교체를 심각하게 문의했을까. 연차도 내일모레면 차장이니만큼 OJT(직장 내 훈련) 같은 어떤 교육을 받을 겨를조차 없이 바로 현장에 투입되어 매번 깨져 가며 시행착오를 거듭했다.

힘든 시간이었지만 그래도 내게 도움을 주었던 건 다정했던 팀원들과 광고주 시절부터 형, 동생으로 관계를 맺었던 매체 팀원들의 지원이었다. 사실 매체 팀이 아니었다면 난 조기에 강판당했을지도 모른다. 그곳에서도 뉴스데스크의 위력이 여지없이 발휘되었는데, 아마 전관예우 같은 것이리라. 매체 팀원들이 "형이 와서 하는 첫 작품이니 아낌없이 밀어 준다."라며 힘을 실어 준 덕분에 광고주의 요구를 120퍼센트

맞출 수 있었다. 그로 인해 광고주에게 인정받게 되었고, 한번 인정받고 나니 어느 정도 AE로서 길을 찾아 안착할 수 있었다. 인맥의 힘이란 이런 것일까? 역시 일이 되고 안 되는 것은 모두 사람의 손에 달렸다.

광고 전쟁의 첨병 AE, 그 雜의 철학

아는 선배에게 AE가 뭐냐고 물었다. 선배는 이렇게 말했다.

"뭐긴 뭐야, 잡놈이지."

'아니, 그럼 내가 잡놈 하러 광고대행사에 왔단 말인가?'

그때는 선배의 말을 듣고 기분이 확 잡쳐 버렸다.

'그래도 AE는 광고회사의 꽃이라고 들었는데…. 기획자, 전체 프로젝트 매니저, 좋은 말 다 놔두고 잡놈이 뭐야 잡놈이!'

그러나 한두 해가 지나고 AE로서 단맛 쓴맛을 보게 되니 그때 선배가 말한 '雜(잡)의 철학'이 무엇인지 하나둘 깨달을 수 있었다.

'雜은 모든 것이다.' 영어로는 ALL. 'All-round Player, All Mighty (다재다능, 전지전능).' 영어로 말하면 근사한데 한자로 이야기하자니 정말 '雜'스럽다. 그러나 난 영어 표현보다 한자 표현이 더 마음에 든다. 왜냐하면 AE의 일과 삶을 그렇게 근사한 말로 포장하면 너무 가식적일 것 같아서.

기획과 영업을 병행하는 한국의 AE들. 그들은 첫째, '잡학(雜學)' 해야 한다. 깊이 있게는 모르더라도 적어도 아이디어의 단초가 되는 이야기를 풀어 가기 위해서는 잡학이 필수다.

둘째, 다양한 취향을 가진 광고주들의 비위와 성향을 맞추기 위해서는 '잡식(雜食)'해야 한다.

광고주가 해산물을 좋아하는데 내가 싫다고 삼겹살을 먹을 순 없지 않은가? 요즘 유행하는 말로 '클라이언트 프렌들리(Client Friendly)' 하려면 먼저 광고주의 성향에 자신을 맞출 줄 알아야 한다. 그것이 바로 잡식의 시작이다.

셋째, AE는 '잡기(雜技)'에 능해야 한다. 당구나 포커 같은 잡기만이 아니라 그림도 볼 줄 알아야 하고 글도 쓸 줄 알아야 한다. 어차피 광고라는 게 상대방을 설득하는 작업이라고 하면, 기획서든 프레젠테이션이든 자기가 하고 싶은 말을 충분히 표현할 수 있어야 한다. 그리고 카피가 성에 차지 않으면 직접 멋지게 쓰지는 못하더라도 근사치는 써서 카피라이터와 논쟁을 해야 할 게 아닌가. 그만큼 AE란 자기 만족이 강해야만 버텨 낼 수 있는 직업인 듯싶다. '雜'을 이해하고 만족해야 하는 광고인, 그것이 AE다.

병: 시간의 자유와 맞바꾼 필드 생활, 더는 물러설 곳이 없다

약 7년간의 광고대행사 생활을 마치고 부티크(소규모 광고회사)를 시작했는데, 이유는 단 하나, 이제 내 일을 해 보고 싶다는 소망 때문이었다. 막상 나와 보니 가장 좋은 점은 시간의 제약에서 풀려난 것이었다. 그러나 해방감도 잠시 불안한 미래에 대한 걱정으로 자유를 속 편히 만끽할 수 없었다.

사실 처음 사업을 시작할 때에만 해도 '열심히 일해서 돈을 벌어야지.'라고 생각했다. 하지만 요즘은 돈 버는 것에서 생존으로 목표를 수정했다. 그만큼 이 바닥은 이미 경쟁이 치열해질 대로 치열해진 '레드오션'이다.

을에서 병으로 또 한 단계 내려온 생활. 그건 뭐랄까, 공장의 매니저에서 숙련공으로 변신한 느낌과 비슷할 것이다. 대한민국은 휴대전화부터 인터넷까지 모든 길은 IT로 통한다고 할 정도로 IT 강국이다. 그러나 화려한 이면 뒤에는 그 인프라로 인해 어려움을 겪는 사람들도 있다. 광고업계의 병(丙)이 그 경우에 속한다.

광고업계의 제작비는 1988년 올림픽 이후 거의 정체 상태다. 단가 상승 요인은 어느 정도 있었지만 물가 상승률 등을 감안하면 정체 혹은 마이너스라고 봐야 한다. 실제로 광고의 모든 일이 매킨토시 작업으로 바뀐 이후 '섬네일은 시안처럼, 시안은 원고처럼'이란 말이 생겨났을 만큼 일의 강도는 세졌지만 단가는 제자리걸음이다.

게다가 요즘에는 '웹하드'를 통해 광고 작업을 거의 실시간으로 확인하고 수정을 요구한다. JPG 파일 데이터를 수시로 주고받지만 그 시간과 노동력을 항상 서비스로 인식한다. 아직도 우리나라는 무형의 재화나 노력을 박하게 대우하는 경향이 있다. 이런 상황에서 외국 광고들처럼 멋진 광고를 기대하기란 어려운 일이 아닌가 싶다.

갑에서 을로 생활을 바꿨을 때 가장 달라진 점은 달력의 빨간 날짜와 무관한 스케줄이었는데, 병은 그 강도가 훨씬 심하다. 왜 하필이면 광고주들은 꼭 빨간 날 다음에 시안을 보자고 하는 건지…. 물론 센스 있는 광고대행사들은 월요일이 아닌 화요일로 광고주를 유도하긴 하지만, 그래도 병에겐 마찬가지다. 광고주 회사로 들어가기 전에 대행사가 월요일에 먼저 리뷰를 하기 때문이다. 그렇다면 병은 꼼짝없이 주말에 일을 해야 하는 처지. 주 5일 근무는 고사하고 6일 근무도 쉽지 않은 것이 병의 필드 생활이다.

물론 광고주를 직접 발굴해서 일을 진행할 경우에는 부티크도 이런 부담에서 조금은 벗어나게 된다. 시간이나 광고의 질적 수준을 조정할 수 있기 때문이다. 어느 정도 연륜이 쌓인 부티크들은 대행사와 상의해서 일의 비중을 적절히 조절하는 편이다. 부티크를 만들어 일을 하다 보니 앞서 이야기했던 'ALL Mighty'의 필요성이 더욱 절실하다. 대행사처럼 조직과 인력을 갖추고 일을 할 수 없는 소규모 광고회사의 형편을 감안한다면, 일인다역 그게 가장 좋은 방법이 아니겠는가?

나이 마흔 넘으면 고려장?

요즘 광고업계에서는 프로듀싱(Producing)의 중요성을 점점 강조하고 있다. 그래서 CF 프로듀싱 업무만 담당하는 PD 컴퍼니들도 많이 생겼고, 광고대행사에서도 점점 다양해지고 높아만 가는 광고주의 욕구와 크리에이티브를 맞추기 위해 외부 프로듀싱 컴퍼니들을 많이 활용하는 추세다.

우리 광고계는 IMF를 거치면서 큰 단절의 시간을 지나왔다. 이전에 공채로 뽑던 인력들을 더 이상 채용하지 않고, 신규 인력을 경력 위주로 극히 소수만 충원하다 보니 자연스럽게 어느 한 세대가 단절되는 결과를 낳았다. 그 대표적인 세대가 바로 지금의 30대 중반이다. 그래서 고참급의 노하우와 경험이 제대로 전달되지 못하고, 또 대행사는 '젊게 간다'는 명목으로 나이 많은 고참들을 정리하다 보니 대행사의 프로듀싱 능력이 현저히 떨어지지 않았나 싶다. 프로듀싱 작업에서는 많은 경험과 시행착오를 겪은 끝에 얻은 노하우가 중요하다.

광고를 제작할 때에는 정해진 예산 안에서 최대한 질 높은 결과물을 만들어 내야 한다. 그런데 요즘 젊은 광고인들은 질 높은 광고를 추구하는 데 비해 예산 개념은 별로 없는 듯하다. 예산은 AE와 제작 관리 부서에서 담당하는데 그걸 내가 왜 신경 써야 하느냐는 식이다. 하지만 그렇지 않다. 광고인 모두가 『아카이브』에 수록된 것 같은 멋진 광고를 만들고 싶어 한다. 하지만 그런 광고의 촬영비와 제작비가 얼마인지, 우리 광고주가 그만한 여력이 있는지, 그리고 그 정도의 광고가 정말 필요한지 한번 검토해 볼 일이다.

'나이 마흔 넘으면 고려장'이라는 말이 있는 우리 광고업계도 오랜 노하우를 갖춘 전문가들이 많이 육성되었으면 한다. 외국에는 제품 하나만 10년 이상을 담당해 온 CD와 감독들이 수두룩하다고 하지 않은가? 연륜 있고 풍부한 경험을 가진 이들의 능력을 좀 더 활용할 수 있는 장이 많아졌으면 하는 바람이다.

이제야 광고를 조금 알 것 같다

어느덧 갑-을-병의 순으로 낮은 데로 임하며 살아온 지 17년이나 되었다. 남들은 병-을-갑으로 올라가길 바라는데 거꾸로 내려왔으니 내가 생각해도 참 특이하다. 어쨌든 그동안 광고와 관련한 모든 일을 직접 경험해 보니 이제야 남들에게 광고에 대해서 어설프게나마 이야기할 수 있을 것 같다.

결론은 갑이든 을이든 병이든 그 자리에서 일하는 게 재미있어야 한다는 것. 재미없으면 제아무리 갑이라도 의미 없는 것 아닐까. 요즘 어린 후배들을 만나면 일 많다고 절대 불평하지 말고 오히려 감사하라는 말을 자주 한다. 그리고 그 연차에 꼭 배워야 할 일이 있는데 때를 놓치면 배우기 힘들뿐더러 나중에 고참이 되면 밑천이 다 드러난다는 조언도 잊지 않는다.

다시 갑, 을, 병 가운데 하나를 선택하라면 난 '갑'을 택하고 싶다. 그것은 갑의 권위와 자리가 탐나서가 아니라 이제 광고 한번 제대로 만들어 보고 싶기 때문이다. 사이클 하나를 돌고 나서 내 나름대로 얻은 지식과 경험을 다해 적어도 대한민국에서 괜찮은 광고 하나를 만들고 싶은 욕심이 난다. 과연 이 욕심이 욕심으로 끝날지 아니면 새로운 기회가 있을지 지금으로선 미지수다.

5장

광고의 정보 업그레이드

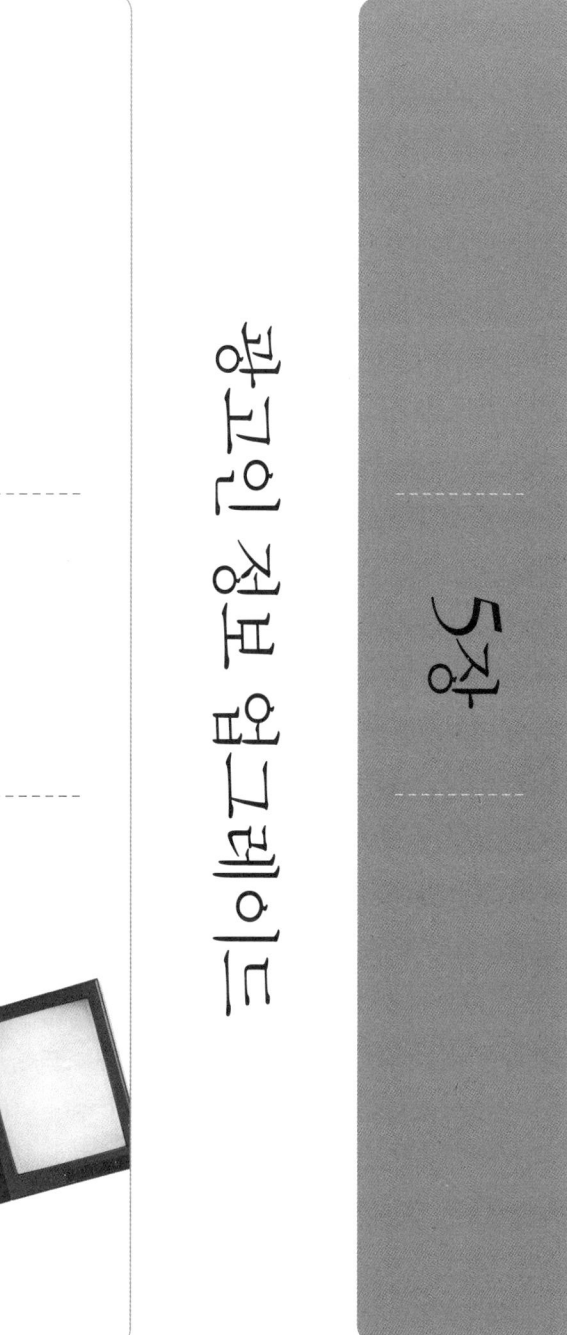

매력 있는 광고장이는
노력으로 태어난다

| 홍우아 |

1965년생. 성균관대학교 신문방송학과를 졸업했다. 1992년부터 10년 동안 코래드에서 PD로 광고 일을 하다가 2002년 까치&까치 프로덕션으로 옮겨 3년간 기획실장으로 근무했다. 그 후 독립하여 작은 광고대행사를 운영했으며 현재는 프리랜서 CM 플래너로 일하고 있다. 대우자동차 누비라 '백지연' 시리즈, 018 '사랑은 움직이는 거야' 시리즈를 비롯해 수많은 광고물 제작에 참여했다.

1. 광고회사에는 어떤 직종이 있나요?

요즘은 거의 모든 회사에서 그 안의 직종이 전문화되는 추세입니다. 그 중에서도 광고회사는 더욱 그렇지요. 관리, 회계, 경리, 총무 등 일반 회사에도 공통적으로 있는 부서를 제외하고, 광고회사는 크게 기획/영업, 제작, 매체(미디어), 프로모션(또는 BTL), 이렇게 네 부문으로 나눌 수 있습니다.

기획/영업 부문은 광고주 개발과 관리를 담당하는 분야로, AE(Account Executive)들이 광고주의 브랜드와 제품이 소비자에게 효과적으로 전달될 수 있도록 전략을 기획하는 일을 합니다.

제작 부문에는 광고 문안을 담당하는 카피라이터, 광고의 시각적 이미지를 담당하는 아트 디렉터, TV CM(Commercial Film이라 하며 흔히 CF라 부른다)을 기획하고 제작하는 PD(Producer) 등이 있습니다. 하지만 요 근래에는 제작 부문별 경계가 조금씩 허물어지는 분위기이며, 이들을 통틀어서 그냥 크리에이터라고 부르기도 합니다.

매체 부문에는 매체의 효율적인 계획과 집행, 사후 효과 분석 등을 책임지는 미디어 플래너(Media Planner)가 있고, 매체 구매를 전담하는 미디어 바이어(Media Buyer)가 있습니다.

프로모션 부문에서는 4대 매체(TV, 라디오, 신문, 잡지) 이외의 모든 매체를 담당합니다. 기획/영업 부문과 제작 부문의 일부가 합쳐진 형태이기도 합니다. 각종 이벤트에서부터 옥외 광고, 버스·지하철·택시 광고, 심지어는 대형마트의 카트에 부착하는 광고에 이르기까지 그 영역이 광범위합니다. 그 밖에도 다양하고 더 전문적인 직종들이 있긴 하지만, 광고회사의 일반적인 형태는 아니라서 생략합니다.

2. 주요 직종에 필요한 자질과 입문하기 위해 준비할 것은 무엇인가요?

많은 직종들이 있지만 네 가지 대표적인 것만 설명하겠습니다.

AE AE(Account Executive)는 광고주에겐 광고회사를 대표하고, 광고회사 직원들에겐 광고주를 대변하는 사람입니다. 이들은 광고주 측의 마케팅 환경, 기업 철학, 브랜드와 제품 전반에 대해 정통해야 합니다. 또 공동 작업을 하는 전문 스태프들을 잘 아우르고 활용할 수 있는 능력도 있어야겠죠. 다양한 상식과 전문 지식은 물론이고 임기응변과 배짱, 언변 또한 필요합니다. 성격 좋고, 사교적이며 리더십도 있어야 합니다. 특히 프레젠테이션 능력은 AE의 가장 중요한 덕목이라 할 수 있습니다. 이렇게 얘기하면 AE가 무슨 대통령 같은 자질을 갖춰야 하는 게 아닌가 하고 생각할 수도 있겠지만, 실제로 프로젝트를 다루려면 AE는 광고회사 내의 작은 대통령이어야 합니다. 그런 AE가 되고 싶다면 어떤 준비를 해야 할까요? 정답은 없지만 몇 가지만 간추려 이야기하면 다음과 같습니다.

- 대학 졸업 전에 광고 동아리에 적극 참여한다.
- 각종 광고 공모전에서 수상하여 다양한 경력을 쌓는다.
- AE다운 능력을 보여 줄 수 있는 기획 포트폴리오를 멋지게 준비한다. 물론 영어는 필수다.
- 다양한 분야에 관심을 갖고 잡다한 정보를 수집하여 이것들을 잘 갈무리한다.
- 광고대행사의 공채에 적극 응시한다.

CW 일반적으로 카피라이터(Copy Writer)라 하면 시나 소설 같은 문학적 소양을 갖춘 사람, 세련된 문장력이 있는 사람이라고 흔히 생각합니다. 이게 틀린 말은 아니지만 기발한 아이디어와 광고적 감수성을 갖고 해당 광고의 콘셉트와 브랜드 이미지를 문장으로 표현할 수 있는 능력이 더 필요한 직종이기도 합니다. 단순히 문장력만 좋다고 해서 훌륭한 카피를 쓸 수 있는 건 아닙니다. 마케팅에 대한 식견과 소비자들의 심리를 읽는 능력이 더해져야만 할 수 있는 일입니다. 쉬엄쉬엄 일하다가 한두 문장 '턱!' 하니 카피를 만들어 낼 수 있는 게 아니라는 뜻입니다. 셀 수도 없이 넘쳐 나는 광고 문구들을 보면 카피라이터들이 보냈을 고통의 시간을 느낄 수 있습니다. 카피라이터가 되는 길 역시 AE가 되는 방법과 크게 다르지 않습니다. 다만 실기시험은 꼭 치러야 합니다. 참고로 흔히 '부티크'라고 부르는 소규모 광고기획 사무실에서 일하거나 프리랜서 카피라이터로도 활동할 수 있으므로 처음부터 큰 광고대행사만 고집하지는 마십시오. 주머니 속의 송곳은 숨겨도 반드시 드러나

게 마련이고, 그 송곳을 꼭 필요로 하는 곳은 늘 있으니까요.

AD 아트 디렉터(Art Director)는 회사에 따라 '아트 플래너', '그래픽 디자이너'라고도 부릅니다. 상업적 메시지를 광고 전략에 입각해 시각 언어로 만드는 광고 비주얼 전문가입니다. 카피라이터가 사진 100장보다 강렬한 카피 한 줄을 쓰는 사람이라면, 아트 디렉터는 소설 한 권보다 더 강력한 비주얼 한 장을 만드는 사람입니다. 아트 디렉터는 미술 관련 전공자들이 대부분인데, 아이디어를 시각적으로 훌륭하게 표현하려면 타고난 감각과 숙련된 경험이 필요하기 때문인 것 같습니다. 카피라이터와 함께하는 일이 많은 직종이기도 합니다. 아트 디렉터가 되는 길도 카피라이터와 유사합니다.

PD '프로듀서(Producer)'라고 부릅니다. TV CM의 아이디어를 만드는 단계에서부터 TV에 방송될 때까지, 그리고 제작비를 정리하는 일까지 총괄적으로 책임지는 사람입니다. 하지만 요즘은 세분화해서 흔히 '콘티'라고 하여 아이디어를 기획하는 일까지만 맡아 하는 CM 플래너와 그 이후의 전 과정을 담당하는 PD로 나누기도 합니다. 광고대행사뿐 아니라 PD 컴퍼니와 일반 프로덕션에도 있는 직종입니다. 광고대행사에서는 아르바이트나 인턴십을 통해서 신입 사원을 선발하거나, 일반 프로덕션에서 일해 본 경험이 있는 이들을 경력 사원으로 뽑고 있습니다. 현재 광고대행사에서 일반 공채로 신입 PD를 뽑는 경우는 거의 없습니다. PD가 되려면 영상을 이해하고 감각을 키워야 합니다.

참고로 CD(Creative Director)는 제작 부서에서 광고 안을 선택하고 크리에이티브를 이끌어 나가는 대장을 말합니다.

3. 광고회사에 입사하려면 어떤 학과를 나와야 하나요?

불문학과가 가장 유리하다는 우스갯소리가 있습니다. 광고회사 지원 자격이 '전공 불문'이기 때문입니다. 광고 관련학과를 졸업한 사람이 그렇지 않은 사람보다 광고에 대한 상식이 좀 더 많을 수는 있습니다. 하지만 실전에 필요한 것은 본인의 자질과 관찰력, 분석력, 그리고 크리에이티브 능력이겠지요. "광고 작업에 필요한 것은 99퍼센트의 Think와 1퍼센트의 Ink다."라는 말도 있습니다. 대개 대졸자 이상을 신입 사원으로 뽑으므로 대학은 마쳐야겠지요.

4. 광고회사에 입사하려면 시험 준비는 어떻게 해야 하나요?

광고회사의 수가 그 어느 때보다도 많습니다. 그런데 왜 갈수록 광고회사에 입사하기가 어렵다고 할까요? 이는 지원자들이 들어가고 싶어 하는 광고회사가 국내 5~10위권 안에 드는 이른바 메이저 광고회사들이기 때문입니다. 메이저 광고회사들은 워낙 소수의 인력을 뽑는데다가 신입보다는 경력 사원을 선호합니다. 또 지원자들의 이력도 쟁쟁합니다. 기본 경쟁률이 최소 100 대 1 이상(서울 시내 몇 개 대학에만 원서를 돌렸는데도)이며, MBA급 학위 소지자, 각종 공모전 수상자들의 숫자 역시 놀랄 만큼 많은 게 현실입니다.

그러면 왜 메이저 광고회사에만 들어가고 싶어 할까요? 광고는 메이저만 하는 것도 아닌데 말입니다. 우선 직원들에 대한 처우 수준이 다릅니다. 또 광고계에서는 메이저에 있었다는 것만으로도 주요 경력이 됩니다. 그리고 가장 중요한 것은 메이저에 근무해야만 메이저 광고주들을 경험할 수 있다는 점입니다. 광고인들이 모이면 맨 먼저 "어디 근무하세요?", "어떤 광고주를 맡고 계세요?" 하고 묻습니다. 이처럼 이곳에서도 묘한 서열 관계가 형성됩니다. 많은 광고비를 지출하는 광고주, 사람들 입에 자주 오르내리는 TV나 신문광고를 맡고 있다면, 때로 좀 더 전문가 취급을 받기도 하는 것입니다.

어쨌거나 메이저 광고회사에 입사하려면 먼저 서류 전형부터 통과해야 합니다. 현실적으로 말하면, 특히 AE 지원자는 명문대 출신이 유리합니다. 명문대에서 학부를 한 게 아니라면 편입 학력이나 대학원 학위도 도움이 되겠죠. 물론 토익 점수도 최상위권에 속해야 합니다. 그리고 대학 시절 공모전 입상 경력(대상 하나쯤 받았다면 금상첨화)도 플러스 요인이 됩니다.

서류 전형을 통과하면 제작 쪽은 실기 테스트를 받습니다. 여기서 실력은 기본으로 갖춰야 합니다. 면접은 한두 번 정도 보게 되는데, 이때 자신감과 열정, 임팩트 있는 유머와 위트가 중요합니다. 광고는 누군가를 설득하는 작업입니다. 물론 대중을 상대하는 것과 면접관을 상대하는 것은 커뮤니케이션 방법에 차이가 있지만, 면접 때 호감을 주고 같이 일하고 싶은 마음이 들게 만들어야만 하지 않을까요?

메이저에 입사했다고 해서 또는 마이너에 입사했다고 해서 그 직장이 평생직장이 되는 것은 아닙니다. 오히려 마이너 회사에서 시작해서 메이저로 발탁되어 훌륭한 광고 캠페인을 성공시킨 사람들도 많습니다. 경력 사원으로 메이저에 들어가는 것도 괜찮은 일입니다. 더 철저하게 검증된 능력 있는 광고인이란 뜻일 테니까요.

5. 광고회사의 연봉은 얼마나 되나요?

총각 PD 시절에 예쁘고 상냥한 여자를 소개받은 적이 있습니다. 제법 괜찮은 은행에 다니는 여성이었습니다. 그래서인지 셈도 빨라서 처음 만나는 날인데도 놓치지 않고 내 벌이 수준에 대해서 지나가는 말처럼 물었습니다. 메이저 광고회사 PD라면, TV나 영화에서처럼 멋진 오피스텔에 살며 외제 스포츠카쯤은 당연히 몰고 있으리라고 지레짐작했던 모양입니다. 난처했지만 일반 대기업 수준의 월급을 받고 있으며, TV 드라마는 드라마일 뿐이라고 정직하게 대답했습니다. 실망하는 눈치가 역력했고, 그후 내 전화를 받지 않더군요. 요즘처럼 취업이 힘든 시절이라면 상황이 달랐을 수도 있겠지만….

광고업계가 세분화된 탓인지 메이저 회사들과 여타 회사들의 연봉은 제법 차이가 납니다. 그때그때 다르긴 하지만 전반적으로 메이저 광고회사의 초봉은 일반 대기업 수준과 비슷하고, 그렇지 않은 회사들은 중견 중소기업 정도입니다. 하지만 광고직은 전문 직종이고, 그런 만큼 초봉은 큰 의미가 없습니다. 연봉 면에서 광고회사는 능력 있는 이들에게는 블루오션이기 때문입니다. 능력을 보여 준다면 바로 연봉으로 연결됩니다. 그렇다면 광고회사에서의 '능력'이란 뭘 말할까요? 한마디로 얘기하기는 어렵지만 그래도 첫 번째를 꼽으라면, '광고주를 영입하는 데 도움을 줄 수 있는 능력'이라 할 수 있습니다. 광고는 공동 작업입니다. 기획, 프레젠테이션, 카피라이팅, 디자인, CM 플래닝, 매체기획, 매체 구매 등의 공동 작업 과정에서 자신이 전문가임을 보여 주는 능력, 또는 전문가로 성장할 수 있는 잠재력을 보여 주는 능력이 연봉을 올리는 방법입니다. 사원, 대리급에서 너무 안달할 필요는 없습니다. 선배들은 열정과 잠재력이 있는 사람을 용하게도 알아보기 때문입니다. 대개 부장쯤에서부터 슬슬 고액 연봉자가 탄생하기 시작합니다. 그렇게 성공한 사람들 가운데에는 진짜로 어마어마한 액수의 연봉을 받는 이도 있습니다.

6. 광고회사에서는 특히 프레젠테이션이 중요하다고 하던데…

인하우스 에이전시(In-house Agency, 모기업의 광고를 담당하는 광고회사)가 아닌 대부분의 광고회사(Independent Agency)들에게 광고주를 유치하느냐 못 하느냐는 회사의 사활이 걸린 문제입니다. 그렇다면 광고주에게 "당신의 브랜드를 가장 효과적으로 광고할 수 있는 회사가 우리입니다."라고 설득할 수 있는 방법은 무엇일까요? 당연히 프레젠테이션입니다. 요즘 광고주들은 새로운 광고회사를 찾을 때, 대개 경쟁 PT를 시킵니다. 대형 광고주의 광고회사 선택은 광고계의 판도를 바꿔 버릴 정도로 엄청난 영향력을 발휘합니다. 정해진 시간 안에 정해진 룰에 따라서 우리 회사가 얼마나 시장을 잘 읽고 분석하고 있는지, 트렌드는 어떤지, 소비자에게 어떻게 접근해야 하는지, 그래서 추출한 콘셉트가 무엇인지, 제작물은 어떤 방향으로 가야 하는지, 캠페인의 톤(tone)과 방식은 어떻게 할 건지, 우리 회사만의 새로운 매체나 제안 내용은 무엇인지 등 세세한 것들을 프레젠터가 마치 오케스트라를 지휘하듯이 광고주에게 전달하는 작업이 바로 프레젠테이션입니다. 상상해 보세요. '광고계의 판도를 바꿀 만한 새로운 광고주를 경쟁을 통해서 우리가 영입해 왔다!' 피 말리는 일이지만 이만하면 신나는 광고 행위(?)의 절정이 아닐까요? AE라면 당연히 프레젠테이션 능력을 갖춰야 하지만 프레젠터가 꼭 AE일 필요는 없습니다.

7. 광고를 만들고 진행하는 과정은?

일반적인 경우를 말하면 먼저 광고주로부터 제작 의뢰를 받습니다. 기업 PR이든 브랜드 광고든 제품 광고든 마찬가지입니다. 광고물은 항상 주문 생산을 한다는 특징이 있죠. 먼저 AE는 마케팅 환경과 제품의

USP(소비자에게 어필할 수 있는 제품의 특징과 장점) 등을 고려해서 기획서를 작성하고, 제작 콘셉트와 커뮤니케이션 콘셉트를 제작 부서에 제안합니다. 그리고 카피라이터, 아트 디렉터, PD 등과 함께 콘셉트를 검증하고, 아이디어 회의를 거쳐 제작물의 시안을 만듭니다. 이 과정이 한 번에 끝나는 경우는 그리 많지 않습니다. 이렇게 만든 시안 중에서 광고주가 최종 선택을 하면 콘셉트에 적합한 TV CM 감독과 인쇄 사진작가를 섭외해서 실제 제작에 들어갑니다. 마지막으로 광고주 시사를 거친 후 4대 매체와 SP(Sales Promotion) 쪽 매체들을 통해서 광고물이 집행되고, 소비자들이 볼 수 있게 됩니다.

8. 광고 제작 과정 중에서 특히 CF 제작 과정이 궁금합니다

광고 분야 중에서 사람들이 가장 관심 있는 분야가 아마 CF(정확하게는 TV CM)일 겁니다. TV 광고 역시 광고주의 제작 의뢰에서 시작합니다. 콘셉트 도출, 콘티 구성·확정, 프로덕션과 감독 선정 과정까지는 앞에서 설명했고, 이후의 과정은 생각보다 훨씬 많은 스태프들이 함께하는 공동 작업으로 이루어집니다. 크게는 촬영, 편집, 녹음, 시사, 이렇게 4단계로 나누는데 감독의 연출을 중심으로 진행합니다.

촬영 촬영 감독은 DOP(Director of Photograph)라고 부르는데, 촬영 감독을 중심으로 촬영, 조명, 특수 촬영, 의상, 헤어, 메이크업, 모델 에이전트 등의 스태프들이 함께 작업합니다. 보통은 필름 촬영을 하며, 촬영 장소는 흔히 실내 세트, 오픈 세트, 로케이션 등으로 구분합니다. 로케이션을 나갔는데 비라도 오는 경우엔 참 난감하죠.

편집 편집(Editing)과 합성(Composition, 보통은 2D), 그리고 3D 작업을 합쳐서 부르는 과정입니다. 현상과 NTC(Nega-Telecine, 필름

의 영상을 TV용 영상으로 바꾸는 작업)를 거친 그림을 콘티와 Tone&
Manner(미리 설정한 전체적인 분위기와 느낌)에 맞게 짜 맞추는 것이
편집이고, 편집한 그림에 갖가지 효과를 더하거나 변형해서 원하는 이
미지들을 만들어 내는 것이 2D와 3D입니다. 시간과 비용 문제에서 자
유롭다면, 현재 기술 수준으로 만들 수 없는 이미지는 거의 없다고 봐
야 합니다.

녹음 편집된 그림에 모델이나 성우의 목소리와 음향효과(Sound
Effect), BGM(배경음악), 징글(Jingle, 제품명을 음악으로 표현한 것)
등을 입히는 작업입니다. 동시녹음한 소리를 디자인하는 경우도 있습
니다. 유명한 음악을 BGM으로 사용하는 데에는 수천만 원 이상이 들
기도 합니다. 한마디로 TV CM 작품 하나를 마무리하는 과정인데, 녹
음을 마친 뒤에는 각 방송사별 자체 심의 과정이 남아 있습니다.

시사 말 그대로 광고주가 보고 최종 판단을 하는 과정입니다. 판단
기준은 촬영 전 PPM(사전제작회의)에서 서로가 약속한 내용대로 만들
어졌는가 하는 것입니다. 광고주의 요구에 따라 수정 작업을 하기도 합
니다. 이 과정을 통과하면 TV에서 CM을 볼 수 있게 됩니다.

9. CF 감독이 되려면 어떻게 해야 하나요?

UCC를 연출한 감독이든 영화 작품 하나를 연출한 감독이든 확실한
것은 그가 영상물을 다루는 감독이라는 사실입니다. 감독 중에서도 특
히 CF 감독에 대한 세간의 관심은 남달라 보입니다. 폼 나는 일을 자주
할 수 있다는 것과 수입이 만만찮다는 점이 CF 감독의 주된 매력인 것
같습니다. CF 감독이 되기 위해 필요한 자격은 없습니다. 마음만 먹으
면 누구라도 감독이 될 수 있습니다. 하지만 누군가가 일을 주지 않는

감독이라면 의미가 없겠죠.

CF 감독이 되는 데에는 대개 두 가지 경로가 있습니다. 프로덕션에서 조연출을 하다가 감독이 되는 경우와, 광고대행사에서 PD를 하다가 감독이 되는 경우입니다. 카피라이터를 하다가, 혹은 콘티 작화를 하다가 감독으로 데뷔하는 경우도 있지만 흔치는 않습니다. 여하튼 CM 만드는 과정을 전체적으로 잘 알아야 하고 영상에 대해서도 해박해야만 감독으로 데뷔할 수 있으며, 그 이후에도 감독으로 먹고살 수가 있습니다.

그렇다면 CF 감독으로 데뷔하기가 그렇게 어렵다는데 누가 데뷔를 시켜 주는 걸까요? 조연출 혹은 PD 생활을 하다가 어느 정도 주변의 인정을 받고 스스로 데뷔하는 경우도 있지만, 대개는 이미 베테랑으로 활동하고 있는 감독들의 추천과 배려로 데뷔하게 됩니다. 여기에는 막 일을 시작하는 초짜 감독을 뒤에서 챙기며 보증해 준다는 의미도 있습니다. 일을 주는 광고대행사 편에서 보면 연습은 있을 수 없기 때문이죠. 재능 있는 이들을 금방 알아보는 선배들의 눈은 거의 틀림없습니다. 하지만 역시 데뷔 이후는 본인 스스로의 능력과 노력으로 살아남아야 합니다. 참고로 TV CM을 만드는 프로덕션은 감독과 기획실장이 운영하는 기존의 프로덕션과, 프로듀서들이 광고대행사로부터 일을 받아서 프리랜서 감독들을 통해 일을 진행하는 흔히 'PD 컴퍼니(Company)'라고 부르는 프로덕션이 있고, 위의 두 가지 형태를 병행하는 프로덕션도 있습니다.

10. 광고 일은 남자와 여자 어느 쪽이 더 유리한가요?

아직도 한국 사회는 여자들에게 불리하다는 인식이 있습니다. 그래서인지 광고회사의 분위기가 어떤지 묻는 분들이 있습니다. 회사마다 직종마다 다르기 때문에 한마디로 대답하기는 어려운 질문입니다. 하지만 제 생각을 말하자면 남녀 차별은 전혀 없습니다. 오히려 여자들에게 더 유리한 분야라고 얘기하고 싶습니다. 'Wordy woman'이라는 개념이 있습니다. 언론, 법조, 홍보, 광고 등 소위 말로 하는 직업 세계에서 여성 파워의 약진을 가리키는 것으로, 근래 미국 사회의 분위기를 반영하는 말입니다. 이런 견지에서 보면 우리나라 광고 쪽도 크게 다르지 않은 것 같습니다. 어차피 광고의 본질이 설득하는 커뮤니케이션이고, 그것이 소비자를 상대로 하든 광고주를 상대로 하든 섬세하고 부드러운 여자들이 설득에 더 유리하다는 것이죠. 같은 부피와 무게의 재능을 가진 남자와 여자가 있다면 광고 일에서는 여자 쪽이 두각을 나타낼 가능성이 더 높다는 얘기입니다. 실제로 말단 사원에서부터 출발해 메이저 회사의 경영진이 된 능력 있는 여성들이 적지 않습니다. 물론 아직까지 남자들보다는 훨씬 적지만, 점차 빠른 속도로 그 수가 늘고 있다는 사실에 주목해야 합니다.

11. 광고인으로서 직업상의 매력이나 보람이 있다면?

자기가 하는 일에 즉각적으로 보람을 느낄 수 있는 직업을 꼽는다면, 역시 광고가 빠질 수 없을 것입니다. 그도 그럴 것이 자기가 참여했던 일의 성과물이 즉시 눈에 보이고 귀에 들리기 때문입니다. '광고(廣告)'는 말 그대로 '널리 알리는' 일입니다. TV부터 라디오, 신문, 잡지, 극장, 케이블 TV, 옥외 간판, 휴대전화, 버스, 지하철, 심지어는 할인 마트의 카트 손잡이까지, 성공한 캠페인에서부터 혀를 끌끌 차게 만드는 조악한 광고물까지, 여하튼 널리 알리기 위해 만든 일의 성과물들이 광고장이에게 '그래, 넌 누군가에게 영향을 끼치는 뭔가 중요한 일을 하고 있는 거야.'라고 말합니다. 그뿐만 아니라 분명 이 일은 전문가적인 냄새가 납니다. 요컨대 아무나, 누구나 할 수 있는 일은 아니라는 것입니다. 게다가 자신이 작업한 광고가 소비자로부터 좋은 반응을 얻어서 그 브랜드의 선호도가 높아지고 그것이 매출 증가로 이어진다면 일하는 사람으로서 보람은 배가 되겠지요. 광고는 매력적인 직종입니다. 광고장이로서 이 매력을 만끽하고 싶다면, 광고에 대한 전문적인 소양과 열정을 가지고 뭔가 분명한 결과물을 만들어 내야만 합니다. 광고는, 그리고 광고장이는 그렇습니다.

12. 광고인은 어떤 점이 가장 힘드나요?

실적 쌓기(광고 수주하기), 데드라인의 압박, 잦은 밤샘 작업, 개성 강한 무리 속에서의 갈등 등 뭐 어려운 점들을 열거하자면 많겠지요. 그러나 저는 필연적으로 생길 수밖에 없는 어려움을 얘기하고 싶습니다. 그것은 "광고는 예술이 아니다."라는 사실입니다. 광고회사는 광고주의 광고 활동을 대행해 주는 회사입니다. 즉 자체적으로 뭔가를 만들어서 내다 파는 것이 아니라는 말입니다. 자신의 가치관과 세계관, 열정을 자신의 의도대로 표현할 수 있는 일이 아니고, 누군가의 철학과 가치관, 제품을 대신해서 알리는 일을 하는 직업이지요. 광고가 예술이 아니라는 것은 그 때문입니다. 자신의 주장 대신 광고주의 목적에 부합하는 '예술적 활동'을 통해 자신의 식견과 열정을 '돈'으로 바꿉니다. 계약서에는 '갑'과 '을'로 표시되고, 광고회사는 언제나 '을'이 됩니다. 그래서 "좋은 광고는 좋은 광고주가 만든다."라는 말이 있습니다. 맞는 말입니다. 광고주와 광고회사가 파트너십을 가질 때, 광고회사의 멋진 제안을 광고주가 심미안으로 채택해 줄 때 좋은 광고가 나오고, 광고주의 마케팅 활동에도 긍정적인 영향을 끼칠 수 있습니다. 하지만 광고주가 광고회사를 하찮은 '을' 취급을 하거나, 광고회사가 광고주를 무식한 '갑'이라고 여기면 어떨까요? 이럴 경우 참으로 민망한 상황이 일어납니다. 가장 큰 손해를 입는 쪽은 결과적으로 물론 광고주입니다. 하지만 광고회사의 손실도 만만치 않습니다. 무의미하게 이어지는 밤샘 작업들, 자신의 재능에 대한 끝이 보이지 않는 불신과 회의, 밑도 끝도 없이 생겨나는 '을'이라는 슬픈 감상…. 이런 것들이 가장 힘든 점이겠지요. 그러나 광고장이라면 반드시 견뎌 내야 할 것들입니다.

13. 광고인은 이직이 특히 많다고 하던데 왜 그렇죠?

맞습니다. 광고인은 이직이 많습니다. 스타일이 맞지 않는 상사와 갈등을 일으키고 회사 분위기에 융화하지 못해서 이직하는 것은 광고 쪽도 다른 직업들과 다를 게 없습니다. 하지만 특별한 점이라면, 광고는 트렌드를 이끌어 가는 분야라는 것입니다. 어느 직업이든 마찬가지겠지만, 특히 광고 쪽은 재능을 팔아 먹고사는 직업입니다. 연봉 문제에서도 얘기했지만 재능이 드러나면 스카웃 제의를 받는 것은 당연하고, 이것은 곧 더 높은 연봉을 받는다는 의미입니다. 좋은 대우를 해 준다는데, 자신을 더 인정해 준다는데 다른 광고회사로 이직을 마다할 이유가 없겠죠. 광고주의 제의에 따라 움직이는 경우도 있고, 매너리즘에 빠지는 게 싫어서 돌파구를 찾거나 또는 자기가 일하고 싶은 광고주가 있는 회사로 옮기는 경우도 있습니다. 드물게는 광고주를 따라서 팀 전체가 이직하기도 합니다. 물론 좋은 광고주와 뛰어난 인재가 몰려 있는, 한창 잘나가는 회사에서 일하고 싶어 이직하는 경우도 있습니다.

그것이 자신의 발전과 경력에 장기적으로 도움이 되기 때문이죠.

14. 광고인의 직장 수명이 짧다고 하던데, 직업적 전망은 어떤가요?

"장강의 뒷물결이 앞물결을 밀어낸다."라는 중국 속담이 있습니다. 광고라는 직업에 딱 들어맞는 말입니다. 트렌드에 민감한 직업이라 더욱 그런 것 같습니다. 하지만 IMF 이후 우리 사회에서는 '평생직장'이라는 개념이 사라진 듯합니다. 직장인으로서 수명이 짧아진 것은 비단 광고 쪽 문제만은 아니라는 말입니다. 그러나 '직업인'으로서는 좀 다르다고 생각합니다. 광고 쪽의 일들은 더욱 전문화·세분화되고 있는 데다 이런 추세가 점점 가속화되고 있기 때문입니다. 더구나 우리가 살고 있는 자유 시장 경제의 틀 안에서 광고의 필요성이나 존재 의미가 더 커지면 커졌지 작아지지는 않을 것이기 때문입니다. 광고는 매력적이고 할 일이 많은 직업입니다. 광고하는 사람들이 흔히 스스로를 '광고장이'라고 부르는 걸 좋아하고, 또 자신의 직업에 애착을 가지는 것을 보면 더욱 그렇습니다.

전국 광고 관련 대학 및 교육 기관

2년제 대학

학교명	학과	주소	전화번호
경남정보대학	방송영상과	부산 사상구 주례2동 167	051-320-1227
경민대학	영상공연학부 디지털영상미디어 전공	경기 의정부시 가능3동 562-1	031-828-7061
경북전문대	영상미디어과	경북 영주시 휴천2동 630번지	054-630-5153
경인여자대학	정보미디어학부 영상방송정보 전공	인천 계양구 계산동 계산길 101	032-540-0114
계명문화대학	광고디자인과	대구 달서구 서재로 123	053-589-7619
공주영상대학	광고영상디자인과	충남 공주시 장기면 금암리 180-1	041-850-9000
국제대학	디자인학부 광고디자인 전공	경기 평택시 장안동 산 45번지	031-6108-000
동서울대학	디자인학부 광고디자인 전공	경기 성남시 성남대로 109	031-720-2169
동아방송예술대학	미디어경영학부 광고홍보계열	경기 안성시 삼죽면 진촌리 632-18	031-670-6600
동원대학	광고편집과	경기 광주시 실촌읍 신촌리 산1-1	031-763-8541
동주대학	광고시각디자인과	부산 사하구 괴정동 산 15-1	051-200-3300
문경대학	방송영상과	경북 문경시 호계면 별암리 산6번지	054-559-1114
백석문화대학	광고마케팅학부 광고홍보 전공	충남 천안시 안서동 393번지	041-550-0421
백제예술대학	CF제작과	전북 완주군 봉동읍 백제대길 393	063-260-9070

학교명	학과	주소	전화번호
부산경상대학	멀티미디어콘텐츠학부 방송영상 전공 뷰티디자인학부 광고디자인 전공	부산 연제구 고분로 310	051-850-1000
부천대학	광고디자인과	경기 부천시 원미구 심곡동 424번지	032-610-3410
송곡대학	디지털디자인과	강원 춘천시 남산면 창촌리 1번지	033-260-3600
서울예술대학	광고창작과	경기 안산시 단원구 고잔동 태봉길 123	031-412-7100
서일대학	광고디자인과	서울 중랑구 서일대학길 22	02-490-7300
서해대학	광고디자인과	전북 군산시 오룡동 서해대길 2번	063-460-9299
수원여자대학	광고영상과	경기 수원시 권선구 오목천동 산1-6	031-290-8000
순천청암대학	광고홍보과	전남 순천시 덕월동 224-9	061-743-6414
신구대학	사진영상미디어과 미디어콘텐츠과	성남 중원구 금광2동 2685	031-740-1114
안양과학대학	광고영상디자인과	경기 안양시 만안구 안양3동 산39-1	031-441-1100
안동과학대학	CF홍보과	경북 안동시 서후면 교리 496번지	054-851-3636
여주대학	광고홍보디자인과	경기 여주군 여주읍 명성로 200	031-880-5000
영남이공대학	디지털영상미디어과	대구 남구 현충로 274번지	053-650-9610
오산대학	컴퓨터정보계열 멀티미디어영상정보 전공	경기 오산시 청학동 17번지	031-370-2500
용인송담대	정보미디어학부 멀티미디어컨텐츠 전공 디자인학부 광고홍보디자인 전공	경기 용인시 처인구 마평동 571-1	031-330-9000
영남외국어대학	방송영화과	경북 경산시 남천면 협석리 220-1	053-810-1011
인천전문대학	공학부 영상미디어 전공	인천 남구 인천대길 319	032-760-8114
장안대학	컴퓨터정보 계열 멀티미디어컨텐츠 전공 시각디자인 계열 광고디자인 전공	경기 화성시 봉담읍 상리 460	031-299-3333
전주비전대학	방송영상디자인과	전북 전주시 완산구 우전로 390	063-220-3950

학교명	학과	주소	전화번호
창원전문대학	멀티컨텐츠정보과	경남 창원시 두 대동 196번지	055-279-5114
충청대학	방송광고제작과	충북 청원군 강내면 월곡리 330	043-230-2359
한국재활복지대학	광고홍보과	경기 평택시 장안동 5-3	031-610-4800
한림성심대학	영상컨텐츠개발과	강원 춘천시 동면 장학리 790번지	033-240-9210
혜천대학	광고홍보디자인과	대전 서구 한밭도서관길 721	042-580-6375

4년제 대학교

학교명	학과	주소	전화번호
가톨릭대학교	디지털미디어학부 문화컨텐츠 전공	경기 부천시 원미구 역곡2동 산43-1	02-2164-4991
강원대학교	신문방송학과 영상문화학과	강원 춘천시 강원대학길1	250-6880
건국대학교	문화정보학부 커뮤니케이션 전공 예술학부 영상애니메이션 전공	서울 광진구 화양동 1번지	02-450-3362, 02-2049-6072
건양대학교	문학영상학과	충남 논산시 대학로 119	041-730-5339
경기대학교	다중매체영상학부 영상 전공	서울 서대문구 충정로 2가 71	02-390-5226
경남대학교	신문방송정치외교학부	마산 월영동 449번지	055-249-2545
경북대학교	신문방송학과	대구 북구 산격동 1370번지	053-950-5259
경성대학교	광고홍보학과	부산 남구 대연3동 314-79	051-607-5130
경운대학교	신문방송광고학과	경북 구미시 산동명 인덕55번지	054-479-1300
경원대학교	신문방송학과	경기 성남시 수정구 복정동 산 65번지	031-750-5262
경일대학교	광고홍보학과	경북 경산시 하양읍 부호리 33번지	053-850-7504

학교명	학과	주소	전화번호
경주대학교	방송언론광고학부 광고홍보학 전공	경북 경주시 효현동 산42-1번지	054-770-5114
경희대학교	언론정보학부	서울 동대문구 회기동 1번지	02-961-0624
계명대학교	미디어영상학부 신문방송학 전공	대구 달서구 달구벌대로 2800	053-580-5966
고신대학교	광고홍보학과	부산 영도동 동삼 1동 149-1번지	051-990-2115
고려대학교	언론학부	서울 성북구 안암동	02-3290-1401
광운대학교	미디어영상학부	서울 노원구 광운길 26	02-940-5370
광주대학교	신문방송학과	광주 남구 효덕로 52	062-670-2639
국민대학교	언론정보학부	서울 성북구 정릉동 861-1	02-910-4260
극동대학교	언론홍보학과	충북 음성군 감곡면 왕장리 산5	043-879-3500
나사렛대학교	방송미디어학과	충남 천안시 쌍용동 456번지	041-570-7700
단국대학교	언론영상학부 언론홍보학 전공	경기 용인시 수지구 죽전동 126번지	031-8005-2114
대구대학교	신문방송학과	경북 경산시 진량읍 내리리 15번지	053-850-6290
대구가톨릭대학교	언론광고학부 광고홍보 전공	경북 경산시 하양읍 금락리 330번지	053-850-3286
대전대학교	정치언론홍보학과 산업광고심리학과	대전 동구 용운동 96-3	042-280-2114
대진대학교	신문방송학과	경기 포천시 선단동	031-539-1700
동국대학교	사회언론정보학부 신문방송학 전공	서울 중구 필동3가 26번지	02-2260-8723
동명대학교	신문방송학과	부산 남구 용당동 535번지	051-629-2021
동서대학교	영상매스컴학부 광고PR 전공	부산 사상구 주례2동 69-1	051-320-1690
동아대학교	신문방송학과	부산 서구 동대신동 3가 1번지	051-240-2745
동의대학교	신문방송학과	부산 부산진구 엄광로 995	051-890-1310
명지대학교	디지털미디어학과	서울 서대문구 남가좌동 50-3	02-300-0710
목원대학교	광고홍보언론학과	대전 서구 목원길21	042-829-7114
부경대학교	신문방송학과	부산 남구 대연동	051-629-5475

학교명	학과	주소	전화번호
부산대학교	신문방송학과	부산 금정구 장전동 산30번지	051-510-1563
부산외국어대학교	영상미디어학과	부산 남구 석포로 15	051-640-3254
상지대학교	언론광고학부 광고홍보 전공	강원 원주시 우산동 660	033-730-0284
서강대학교	커뮤니케이션학부 신문방송학 전공	서울 마포구 신수동 1-1	02-705-8776
서울대학교	언론정보학과	서울 관악구 신림동 산 56-1	02-880-6467
서울여자대학교	언론영상학부	서울 노원구 화랑로 623	02-970-5581
서원대학교	광고홍보학과	청북 청주시 모충동 231번지	043-299-8630
선문대학교	언론광고학부	충남 아산시 탕정면 갈산리 100번지	041-530-2114
성공회대학교	신문방송학과	서울 구로구 항동 1-1	02-2610-4286
성균관대학교	사회과학부 신문방송학 전공	서울 종로구 명륜동 3가 53번지	02-760-0931
성신여자대학교	문화커뮤니케이션학부	서울 성북구 동선동 3가 249-1 동선동길 54-7	02-920-7805
세명대학교	광고홍보학과	충북 제천시 신월동 579	043-649-1769
세종대학교	사회과학부 신문방송학 전공	서울 광진구 군자동 98번지	02-3408-3307
수원대학교	언론정보학과	경기 화성시 봉담읍 와우리 산2-2	031-220-2510
숙명여자대학교	언론정보학부 홍보광고학 전공	서울 용산구 효창원길 52	02-710-9734
순천향대학교	신문방송학과	충남 아산시 신창면 읍내리 646	041-530-1151
숭실대학교	언론홍보학과	서울 동작구 상도동 511	02-8200-114
신라대학교	광고홍보학과	부산 사상구 신라대학길 100번	051-999-5042
아주대학교	미디어학부	경기 수원시 영통구 원천동 산5번지	031-219-1981
안양대학교	신문방송학과	경기 안양시 만안구 안양5동 708-113	031-467-0732
연세대학교	언론홍보영상학부	서울 서대문구 신촌동 134	02-2123-2114
영남대학교	언론정보학과	경북 경산시 대동 214-1	053-810-2270
영산대학교	신문방송학과	경남 양산시 주남동 산150	055-380-9270
용인대학교	디지털미디어학과	경기 용인시 처인구 삼가동	031-330-2887

학교명	학과	주소	전화번호
원광대학교	정치행정언론학부 신문방송학 전공	전북 익산시 신용동 344-2	063-850-5162
우석대학교	신문방송학과	전북 완주군 삼례읍 후정리 490번지	063-290-1114
이화여자대학교	언론홍보영상학부 광고홍보학 전공	서울 서대문구 대현동 11-1	02-3277-2233
인제대학교	언론정치학부 언론광고학 전공	경남 김해시 어방동 607	055-320-3526
인천대학교	신문방송학과	인천 남구 인천대길 319	032-770-8590
인하대학교	사회과학부 언론정보학 전공	인천 남구 용현동 253	032-860-8790
전남대학교	신문방송학과	광주 북구 용봉로 300	062-530-2670
전북대학교	언론심리학부 신문방송학 전공	전북 전주시 덕진구 덕진동 1가 664-14	063-270-2952
제주대학교	언론홍보학과	제주 제주시 제주대학로 66	064-754-2940
조선대학교	신문방송학과	광주 동구 서석동 375	062-230-6704
중부대학교	광고홍보학과	충남 금산군 추부면 대학로 101	041-750-6429
중앙대학교	신문방송학부	서울 동작구 흑석동 221	02-820-5481
창원대학교	신문방송학과	경남 창원시 사림동 9번지 소나무길65	055-213-3250
청운대학교	광고홍보학과	충남 홍성군 남장리 산29번지	041-630-3114
청주대학교	언론정보학부 광고홍보학 전공	충북 청주시 상당구 대성로 586	043-229-8299
충남대학교	언론정보학과	대전 유성구 대학로 79	042-821-6371
평택대학교	디자인영상학부	경기 평택시 용이동 111번지	031-659-8114
한국국제대학교	미디어광고학과	경남 진주시 문산읍 상문리 산 270	055-751-8230
한국방송통신대학교	미디어영상학과	서울 종로구 동숭동 169번지	02-3668-4710
한국예술종합학교	영상원 방송영상과	서울 성북구 예술길 120-3	02-7469-000
한국외국어대학교	언론정보학부 광고홍보 전공	서울 동대문구 이문동 270	02-2173-2314
한남대학교	멀티미디어학부 미디어영상 전공	대전 대덕구 오정동	042-629-8271

학교명	학과	주소	전화번호
한동대학교	언론정보문화학부	경북 포항시 북구 흥해읍 남송리 3번지	054-260-1411
한라대학교	광고홍보학과	강원 원주시 한라대1길	033-760-1114
한림대학교	언론정보학부 광고홍보 전공	강원 춘천시 한림대학길 39	033-248-1910
한서대학교	신문방송학과	충남 서산시 해미면 대곡리 360번지	041-660-1280
한성대학교	미디어디자인컨텐츠학부 시각영상디자인 전공	서울 성북구 삼선동 2가 389	02-760-4157
한세대학교	미디어영상학부 광고홍보학 전공	경기 군포시 당정동 604-5번지	031-450-5114
한신대학교	광고홍보학과	경기 오산시 양산동 411번지	031-379-0580
한양대학교	사회과학부 신문방송학 전공	서울 성동구 행당동 17번지	02-2220-0850
한일장신대학교	인문사회과학부 신문방송영화학 전공	전북 완주군 상관면 신리 694-1	063-230-5400
한중대학교	광고미디어디자인학과	강원 동해시 지흥동 산119번지	033-521-9900
호남대학교	신문방송학과	광주 광산구 어등로 330	062-940-5226
홍익대학교	광고홍보학부	충남 연기군 조치원읍 신안리 300	041-860-2491

국내 광고 관련 공모전

국내 광고/마케팅 관련 공모전은 상당히 다양하다. 대개 국내외 2년제 이상 대학 재학생과 휴학생을 대상으로 열리며, 응모 부분은 광고회사 공모전을 기준으로 크게 기획(국문/영문 기획서), 작품(TV스토리/신문), 사이버(배너, UCC), 옥외 등으로 나뉜다.

다음 카페 '공모전 세상(cafe.daum.net/gongmojeon)', '씽굿공모전(www.ucpress.co.kr)' 등을 통해 공모전 정보를 미리 알아 두면 도움이 된다.

주최	대회명
광고회사	금강기획 대학생 광고캠프 / 제일기획 광고대상 / 한컴(한화그룹) 광고 공모전 / 대홍기획 대학생 광고대상 / HS애드 대학생 광고대상 / MBC애드컴 대학생 광고대상
광고 경진대회	대한민국대학생광고경진대회(한국광고단체연합회, 한국광고학회 주최) 대학생 PR 전략 컨테스트(주최: 한국PR협회)
언론사	조선일보 광고대상 / 중앙광고대상(중앙일보) / 매일경제 광고 공모전 / 동아닷컴 온라인 광고대상 / 경향 광고대상 / 문화광고 그랑프리 / 스포츠서울 대학생 광고 공모전 / 파이낸셜뉴스 광고대상
공익광고, 국가기관	대한민국 공익광고 대상 / 국정홍보처 대학생 정부광고 공모전 / 대학생 청렴문화 공모전(국가청렴위원회) / 심·뇌혈관질환 예방 대학생 광고 마케팅 공모전(보건복지부 질병관리본부) / 에이즈예방 대학생 광고 공모전(한국에이즈퇴치연맹) / 환경보전홍보대상 공모전(환경관리공단) / 특허청 대학생 광고 공모전 / 국민연금 대학생 광고 영상 공모전 / 경륜운영본부 대학생 광고 공모전(국민체육진흥공단)

주최	대회명
공기업	한국방송광고공사 공익광고 공모전 / 대한주택공사 대학생 광고 공모전 / 한국전력공사 대학생 광고 대상 / 한국관광공사 대학생 관광광고대상 / 한국도로공사 대학생 광고대상 / 한국공항공사 대학생 광고대상 / 한국지역난방공사 대학생 광고 공모전 / KRA(마사회) 광고 공모전 / 한국자산관리공사 / 연안해운(한국해운조합) 광고 공모전 / 동북아역사재단 광고 공모전
기업 공모전	국민은행 대학생 광고 공모전 / 세아그룹 대학생 광고 공모전 / 소니코리아 공모전 / 펜잘 광고 광모전 / 이브자리 공모전 / 본죽 본비빔밥 CM 광고 공모전 / 에덴벨리 대학(원)생 광고 공모전 / 한국필립모리스 대학생 광고 공모전 / 케토톱 광고 공모전 / 피자헛 대학생 광고 공모전 / 피자나라치킨공주 광고 공모전 / 타니타 대학생 광고 공모전 / 교원그룹 Kreative Competition / 린나이 대학생 광고 공모전 / 스카우트 대학생 광고 공모전 / 한국야쿠르트 산타페 광고 공모전 / 금호 타이어 대학생 광고 공모전 / 신한 대학생 광고 공모전 / 현대캐피탈 대학생 광고 공모전 / 머시론 대학생 광고 공모전 / 신세계 대학생 광고 공모전 / 디보스 대학생 광고 공모전
학교 공모전	홍익대 what's ad배 경쟁피티 / 이화여대 미디어페스티발 경쟁프리젠테이션 대회 / 한신대 전국 고등학생 광고 공모전 / 협성대학교 광고제 / 인터넷 공익광고 광고 공모전(한양사이버대학교 광고홍보학과) / 목원대 MAD 광고대상 / 연세대 광고동아리 애드쿠스 공모전
지역 공모전	경기개발연구원 대학생 광고 공모전 / 포천시 전국대학(원)생 홍보콘텐츠 공모전